U0152910

考前充分準備 臨場沉穩作答

千華公職證照粉絲團 f
https://www.facebook.com/chienhuafan
優惠活動搶先曝光

千華公職資訊網
http://www.chienhua.com.tw
每日即時考情資訊 網路書店購書不出門

千華 Line 生活圈 @
https://line.me/R/ti/p/%40cus3586l
即時提供最新考訊、新品出版、活動優惠等資訊

千華數位文化
Chien Hua Learning Resources Network

人身保險業務員銷售外幣收付非投資型保險商品測驗

一、測驗依據

據保險業務員管理規則第4條及「人身保險業辦理以外幣收付之非投資型人身保險業務應具備資格條件及注意事項」第8點規定辦理測驗相關事宜。

二、報名資格

參加測驗人員為登錄之人身保險業務員並完成銷售外幣收付非投資型保險商品訓練。

三、報名費收費標準及繳交方式

向報名單位指定承辦人員繳交報名費用，每人測驗報名費新台幣250元，報名資格審查後再通知各報名單位於規定時間內繳交相關報名費用。

四、測驗科目、命題及合格標準

1. 測驗科目：「人身保險業務員銷售外幣收付非投資型保險商品」。
2. 測驗方式與題型：試題由壽險公會建置之題庫以電腦隨機抽取方式為之；每次測驗以單選選擇題50題，以劃卡筆式方式作答每題2分，測驗時間為60分鐘。
3. 合格標準：分數為70分（含）以上。

五、報名與測驗日期

各報名單位辦理報名日期	測驗日期
110年2月24日	110年3月7日
110年3月10日	110年3月21日
110年3月31日	110年4月18日
110年4月21日	110年5月9日
110年5月12日	110年5月23日
110年5月26日	110年6月6日
110年6月9日	110年6月20日
110年6月23日	110年7月4日
110年7月7日	110年7月18日
110年7月21日	110年8月8日
110年8月11日	110年8月22日
110年8月25日	110年9月5日
110年9月22日	110年10月3日
110年10月6日	110年10月17日
110年10月20日	110年11月7日
110年11月10日	110年11月21日
110年11月24日	110年12月5日
110年12月8日	110年12月19日

～以上資訊僅供參考，詳細內容請參閱招考簡章～

目次

本書特色與高分準備要領

臺灣的保險業，保險商品從投資型保險到外幣保單，已經是完全進入了財富管理的範疇。

個人在財富管理上最需要注意的經濟數字莫過於利率與匯率。在國人投資愈來愈國際化後，除了境外基金的投資，外幣也成為國人資產配置的重點。

因應市場潮流，開放了外幣收付保險商品的市場。身為保險從業人員，當然要以成為全方位的理財規劃師為目標，進而考取外幣證照。

本書的編排是採取依天數來規劃你必須理解的重點，希望能帶領你循序漸進的掌握每一個考點關鍵。比方說Day 01中，重點一是保險商品的發展。重點二接著討論開放外幣保單的相關措施。重點三是與外幣最相關的外匯管理辦法。重點四最後是開始銷售外幣保單業務員資格及注意事項……等。

相信在編者精心整理的重點輔助下，再透過熟練的練習考題，將能夠幫助學員七天順利考取外幣證照。

Day 01 緒 論 依據出題頻率區分，屬：B 頻率中

學習地圖

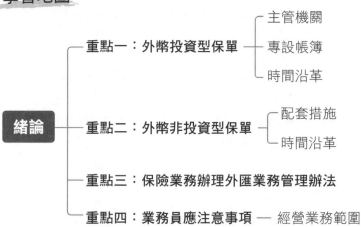

緒論
- 重點一：**外幣投資型保單**
  - 主管機關
  - 專設帳簿
  - 時間沿革
- 重點二：**外幣非投資型保單**
  - 配套措施
  - 時間沿革
- 重點三：**保險業務辦理外匯業務管理辦法**
- 重點四：**業務員應注意事項** — 經營業務範圍

課前導讀

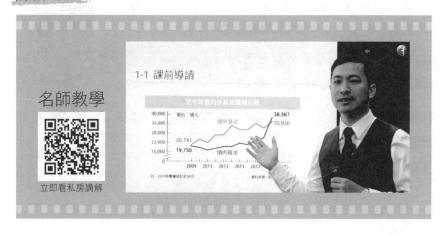

名師教學

立即看私房講解

外幣保單是目前市場的熱門商品，許多客戶在資產配置上都會持有外幣資產，因新臺幣升值成為美元保單最佳助攻員，2020年美元保單全年新契約保費4,989億元，占總新契約保費54.42%，首度突破5成，是壽險史上新的轉捩點。而針對想要持有外幣資產，又不願意承受投資風險的客戶，這張外幣收付非投資型保險的證照就非常的重要。

本書的編寫，是依照政府開放保險公司經營的業務範疇，依時間點和開放的項目、主管機關對應的法令、保險公司的管理規則、業務員銷售規範的邏輯架構編寫而成。並且搭配實際在市場上的做法做一些舉例，讓各位都可以順利考取，並且對於外幣非投資型保險的市場有更深刻的了解。在進入Day01前，你應該要注意：

1. 外幣收付之投資型保險業務最先開放，因為投資型保險是採用專設帳簿，風險由要保人承擔自負盈虧，因此對於保險公司會計上管理比較容易，只要將一般帳簿與專設帳簿分開就可以。

2. 討論開放外幣收付非投資型的業務時，需要計算責任準備金與對保險公司的投資風險等。

3. 對應外幣非投資型保單的就是這些保費如何做好國外投資，因此會討論外匯管理辦法。

4 開始銷售外幣保單業務員資格及注意事項是考試中的基本分，要好好掌握！

重點一　開放以外幣收付之投資型保險業務

90.12.21

民國90年，發佈「投資型保險商品管理規則」，開放以新臺幣收付之投資型商品成立，並設立**專設帳簿**。

93.05.03

1. **民國93年**修改「投資型保險投資管理辦法」。開放以外幣收付之投資型保險業務。
2. 保險人與要保人得約定保險費、保險給付、費用及其他款項收付之幣別，且**新臺幣與外幣間不得相互轉換**。★★★
3. 須經**中央銀行**之許可。

94.05.17

1. 開放**外幣收付之投資型年金保險已屆年金**，給付期且**無專設帳簿者**，可約定以**新臺幣給付年金**，不受新臺幣與外幣轉換之限制。★★★
2. **開放外幣保單借款**但借款需**相同幣別**。
3. 增加外幣投資型保單借款為國外可投資項目。

94.06.24

1. 外幣投資型保單係由要保人以外幣交付保險費，保險業**無須辦理結匯**。
2. 請按月填報「保險業辦理外幣投資型保險業務專設帳簿資產餘額表」於**次月15日**前送進中央銀行外匯局簽證科。

94.11.22

金管會修正「保險業辦理國外投資範圍及內容準則」第3條，保險業辦理國外投資之項目，以下列為限：（部分項目）

一、外匯存款。

二、國外有價證券。

三、設立或投資國外保險公司。保險代理人公司、保險經紀人公司或其他經主管機關核准之保險相關事業。

四、經行政院核定配合政府經濟發展政策之經建計畫重大投資案。

五、其他經主管機關核准之資金運用項目。

96.07.18

開放保險業得申請兼營**全權委託業務**方式自行管理投資型保險專設帳簿資產。

觀念理解

因為依照時間點、管理辦法與條款、業務員要求的規範，看似複雜，但是切勿強記，請用理解的方式，只要知道市場開放的先後時程，不需要記憶時間，透過時間從遠到近，開放的項目，與對應要遵守的管理規則，我們就可以知道這些內容在說些什麼了。

名師教學

立即看私房講解

重點二　開放以外幣收付之非投資型保險業務

95.12.08

檢送「開放外幣傳統型保險業務建議方案」予中央銀行，提出下列配套：

1. 風險充分告知：加強**業務員教育訓練**、**充分揭露資訊**、**告知匯率變動風險**及注意**客戶之適格性**。
2. 金融業跨業經營使銀行、證券及保險業對性質相同之商品有一致性，規範金管會訂定金融服務法將金融商品販賣及差異化管理等項目納入。
3. 各類外幣商品稅賦公平：傳統型保險業務盈虧由保險公司承擔，保戶並無投資結構型商品之選擇，不涉及課稅不一致的問題。
4. 開放險種及計價幣別：初期以**人壽保險**及**年金保險**為限。保費收取及保險給付以同一幣別為限。
5. 外幣保單之國外投資金額：其額度**仍受**保險法第146-4條規範，不得超過主管機關核定之國外投資額度上限。但經主管機關核准並符合規定者除外。

96.03.12

民國96年同意開放外幣非投資型保險業務。

97.05.05

核准外幣**非投資型保單放款業務**，為保險業開創了一個新紀元。

102.12.20

民國102年開放以**人民幣收付**之非投資型人身保險商品。

103.12.30

民國103年開放以外幣收付之**健康保險**。至目前開放險種以**人壽保險**、**年金保險**及**健康保險**為限。★★★

觀念理解

開放的順序是投資型、外幣投資型、外幣非投資型、外幣非投資型人民幣、外幣非投資型健康險，投資型因為是專設帳簿不涉及保險公司國外投資所以先開放，再來才是非投資型，外幣的幣別先是美元、歐元、澳幣後來加上人民幣，接下來就推出外幣健康險，偏重重大疾病一次給付。

牛刀小試

( ) 1. 據人身保險業辦理以外幣收付之非投資型人身保險業務應具備資格條件及注意事項規定，人身保險業經營外幣收付之非投資型人身保險業務，險種以人壽保險及年金保險為限，並須經誰的許可？
(A)中央銀行
(B)金管會
(C)財政部
(D)行政院。

( ) 2. 目前主管機關開放以外幣收付之非投資型人身保險業務之險種，包括：(1)人壽保險　(2)健康保險　(3)傷害保險　(4)年金保險
(A)(3)(4)
(B)(1)(2)(4)
(C)(1)(3)
(D)(1)(2)(3)(4)。

( ) 3. 金管會檢送予中央銀行之「開放外幣傳統型保險業務建議方案」，其中風險充分告知提出哪些配套措施：(1)加強業務員教育訓練　(2)充分揭露資訊　(3)告知匯率變動風險　(4)注意保險公司之適合性
(A)(2)(3)(4)
(B)(1)(2)(4)
(C)(1)(2)(3)
(D)(1)(2)(3)(4)。

( ) 4. 財政部於93年5月3日修正「投資型保險投資管理辦法」第16條規定，訂立投資型保險契約時，保險人與要保人得約定保險費、保險給付、費用及其他款項收付之幣別，且新臺幣與外幣間不得相互轉換，開放：
(A)以新臺幣收付之投資型保險業務
(B)以外幣收付之投資型年金保險，得約定以新臺幣給付年金
(C)以外幣收付之投資型保險單為質之放款業務
(D)以外幣收付之投資型保險業務。

( ) 5. 金管會於94年11月22日修正「投資型保險投資管理辦法」第18條，增列「以外幣收付之投資型年金保險，於年金累積期間屆滿時將連結投資標的全部處分出售，並轉換為一般帳簿之即期年金保險者，得約定以新臺幣給付年金」，開放：
(A)保險業經營以外幣收付之投資型保險業務
(B)以外幣收付之投資型年金保險，得約定以新臺幣給付年金
(C)以外幣收付之投資型保單為之放款業務
(D)以新臺幣收付之投資型保險業務。

( ) 6. 訂立投資型保險契約時，保險人與要保人？ (A)得約定保險費、保險給付、費用及其他款項收付之幣別，且不得於新臺幣與外幣間約定相互變換收付之幣別 (B)得約定保險費、保險給付、費用及其他款項收付之幣別，且得於新臺幣與外幣間約定相互變換收付之幣別 (C)得約定保險費、保險給付、費用及其他款項收付之幣別，且不得於外幣間約定相互變換收付之幣別 (D)不得約定保險費、保險給付、費用及其他款項收付之幣別。

解答 1.**A** 2.**B** 3.**C** 4.**D** 5.**B** 6.**A**

重點三 訂定「保險業辦理外匯業務管理辦法」

96.04.23

發布「**保險業辦理外匯業務管理辦法**」，全文16條，自發布日施行。該辦法規定保險業得申請辦理下列外匯業務：★★★
1.**外幣保單放款。**
2.**外幣投資型年金保險，給付期轉換為一般帳簿之即期年金，約定以新臺幣給付年金者。**
3.**財富管理業務涉及外匯業務之經營者。**
4.其他經中央銀行許可辦理之外匯業務。

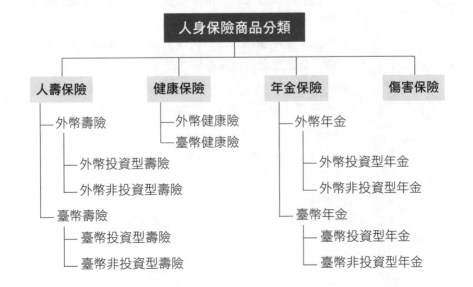

重點四 訂定「人身保險業辦理以外幣收付之非投資型人身保險業務應具備資格條件及注意事項」

96.08.29

訂定「人身保險業辦理以外幣收付之非投資型人身保險業務應具備資格條件及注意事項」共計11點，重點如下：

1. 明定人身保險業辦理以外幣收付之非投資型人身保險業務。

2. 明定人身保險業申請辦理本業務之銷售資格。（於Day 04細談）

3. 訂立本保險契約，保險人與要保人得約定**保險費**、**保險給付**、**費用**及**其他款項**收付之外幣幣別，但不得約定新臺幣與外幣或各幣別之間的轉換。

4. 明定險種以**人壽保險**、**年金保險**、**健康保險**為限，並須經中央銀行許可。

5. 以外幣收付出之非投資型人身保險契約，其對應之一般帳簿資產**不得兌換為新臺幣**，且其資金運用人仍受保險法第146-4條規定。

6. 以外幣收付之非投資型人身保險契約與新臺幣收付之人身保險契約，**不得辦理契約轉換**。

7. 規範人身保險業以核准或審查方式送審之本業務應檢附文件及送審文件應載明資訊。

8. 規範本業務商品，對於**招攬人員教育訓練**、**商品資訊揭露**、**商品適合度**等應遵循事項。

9. 明定人身保險業經營本業務，應遵循中華民國精算學會所訂外幣保險商品精算實務處理準則及壽險公會所訂客戶適合度規範。

10. 明定人身保險業辦理本業務應落實風險管理及內部控制及稽核制度及應遵循事項。

11. 規範人身保險業應依規定之格式，內容及期限，將本業務相關統計報表向主管機關或其指定之機構申報，以供主管機關監理之用。

名師教學

立即看私房講解

牛刀小試

(　) 1. 以外幣收付之非投資型人身保險契約，其對應之一般帳簿資產：
(A)不得兌換為新臺幣，且其資金運用仍應依保險法第146-4條規定辦理　(B)不得兌換為新臺幣，且其資金運用不受保險法第146-4條規定限制　(C)得兌換為新臺幣，且其資金運用不受保險法第146-4條規定限制　(D)得兌換為新臺幣，且其資金運用仍應依保險法第146-4條規定辦理。

(　) 2. 以下各險種開放的優先順序？　(1)外幣非投資型保險　(2)外幣投資型保單　(3)外幣收付健康保險　(4)人民幣收付非投資型保險
(A)(1)(2)(3)(4)　(B)(2)(1)(3)(4)　(C)(2)(1)(4)(3)　(D)(1)(2)(4)(3)。

(　) 3. 下列何者為「保險業辦理外匯業務管理辦法」第3條規定，保險業得辦理之外匯業務？　(A)財富管理業務涉及外匯業務之經營者　(B)外匯存款業務　(C)財產保險業務涉及外匯業務之經營者　(D)匯兌業務。

(　) 4. 依保險業辦理外匯業務管理辦法規定，保險業得申請辦理哪些外匯業務？　(1)以外幣收付之人身保險業務　(2)以外幣收付之投資型年金保險，於年金累積期間屆滿時轉換為一般帳簿之即期年金保險，約定以新臺幣給付年金　(3)以外幣收付之人身保險之保險單為質之新臺幣放款　(4)財產管理業務涉及外匯業務之經營者　(A)(1)(2)(3)　(B)(1)(2)　(C)(3)(4)　(D)(2)(4)。

解答　1.**A**　2.**C**　3.**A**
4.**B**。(4)應為財「富」管理。

重點回顧

1. 開放以外幣收付之投資型保險業務的時間順序 ★

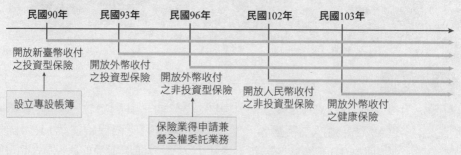

2. 開放以外幣收付之健康保險的險種：目前開放**人壽保險**、**年金保險**及**健康保險**為限。

3. 「**保險業辦理外匯業務管理辦法**」的重要規定：
   該辦法規定保險業得申請辦理下列外匯業務：
   (1) **外幣保單放款**。
   (2) **外幣投資型年金保險，給付期轉換為一般帳簿之即期年金，約定以新臺幣給付年金者**。
   (3) **財富管理業務涉及外匯業務之經營者**。
   (4) 其他經中央銀行許可辦理之外匯業務。

4. 以外幣收付之非投資型人身保險契約與新臺幣收付之人身保險契約，**不得**辦理契約轉換。

精選試題

☑ 開放以外幣收付之投資型保險業務

( ) 1. 依保險法第146條第5項規定，主管機關於90年12月21日訂定「投資型保險商品管理規則」，開放？ (A)以外幣收付之投資型年金保險，得約定以新臺幣給付年金 (B)以新臺幣收付之投資型保險業務 (C)以外幣收付之投資型保險單為質之放款業務 (D)保險業經營以外幣收付之投資型保險業務。

☆ ( ) 2. (A)以外幣收付之投資型人壽保險 (B)以外幣收付之非投資型年金保險 (C)以外幣收付之投資型年金保險 (D)以外幣收付之非投資型人壽險保險：於年金累積期間屆滿時將連結投資標的全部處份出售，並轉換為一般帳簿之即期年金保險者，得約定以新臺幣給付年金。

( ) 3. 「投資型保險投資管理辦法」第18條規定，除但書規定者外，訂立投資型保險契約時，保險人與要保人就保險費、保險給付、費用及其他款項？ (A)不得約定收付幣別 (B)得約定收付幣別，且不得於新臺幣與外幣間約定相互變換收付之幣別 (C)得約定收付幣別，且不得於外幣間約定相互變換收付之幣別 (D)得約定收付幣別，且得於新臺幣與外幣間約定相互變換收付之幣別。

( ) 4. 保險業經營以外幣收付之投資型保險業務及外幣收付之投資型年金保險，於年金累積期間屆滿時轉換為一般帳簿之即期年金保險，得約定以新臺幣給付年金者，須分別經： (A)中央銀行 (B)金管會 (C)中華民國人壽保險商業同業公會 (D)保發中心之許可。

( ) 5. 財政部於93年5月3日修正「投資型保險投資管理辦法」第16條規定，訂立投資型保險契約時，保險人與要保人得約定保險費、保險給付、費用及其他款項收付之幣別，且新臺幣與外幣間不得相互轉換，開放何種業務？ (A)以新臺幣收付之投資型保險業務 (B)以外幣收付之投資型年金保險，得約定以新臺幣給付年金 (C)以外幣收付之投資型保險單為質之放款業務 (D)以外幣收付之投資型保險業務。

( ) 6. 訂立投資型保險契約時，保險人與要保人？ (A)得約定保險費、保險給付、費用及其他款項收付之幣別，且不得於外幣間約定相互變換收付之幣別 (B)不得約定保險費、保險給付、費用及其他款項收

付之幣別　(C)得約定保險費、保險給付、費用及其他款項收付之幣別，且得於新臺幣與外幣間約定相互變換　(D)得約定保險費、保險給付、費用及其他款項收付之幣別，且不得於新臺幣與外幣間約定相互變換收付之幣別。

☑ 開放以外幣收付之非投資型保險業務

☆（　）1. 金管會為提供保戶外幣資產配置選擇，以滿足民眾多元化保險規劃之需求，經洽中央銀行後經該行於96年3月12日同意開放？　(A)以外幣收付之投資型年金保險，得約定以新臺幣給付年金　(B)外幣收付非投資型保險業務（含以該保險單為質之外幣放款）　(C)保險業經營以外幣收付之投資型保險業務　(D)以外幣收付之投資型保險單為質之放款業務。

（　）2. 95年3月14日金管會保險局及保險事業發展中心就開放外幣傳統型保單與中央銀行外匯局交換意見，中央銀行表示在下列哪些配套措施下，可正面考量開放外幣傳統型保單：　(1)風險充分告知　(2)金融業跨業經營　(3)保險費收取方式　(4)各類外幣商品稅賦公平　(A)(2)(3)(4)　(B)(1)(2)(4)　(C)(1)(2)(3)　(D)(1)(2)(3)(4)。

（　）3. 配合以外幣收付之非投資型人身保險業務之開放，為利業者辦理該項業務有所遵循，金管會於96年8月29日訂定發布：　(A)保險業辦理外匯業務管理辦法　(B)投資型保險投資管理辦法　(C)保險業辦理國外投資範圍及內容準則　(D)人身保險業辦理以外幣收付之非投資型人身保險業務應具備資格條件及注意事項。

（　）4. 人身保險業經營以外幣收付之非投資型人身保險業務，險種以人壽保險及年金保險為限，並須經：　(A)中華民國保險商業同業公會　(B)中央銀行　(C)財政部　(D)金管會　許可。

（　）5. 中央銀行於96年3月12日函復金管會，原則同意開放外幣非投資型保險業務，下列哪些事項應配合辦理：　(1)確實要求保險業對其涉及之匯率風險充分告知　(2)可以辦理外匯匯兌　(3)以保費收入辦理外幣放款業務（保單質借除外）　(4)開辦本項業務之相關統計資料，

應按月提供中央銀行參考　(A)(1)(4)　(B)(1)(2)(3)(4)　(C)(2)(3)(D)(1)(3)(4)。

( )　6. 以外幣收付之非投資型人身保險契約與：　(A)外幣收付之人身保險契約，不得辦理契約轉換　(B)新臺幣收付之投資型保險契約，得辦理契約轉換　(C)新臺幣收付之人身保險契約，不得辦理契約轉換(D)新臺幣收付之非投資型保險契約，得辦理契約轉換。

☆( )　7. 以美元收付之非投資型人身保險契約與：　(A)新臺幣收付之非投資型人身保險契約　(B)歐元收付之非投資型人身保險契約　(C)新臺幣收付之投資型人身保險契約　(D)美元收付之投資型人身保險契約　得辦理契約轉換。

( )　8. 以歐元收付之非投資型人身保險契約與：　(1)新臺幣收付之投資型保險契約　(2)美元收付之投資型人身保險契約　(3)新臺幣收付之非投資型保險契約　(4)歐元收付之投資型人身保險契約，不得辦理契約轉換　(A)(2)(3)(4)　(B)(1)(2)(3)　(C)(1)(2)(4)　(D)(1)(3)(4)。

( )　9. 以下各險種開放的優先順序？　(1)外幣非投資型保險　(2)外幣投資型保單　(3)外幣收付健康保險　(4)全權委託業務　(A)(1)(2)(3)(4)(B)(2)(1)(3)(4)　(C)(1)(2)(4)(3)　(D)(2)(1)(4)(3)。

( )　10. 中央銀行於96年8月份首次核准人壽保險公司得辦理以外幣收付之投資型保險單為質之外幣放款業務，惟質借金額？　(A)以保單帳戶價值兩成為上限　(B)以純屬保險部分之保單價值準備金兩成為上限(C)以純屬保險部分之保單價值準備金五成為上限　(D)保單價值準備金五成為上限。

☑ 業務員應注意事項

( )　1. 金管會檢送予中央銀行之「開放外幣傳統型保險業務建議方案」，其中風險充分告知提出哪些配套措施：　(1)加強業務員教育訓練(2)充分揭露資訊　(3)告知匯率變動風險　(4)注意保險公司之適合性(A)(2)(3)(4)　(B)(1)(2)(4)　(C)(1)(2)(3)　(D)(1)(2)(3)(4)。

( )　2. 為提供消費者更多元外幣保險商品選擇，以滿足外幣保險保障需求，金管會於103年12月30日修正「人身保險業辦理以外幣收付之非投資型人身保險業務應具備資格條件及注意事項」第4點，開放？　(A)人壽保險　(B)傷害保險　(C)年金保險　(D)健康保險為人身保險業得經營之業務範圍。

( )　3. 配合以外幣收付之非投資型人身保險業務之開放，為利業者辦理該項業務有所遵循，金管會於？
(A)96年8月28日訂定管理外匯條例
(B)96年4月23日訂定外匯收支或交易辦法
(C)94年9月12日訂定保險業辦理外匯業務管理辦法
(D)96年8月29日訂定發布人身保險業辦理以外幣收付之非投資型人身保險業務應具備資格條件及注意事項。

( )　4. 壽險業辦理歐元計價之非投資型人身保險商品相關業務，請確實依據：　(1)保險業辦理外匯業務管理辦法　(2)人身保險業辦理以外幣收付之非投資型人身保險業務應具備資格條件及注意事項　(3)人身保險業歐元外幣保單新契約責任準備金利率自動調整精算公式　(4)人身保險業美元外幣保單新契約責任準備金利率自動調整精算公式　(A)(1)(2)(3)　(B)(1)(2)　(C)(3)(4)　(D)(1)(2)(3)(4)　等規定辦理，且注意不得涉及外匯匯兌業務。

( )　5. 據人身保險業辦理以外幣收付之非投資型人身保險業務應具備資格條件及注意事項規定，人身保險業經營外幣收付之非投資型人身保險業務，險種以人壽保險及年金保險為限，並須經誰的許可　(A)中央銀行　(B)金管會　(C)財政部　(D)行政院。

( )　6. 金管會於94年11月22日修正「投資型保險投資管理辦法」第16條，增列「以外幣收付之投資型年金保險，於年金累積期間屆滿時將連結投資標的全部處分出售，並轉換為一般帳簿之即期年金保險者，得約定以新臺幣給付年金」，開放？
(A)保險業經營以外幣收付之投資型保險業務
(B)以外幣收付之投資型年金保險，得約定以新臺幣給付年金
(C)以外幣收付之投資型保險單為質之放款業務
(D)以新臺幣收付之投資型保險業務。

解答與解析

■ 開放以外幣收付之投資型保險業務

1.**B**

2.**C**　必考題！外幣收付之投資年金
　　　　於累積期屆滿轉換一般帳簿可
　　　　約定新臺幣給付年金。

3.**B**　　4.**A**　　5.**D**

6.**D**　新臺幣與外幣間不得相互轉換。

■ 開放以外幣收付之非投資型保險
業務

1.**B**　保單為質之外幣保單放款，同
　　　　時通過之後才開放外幣放款。

2.**B**　　3.**D**　　4.**B**

5.**A**　(2)外匯匯兌為銀行之業務。(3)
　　　　外幣放款為96年8月開放。

6.**C**

7.**D**　只有同一外幣間投資型與非投
　　　　資型契約可進行轉換。

8.**B**

9.**D**　(1)為96.3.12開放。(4)為96.7.18
　　　　開放。

10.**B**

■ 業務員應注意事項

1.**C**　是客戶的適格性，非公司的
　　　　適合性。

2.**D**　　3.**D**　　4.**A**　　5.**A**　　6.**B**

Day 02 外幣業務管理規範

依據出題頻率區分，屬：**A** 頻率高

學習地圖

外幣業務
管理範圍

- 重點一：**人身保險概論**
  - 投資型與非投資型區別
  - 保險分類
  - 人身保險構成三原則
- 重點二：**「保險業辦理外匯管理辦法」**
- 重點三：**「投資型保險投資管理辦法」**
  - 全委
  - 總則
- 重點四：**「投資型保險專設帳簿保管機構及投資標的應注意事項」**

課前導讀

名師教學

立即看私房講解

外幣保單的考試，主要是由許多的法規條款所組成的，因為收付外幣牽涉到中央銀行的管理，並將保戶的資金匯出國外投資，因此金管會也會有更嚴格的控管，此章除了講外幣業務管理規範還包含投資型保險投資管理辦法，所以建議各位，在學習上面要更加有耐心去學習條款及各項金融工具專有名詞，未來的市場，相信外幣投資型保單及外幣非投資型保單，都會是主要的業績來源，所以針對法條的精確度與保險業外幣資金的運作，及各種金融投資工具的了解，都可以體現我們保險從業人員的高度專業喔！所以，在進入Day 02前，你應該要注意：

1. 對於人身保險概念的溫習回顧，尤其是投資型與非投資型的區別。

2. 要特別注意「保險業辦理外匯業務管理辦法」，內容說明央行對於保險業要經營外匯業務的申請項目、條件與要求。

3. 「投資型保險投資管理辦法」，內容包括第一部分一般投資型保險投資管理辦法，可投資的項目、條件與要求，第二部分是全權委託型的投資型保單的投資管理辦法，全權委託型的投資型保單，投資項目是要保人委託保險人代為操盤，所以建議各位可對其投資的項目、條件與要求做基本的了解。

4. 因投資型保單對於保險公司的會計處理是採用專設帳簿，跟其他一般帳簿是分開計算的，所以在「專設帳簿保管機構及投資標的應注意事項」的規範上有一定的要求。

重點一 人身保險基本概念

一、人身保險構成三原則

(一)**相互扶助的觀念**：人身保險是相互扶助的精神，由大家各自出一點錢，聚集而成共有的準備資產，萬一發生意外或保險事故給予一筆錢，支付夥伴的家屬或應得之受益人。

(二)**公平的危險分擔**：保險應依購買者的**性別**、**年齡**別的死亡率來繳付對應的保險費，並依據下列二項原理與工具：

1. **大數法則**：以死亡率為例，就個人來看，完全不知道那一年誰會死亡、但若包由整個臺灣地區來看，每年在一定年齡的死亡人數、其比率（死亡率）大致是確定的。

2. **生命表**：又稱作是死亡表，指某一年齡的人群，在一年內死亡率。可以公式表示如下：

   年度內之死亡人數／年初之生存人數＝死亡率

   針對某團體（依**性別**、**年齡**別分類）所觀察之死亡率為基礎，將人因死亡而減少的情形統計列成表。通常假定在某時間內出生十萬人，而這些人隨著年齡的成長，依所觀察的死亡率，將其統計列表，計算負擔之保險費。

(三)**收支相等的原則**：所謂「收支相等原則」，乃指壽險公司就全體保戶來設想其收支，以全體保戶繳入的保險費總和，以及公司支付給全體受益人的保險金總額相等計算，這叫做收支相等的原則。

二、人身保險的種類

保險法第13條第1項規定，人身保險分為人身保險與財產保險。

而人身保險再細分四大類：人壽保險、年金保險、健康保險、傷害保險，在依據外幣、非外幣、投資型非投資型細分，如下圖所示：

> **觀念理解**
> 雖然考的是外幣非投資型保險證照，但是針對投資型的內容與人身保險概念，也是考試的範圍，這部分相對容易的，有出就是必拿分數！
> 會考人身保險構成三原則是什麼、投資型保險的特色等，是一定要拿分的！

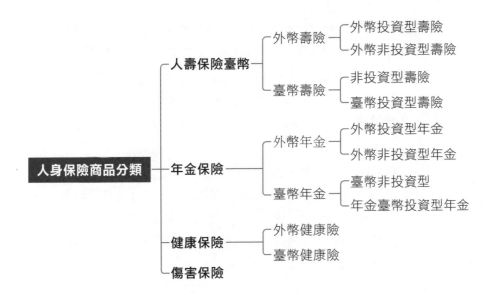

三、投資型與非投資型保險業務之區別

(一)對於保戶最大差別是投資型保險具有**盈虧自負**、**專設帳簿**、**費用透明**及**彈性繳費**等4大特色。 ★★★

(二)所謂專設帳簿的管理規則

1.與保險公司其他資產分開設置，單獨管理。

2.對專設帳簿之資產加以評價，並**依保險契約所約定之方式**計算及通知要保人其資產價值。

投資型與非投資型兩者的區別比較如下：

	投資型保險	非投資型保險
投資風險承擔主體	要保人	保險公司
資產保管	**專設帳簿**	一般帳戶
資金運用決定權	要保人	保險公司

牛刀小試

( ) 1.投資型保險與非投資型保險的最大差別為投資型保險具有： (1)盈虧自負 (2)專設帳簿 (3)費用透明 (4)彈性繳費 (5)匯率風險的承擔等特色。 (A)(1)(3)(4)(5) (B)(1)(2)(3)(5) (C)(2)(3)(4)(5) (D)(1)(2)(3)(4)。

( )　2. 投資型與非投資型保險的資金運用決定權不同，投資型保險資金運用決定權為？　(A)要保人　(B)保險人　(C)受益人　(D)被保險人。

( )　3. 因老年人的死亡率比年輕人的死亡率高，所應繳的保險費自然也應較高，因此，在何種原則下，保險應依購買者的性別、年齡別的死亡率來繳付保險費？　(A)相互扶助的觀念　(B)最小損害原則　(C)收支相等原則　(D)公平的危險分攤原則。

( )　4. 「投資型保險投資管理辦法」第4條第1項規定，保險人經營投資型保險之業務應如何記載其投資資產之價值？　(A)設專設帳簿　(B)設區隔資產帳戶　(C)設一般帳戶　(D)設集中管理帳戶。

( )　5. 就某團體（依性別、年齡別分類）所觀察之死亡率為基礎，將人因死亡而減少的情形統計列成的表，稱為？　(A)序列表　(B)生命表　(C)統計表　(D)資料表。

( )　6. 壽險公司就全體保戶來設想其收支，以全體保戶繳入的保險費總額，以及公司支付給全體受益人的保險金總額相等計算，這就是？　(A)最小損害原則　(B)收支相等原則　(C)相互扶助的觀念　(D)公平的危險分攤原則。

> **解答** 1.D　2.A　3.D　4.A　5.B　6.B

重點二　以外幣收付之人身保險業務規範

保險業辦理外匯業務管理辦法，105年12月30日修正

第1條　　**法源依據**
　　　　　　本辦法依**中央銀行法第35條第2項**規定訂定之。

第2條　　**適用對象**
　　　　　　本辦法有關保險業之規定，於保險法所稱之**保險業**及**外國保險業**均適用之。

第3條　　**保險業得辦理之外匯業務項目**
　　　　　　保險業得辦理之外匯業務如下：
　　　　　　一、以外幣收付之人身保險業務。

二、以外幣收付之財產保險業務。但以金融監督管理委員會（以下簡稱金管會）所訂之業務範圍為限。

三、以外幣收付之再保險業務。

四、以外幣收付之投資型年金保險，於年金累積期間屆滿時轉換為一般帳簿之即期年金保險，約定以新臺幣給付年金者。

五、以第一款所指保險之**保險單為質之外幣放款**。（外幣財產保險業務為質是不行的！）★★

六、**財富管理業務**涉及外匯業務之經營者。

七、辦理擔任外幣聯合貸款案參加行之外幣放款業務。

八、其他經中央銀行（以下簡稱本行）許可辦理之外匯業務。

第4條　**保險業有關外匯業務之經營，應先向**中央銀行**申請許可**保險業有關外匯業務之經營，應向本行申請許可後，始得辦理保險業得申請辦理前條各款**全部或一部之業務項目**，並由**本行依其業務需要**，於該條各款範圍內分別許可之：本行並得就同條第8款許可之業務，另訂或於許可的中載明其他應遵循事項。未經本行許可之外匯業務不得辦理之。

第5條　**保險業辦理外匯業務之申請資格**
保險業申請辦理外匯業務，除本辦法另有規定者外，應由**總機構**備文，檢附第6條規定書件向本行申請許可。

外國保險業申請辦理外匯業務，應由在**我國境內設立之分支機構**備文，檢附第6條規定書件向本行申請許可。

第6條　**保險業申辦外匯業務應檢附之申請書件**
保險業申請辦理第3條外匯業務時，應檢附下列書件：

一、金管會核發之**營業執照影本**。

二、董事會決議辦理各該業務議事錄成外國保險公司總公司（或區域總部）**授權書**。

三、金管會核准辦理各該業務之**證明文件**。

四、經法規遵循、稽核及會計部門單位主管簽署符合主管機關相關法令規範或會計準則之**聲明書**。

> **觀念理解**
> 此處注意！申請資格、申請書件是不同的！申請資格是在我國境內有設立總機構或分支機構。申請書件包含主要畫重點的項目！執照、授權書、聲明書、營業計畫書、重要告知事項等。

五、**營業計畫書**（內容應包括業務簡介、作業流程、款項收付等項目）。

六、**重要事項告知書**（含風險告知）。

七、其他本行規定之文件。

保險業申請辦理第3條第3款及第7款業務時，免檢附前項第3款及第6款規定文件。

第7條 **保險業申請辦理外匯業務案件之文件補正及退回程序**

保險業申請辦理外匯業務時，所送各項書件不完備或應記載事項不充分、經通知限期補正，屆期未補正者，本行得退回其申請案件。

第8條 **保險業申請辦理外匯業務案件之審查及駁回條件**

保險業申請許可辦理外匯業務，經審查有下列情形之一者，本行得駁回其申請：

一、**申請資格不符第5條規定**。

二、**最近一年有違反本辦法或其他外匯相關規定且情節重大**，或經本行限期改正，屆期仍未改善者。

三、其他事實足認為有礙業務健全經營或未能符合金融政策要求之虞者。

第9條 **保險業辦理外匯業務之廢止或撤銷許可條件**

保險業經辦各項外匯業務，有下列情事之一者，本行得按其情節輕重，廢止或撤銷許可外匯業務之一部或全部：

一、發給許可函後**6個月內未開辦者**。但有正當理由申請延期經本行核准，得延長3個月，並以1次為限。

二、違反第4條第3項規定，或**違反本辦法其他規定且情節重大**或經本行限期改正，屆期仍未改正。

三、經本行許可辦理各項外匯業務後，發覺原申請事項有虛偽情事，且情節重大者。

四、有停業、解散或破產之情事者。

五、其他事實足認為有礙業務健全經營或未能符合金融政策要求之虞者。

第10條 **保險業辦理各項外匯業務應確認事項**

保險業辦理各項外匯業務，應先確實**辨識顧客身分**或**基本登記資料**及憑辦文件是否符合規定。（就是先驗名正身！）

第11條 <u>**保險業有向中央銀行報送報表之義務**</u>

本行得要求保險業送外匯業務相關報表，其格式由本行另定之。保險業並應確保報表之完整與真實。

保險業辦理外匯業務應確實依收付款項向<u>**銀行業**</u>辦理結匯，並將結匯明細資料留存以供查核。（結匯是找銀行業辦理！）

第12條 <u>**中央銀行得視需要派員檢查，或要求其提出報告或資料**</u>

本行於必要時得派員查閱保險業辦理外匯業務有關帳冊文件，或要求其於期限內據實提出財務報告或其他相關資料。

第13條 <u>**以外幣收付之保險相關款項之收付及其結匯事宜**</u>

除本辦法或本行另有規定外，以外幣收付之保險，其相關款項之收付**均不得以新臺幣為之其結匯事宜**應由**要保人或受益人**依外匯收支或交易申報辦法（以下簡稱申報辦法）之規定，逕向銀行業辦理。

投資型年金保險累積期間屆滿時轉換為一般帳簿之即期年金保險，得約定以新臺幣給付年金，並由<u>**保險業**</u>依申報辦法等有關規定辦理結匯。

以外幣收付之財產保險，得依下列規定進行新臺幣收付：

一、 憑要保人提供之保險標的涉及出、進口貨物或提供跨境服務之相關證明文件，及與要保人約定收受等值之新臺幣保險費。

二、 憑受益人提供之新臺幣證明文件為新臺幣保險給付，如涉及結匯事宜，則由財產保險業依申報辦法等有關規定逕向銀行業辦理結匯。

前項要保人或受益人應為申報辦法第3條定義之公司、行號、團體、個人。

保險業辦理第3條第2款及第3款業務，其收付幣別得依保險契約約定之外幣收付，如涉及外幣間兌換並應由保險業逕向銀行業辦理。

第14條 <u>**辦理以外幣收付之人身保險單為質之外幣放款業務規定**</u>

外幣放款與聯貸之資金來源，應以<u>**保險業用於國外投資之自有外幣資金**</u>為限。

保險業經許可辦理第3條筆7款業務者，應遵循下列規定：

一、 放款對象以<u>**國內顧客為限**</u>。（申辦不需提供支付文件）

二、 應確認主辦行確依本行「銀行業辦理外匯業務作業規範」第6點有關憑辦文件、兌換限制及外債登記等規定辦理。

※**外幣放款以**5,000**萬美元為限**，未用罄之額度**不得遞延至其後年**度辦理。

第15條 **投資型保險商品以衍生性商品為連結之投資標的規定**
保險業銷售之投資型保險商品、如連結衍生性商品並涉及外匯者、其投資標的內容**不得涉及下列範圍：**
一、**本國貨幣市場**之**新臺幣利率指標**及**匯率指標**。★★★
二、相關主管機關限制者。

第15-1條 保險業經本行許可辦理保險相關外匯業務者，得於其經許可業務範圍內接受同一保險業之國際保險業務分公司委託，代為處理國際保險業務；其受託處理業務應依國際金融業務條例、國際金融業務條例施行知則及其他有關規定辦理。

第15-2條 保險業辦理外匯業務，涉及以人民幣收付者，除本行另有規定外，準用本辦法之規定。

請注意

(一)**再保險業受保險法之規範**，亦依「保險業辦理外匯業務管理辦法」**適用**。
(二)中央銀行於98年6月6日核准再保險公司臺灣分公司辦理人身保險外幣保單再保險業務。再保險人與原保險人應約定再保費及再保賠款等相關款項收付之**外幣幣別亦不得以新臺幣收付**，亦**不得約定新臺幣與外幣或各幣別間轉換**。

名師教學

立即看私房講解

牛刀小試

( )　1. 依「保險業辦理外匯業務管理辦法」第15條規定，保險業銷售之投資型保險商品，如連結衍生性商品並涉及外匯者，其投資標的內容不得涉及下列範圍？　(A)相關主管機關限制者　(B)利率指標　(C)股價指數　(D)匯率指標。

( )　2. 「保險業辦理外匯業務管理辦法」第14條規定，保險業辦理以外幣收付之人身保險單為質之外幣放款之資金來源：　(A)限以保險業用於國外投資之自有外幣資金支應　(B)得以保險業借入之外幣自有資金支應　(C)應以保險業之新臺幣自有資金支應　(D)得以保險業新臺幣自有資金兌換為外幣支應。

( )　3. 金管會於94年11月22日修正「投資型保險投資管理辦法」第16條，增列「以外幣收付之投資型年金保險，於年金累積期間屆滿時將連結投資標的全部處分出售，並轉換為一般帳簿之即期年金保險者，得約定以新臺幣給付年金」，開放：　(A)保險業經營以外幣收付之投資型保險業務　(B)以外幣收付之投資型年金保險，得約定以新臺幣給付年金　(C)以外幣收付之投資型保險單為質之放款業務　(D)以新臺幣收付之投資型保險業務。

( )　4. 依保險業辦理外匯業務管理辦法」第14條規定，保險業辦理以外幣收付之人身保險單為質之外幣放款，應依下列哪些規定辦理：　(1)每家保險業每年承作外幣放款總額以5千萬美元為限　(2)國內外保戶提供確有實際外幣支付需要之文件　(3)限以保險業用於國外投資之自有外幣資金　(4)中央銀行得視金融情況調整外幣放款總額　(A)(2)(3)(4)　(B)(1)(2)(3)(4)　(C)(1)(2)(3)　(D)(1)(3)(4)。

( )　5. 申報義務人至銀行業櫃臺辦理新臺幣結匯申報者，銀行業應查驗？　(A)資金用途　(B)資金來源　(C)身分文件或基本登記資料　(D)財務狀況輔導申請義務人填報申報書，辦理申報事宜。

( )　6. 依「保險業辦理外匯業務管理辦法」第4條規定，保險業得申請辦理第3條各款全部或一部之業務項目：　(A)由金管會依其法規遵循情形　(B)由金管會依其自有資本與風險資本之比率　(C)由中央銀行依其業務需要　(D)由中央銀行依其財務狀況，於該條各款範圍內分別許可之。

( )　7. 依「保險業辦理外匯業務管理辦法」規定，保險業得申請辦理下列哪些外匯業務：　(1)以外幣收付之人身保險業務　(2)以外幣收付之非投資型年金保險，於年金累積期間屆滿時轉換為一般帳簿之即期年金保險，約定以新臺幣給付年金者　(3)財富管理業務涉及外匯業務之經營者　(4)以外幣收付之人身保險業務及以其保險單為質之新臺幣放款　(A)(1)(2)(3)　(B)(2)(4)　(C)(3)(4)　(D)(1)(3)。

( )　8. 保險業申請辦理「保險業辦理外匯業務管理辦法」第3條外匯業務時，應檢附哪些書件：　(1)重要事項告知書　(2)外幣自有資金證明文件　(3)營業計畫書　(4)外國人壽保險公司在我國境內設立之分支機構授權書　(5)金管會核准辦理各該業務之證明文件　(A)(2)(4)(5)　(B)(1)(3)(4)(5)　(C)(1)(3)(5)　(D)(1)(2)(5)。

( )　9. 依照「保險業辦理外匯業務管理辦法」第9條規定，保險業經辦各項外匯業務，有下列哪些情形，按其情節輕重，得廢止或撤銷許可外匯業務之一部或全部？　(A)經金管會許可辦理各項保險業務後，發覺原申請事項有虛偽情事，且情節重大者　(B)發給許可函後五個月未開辦者　(C)最近一年內有遭主管機關罰鍰累計達新臺幣二百萬元　(D)有停業、解散或破產之情事者。

( )　10. 依「保險業辦理外匯業務管理辦法」第8條規定，保險業申請許可辦理外匯業務，經審查有下列何種情形者，中央銀行得駁回其申請？　(A)各項書件申請資料不完備經金管會限期補正，屆期仍未補正者　(B)所送各項書件不完備或應記載事項不充分　(C)申請資格不符該辦法第5條規定者　(D)最近一年有違反保險法相關規定。

( )　11. 保險業申請辦理「保險業辦理外匯業務管理辦法」第3條外匯業務時，應檢附哪些書件：　(1)重要事項告知書　(2)外幣自有資金證明文件　(3)營業計畫書　(4)外國人壽保險公司在我國境內設立之分支機構授權書　(5)金管會核准辦理各該業務之證明文件　(A)(2)(4)(5)　(B)(1)(3)(4)(5)　(C)(1)(3)(5)　(D)(1)(2)(5)。

> **解答**　1.**A**　2.**A**　3.**B**　4.**D**　5.**C**　6.**C**　7.**D**　8.**C**
> 　　9.**D**。(A)應為「辦理各項外匯業務」。(B)發給許可函後六個月內未開辦者。(C)須達「三百萬」元。
> 　　10.**C**　11.**C**

重點三　投資型保險投資管理辦法（節錄）

接下來就是投資型保險投資管理辦法的介紹了，有很多的法條，帶你一一來看，除「保險法」及「保險業辦理外匯業務管理辦法」之外，「投資型保險投資管理辦法」、「投資型保險專設帳簿保管機構及投資標的應注意事項」是考試的重點，在這裡會有詳細的說明，而其他的相關辦法則是為你挑選重點，以最精準的方式掌握得分關鍵！將條文內容及條款重點摘要說明如下：

第一章　總則

第1條　**法源依據**
本辦法依保險法（以下簡稱本法）第146條第6項規定訂完之。

第2條　**投資型保險契約條文記載規定**
訂立投資型保險契約時，保險人就要保人或受益人投資權益之保護，應依本法及其他有關法令規定記載相關條文。

第3條　**資訊揭露**
保險人銷售投資型保險商品時，應充分揭露相關資訊：於訂約時，應以**重要事項告知書**向要保人說明下列事項，並經其簽章：
一、**各項費用**。
二、**投資標的及其可能風險**。
三、**相關警語**。
四、其他經主管機關規定之事項。
前項資訊揭露及銷售應遵循事項，由主管機關另定之。

第4條　**應專設帳簿**
保險人經營投資型保險之業務就其投資產之價值、前項專設帳障應符合下列原則：
一、**專設帳簿**之資產，應**與保險人其他資產分開設置**，並單獨管理之。
二、除本辦法另有規定外，保險人應依中華民國人壽保險商業同業公會（以下簡稱壽險公會）報經主管機關備查之**人壽保險業會計制度**範本，定期對專設帳簿之資產加以評價，並依保除契約所約定之方式計算及通知要保人其於專設帳簿內受益之資產價值。

三、專設帳簿資產之運用,應與**要保人**同意或指定之投資方式及投資標的相符。

第5條 **運用與管理專設帳簿資產之方式**

保險人運用與管理專設帳簿資產,以下列方式之一行之:

一、保險人指派具有**金融**、**證券**或**其他投資業務經驗之專業人員**運用與管理專設帳簿之資產。但涉及由保險人全權決定運用於證券交易法第6條之有價證券者,應另依**證券投資信託及顧問法**申請兼營**全權委託**投資業務。

二、**非**由保險人全權決定運用標的之投資型保險,保險人得委託經主管機關核准經營或兼營全權委託投資業務之事業代為運用與管理專設帳簿之資產者,該管理事業之選任,應依保險人內部所訂之委外代為資金管理處理程序及相關法令之規定辦理。保險人應向主管機關申報其所選任之管理事業,管理事業有變更者,應於變更後**15個工作日**內向主管機關申報。

保險人依前項規定運用專設帳簿之資產進行投資及交易,應作成書面紀錄,**按月提出檢討報告**,並應依法建檔保存。

保險人依第1項規定運用與管理專設帳簿資產時,**不得有下列情事**:

一、提供專設帳簿之資產**做為擔保之用**。

二、將專設帳簿之**資產借予他人**。但主管機關另有規定者,不在此限。

三、從事法令禁止投資之項目。(容易出複選題!)★★

第6條 **專設帳簿資產之保管**

保險人應為要保人或受益人之利益管理專設帳簿之資產。保險人應將**專設帳簿之資產交由保管機構保管**,並應向主管機關申報共所選任之保管機構,保管機構有變更者,應於變更後**15個工作日**內向主管機關申報。

保險人依前條第1項第2款委託經主管機關核准兼替全權委託投資業務之信託業代為運用與管理專設帳簿之資產,並由該**信託業自行保管資產者**,準用第2項及第4項規定。

(各種變更15個工作日內申報主管機關,信託業可為保管機構。)

第7條 **投資方式或標的之變更**

投資型保險之投資方式或標的之變更,須依**法令規定**及**保險契約**之約定行之。

第8條 **專設帳簿資產與一般帳簿資產間，不得互相出售、交換或移轉**

有下列情事之一者，不在此限。（容易考複選題！）★★

一、將一般帳簿資產轉入專設帳簿**做為其設立之用**，或用於專設帳簿保單之**正常運作**。

二、為**保險成本**或各項費用**必要之轉出**。

三、為**維護要保人或受益人之利益**並經主管機關核准。

前項但書各款情形，除事先經主管機關核准者，得以符合第10條第1項規定之標的資產為移轉外，應以**現金**移轉為之。

第9條 **應盡善良管理人之注意**

應盡善良管理人之注意，不得以職務上所知悉之消息，為專設帳簿保戶以外之人或自己從事投資相關之交易活動，或洩漏消息予他人。

投資型保險契約所提供連結之投資標的**發行或經理機構破產**時保險人應基於**要保人**、**受益人**之利益向該機構積極追償。★★

第10條 **連結之投資標的及專設帳簿資產之運用項目**

投資型保險契約所提供連結之投資標的及專設帳簿資產之運用，除要保人以保險契約約定委任保險人全權決定運用標的者外，以下列為限：

一、銀行存款。

二、證券投資信託基金受益憑證。

三、境外基金。

四、共同信託基金受益證券。

五、**依不動產證券化條例所發行之不動產投資信託受益證券或不動產信託受益證券**。

六、依金融資產證券化條例所發行之受益證券成資產基礎證券。

七、各國中央政府發行之公債、國庫券。

八、金融債券。

九、公開發行之有擔保公司情，或經評等為相當等級以上之公司所發行之公司債，或外國證券集中交易市場、店頭市場之公司債。

> **觀念理解**
>
> 結構型商品是由兩種金融工具組裝而成，一個是沒有票面利息到期還本的零息債券外加上一個連結指數型的選擇權，舉例來說我期初投入100萬，其中90萬實際上去購買了到期歸還100萬本金的零息債券，另外10萬去購買了一個可以連動指數的選擇權，例如各種股票指數，如此組裝在一起就是結構型商品，如因為指數報酬不佳，最後到期也會百分之百保本。

十、 **結構型商品**。

十一、 美國聯邦國民抵押貸款協會、聯邦住宅抵押貸款公司及美國
政府國民抵押貸款協會所發行成保證之不動產抵押債權。

十二、 其他經主管機關核准之投資標的。

全權委託投資業務其投資型保險契約所提供連結之投資標的及專設
帳簿資產之運用，除第1項所列標的外，**得為匯率避險目的，貨幣
相關衍生性金融商品交易**。

投資型保險商品，如連結衍生性商品並涉及外匯者，其投資標的內
容不得涉及下列範圍：

一、 **本國貨幣市場之新臺幣利率指標**及**匯率指標**。（保險業辦理外
匯業務管理辦法第15條也曾出現！）

二、 相關主管機關限制者。

第10-1條 經營全權委託投資業務（簡稱「全委」。）應符合下列規定：

一、 委託機構應建立對委託全權委託投資業務事業之處理程序，並
經董事會通過。

二、 受託機構已就全權委託投資交易業務訂定處理程序，並報經其
董事會通過。受託機構應依法令、內控、風管之獨立性、交易
文件之可靠性製作年度查核計畫作成稽核報告：

保險人經營全委投資業務與管理專設帳簿資產者，不適用投信投顧
經營全委業務管理辦法第28條第4項規定。

第11條 **委由保險人全權決定運用標的之運用範圍**

保險人接受要保人以保險契約委任全權決定運用標的者，其運用範
圍以下列為限：

一、 銀行存款。

二、 公債、國庫券。

三、 金融債券、可轉讓定期存單、銀行承兌匯票、金融機構保證商
業本票。

四、 **公開發行之公司股票**。

五、 公開發行之有擔保公司債，或經評等為相當等級以上之公司所
發行之公司債。

六、 證券投資信託基金受益憑證及
共同信託基金受益證券。

七、 **臺灣存託憑證**。

八、 依金融資產證券化條例發行之受益證券或資產基礎證券。

九、 依不動產證券化條例發行之不動產資產信託受益證券及不動產投資信託受益證券。

十、 外國有價證券。

十一、 證券相關商品。

十二、 其他經主管機關核准之標的。

前項第10款所稱外國有價證券，以下列各款為限：

一、 外國中央政府發行之公債、國庫券。

二、 外國銀行發行之金融債券、可轉讓定期存單、浮動利率中期。

三、 外國證券集中交易市場、店頭市場交易之股票、公司債。

四、 境外基金。

五、 美國聯邦國民抵押貸款協會、聯邦住宅抵押貨款公司及美國政府國民抵押貨款協會所發行成保證之不動產抵押債權證券。

> **觀念理解**
>
> 到這裡是不是開始頭疼了！記住全委是交給專業經理人所以可以直接投資股票與臺灣存託憑證（這兩種都是直接買該公司發行的有價證券），專設帳簿可投資結構型商品，它是由固定收益和衍生性商品結合的工具（百分之百本金保本）。
>
> 兩者皆不能投資衍生性金融商品（除避險）、對沖基金、私募基金這種基金風險太高。
>
> · 對沖基金：指的是可以放空的基金。
> · 私募基金：沒有公開對外發行，僅針對特定投資人募集，起始投資金額很高。

名師教學

立即看私房講解

第12條 **委由保險人全權決定運用標的之限制** ★★

保險人為前條之運用時，除主管機關另有規定外，**不得**有下列情。

一、 **辦理放款**。

二、 與其他投資型專設帳簿資產或與保險人**一般帳簿為交易行為**。

三、投資於保險人發行之股票或公司債。

四、與保險人有**利害關係之公司**所發行之股票、公司價或金融債券。

五、投資與保險人有利害關係承銷商所承銷之有價證券。

六、投資**私募有價證券**。

七、從事證券信用交易。

八、出借或借入有價證券。

第13條 **投資標的之信用評等**

投資型保險之投資標的應經主管機關認可之**信用評等達一定等級以上**。投資型保險之投資標的為所定公債、債券或不動產抵押債權證券者，準用前項規定。

第14條 **須經主管機關核准或申報生效之投資標的**

投資型保險之投資標的為證券投資信託受益憑證者，應為經主管機關核准或申報生效得以募集發行之證券投資信託基金受益憑證；其為境外基金者，係經主管機關核准或申報生效在國內募集及銷售之境外基金。（**皆須經過核准或申報**），但國內外證券交易市場之指數股票型基金，不在此限。

投資型保險投資標的為共同信託基金者，應經主管機關核准。

投資標的為**結構型商品者**，係指結合**固定收益商品**與**衍生性金融商品**之組合型式商品或結構型債券。★★★

第15條 **市場評價**

專設帳簿資產應依**投資型保險契約約定評價日**之**市價評價**，並依相關法令編列資產明細，但保險人之自有部位及依保險契約約定由保險人部分承擔投資損益風險者，不在此限。

第16條 **應基於保戶之最大利益行使表決權**

保險人行使投資型保險專設帳簿持有股票之投票表決權者，應依下列規定辦理：

一、除法令另有規定外，應由**保險人指派該事業人員**為之。

二、保險人行使表決權，應基於投資型保險**保戶之最大利益**，且**不得直接或間接參與該股票發行公司經營**或有不當之安排情事。

三、保險人於出席投資型保險專設帳簿所持有股票之發行公司股東會前，應將行使表決權之評估分析作業，作成說明。

四、 保險人應將投資型保險專設帳簿所持有股票發行公司之股東
　　 會通知書及出席證登記管理，並應就出席股東會行使表決權，
　　 表決權行使之評估分析作業、決策程序及執行結果作成書面紀
　　 錄，循序編號建檔，至少**保存5年**。

第17條　**解散清算** ★★★
保險人解決清算時，專設帳簿之資產在清償因了結專設帳簿而生之
費用及債務後，剩餘之財產，應按專設帳簿資產內**保險人及要保人**
所有**受益權價值之比例分派**予保險人及要保人或受益人。
另依「保險法」第123條規定：
「保險人破產時，對於保險人得請求之保險金額之債權，以其保單
價值準備金按訂約時之**保險費率比例計算**之。**要保人破產**時，保
險契約訂有受益人者、仍為**受益人**之利益而存在。（**保險費率要注
意！**）★★★
投資型保險契約之投資資產，非各該投資型保險之**受益人**不得主張，
亦不得請求扣押式或行使其他權利。」（**此處是受益人要注意！**）

第18條　**款項收付之幣別、收付方式及外幣計價之投資標的**
訂立投資型保險契約時，保險人與要保人得約定保險費，保險給
付、費用及其他款項收付之幣別，且不得於新臺幣與外幣間約定相
互變換收付之幣別。但以外幣收付之投資型年金保險，於年金累積
期間屆滿時將連結投資標的全處分出售，並轉換為**一般帳簿之即期
年金保險者**，得約定以新臺幣給付年金。
有下列情形之一者，不在此限：
一、 依第1項但書規定辦理以新臺幣給付年金。
二、 保險人與要保人約定，於其他外幣保險契約所定生存保險應給
　　 付日當日、以該生存保險金，抵繳相同幣別外幣保險契約之保
　　 險費、且該生存保險金之受益人、與所抵繳保險契約之要保人
　　 為同一人。

第二章　由保險人全權決定運用標的之投資型保險

第19條　**申請兼營全權委託托投資業務應符合之資格條件** ★★★
保險人銷售由其全權決定運用標的之投資型保險，應符合下列資
格條件：

一、 最近一年之**自有資本與風險資本之比率**符合本法第143-4條第1項之適足比率。

二、 最近**一年內未有遭主管機關重大裁罰**或罰鍰累計達**新臺幣300萬**元以上。但其違法情事已獲具體改善經主管機關認定者,不在此限。

三、 國外投資部分已採用計算風險值評估風險,並**每週至少控管乙次**。

四、 董事會中設有風險控管委員會或於公司內部設置**風險控管部門及風控長**或職務相當之人,並實際負責公司整體風險控管。

五、 最近一年公平待客原則評核結果為人身保險業**前80%**。但提出合理說明並經主管機關核准者,不在此限。

前項第3款所稱之風險值,係指按**週**為基礎、樣本期間至少**3年**,或按**日**為基礎、樣本期間至少**1年**,樣本之資料至少每週更新1次,以至少**99%**的信賴水準,計算**10個交易日**之風險值,且須**每月進行回溯測試**。

> **觀念理解**
>
> 全委投資業務的資格是必考題,要記憶這五個條件,其中第一樣就是RBC資本適足率,第二個要記得三百萬,第三個要記得用風險值評估VaR,第四個要記得要設有風控部門與風控掌,第五個要記得申訴案件低到高排名前80%,風險值是的定義要背起來,什麼是風險值呢?就是在市場正常波動下,某金融產品的最大可能損失。

名師教學

立即看私房講解

第20條 <u>**全委投資型保險業務定義及專設帳簿資產之運用決定權**</u>
全委投資型保險專設帳簿資產之運用方式，以由保險人全權決定運用為限。

第21條 <u>**全權委託投資型保險專設帳簿資產之保管**</u>
全委投資型保險專設帳簿之資產，應依**保險商品別**分別獨立保管。

第22條 <u>**全權委託投資型保險契約及保險商品說明書應記載事項**</u>
全委投資型保險應分別載明下列事項：

一、**保險契約**：
　(一) 保險契約**轉換條款**。
　(二)**越權交易之責任歸屬**。
　(三) 其他經主管機關規定應記載事項。

二、**保險商品說明書**：
　(一) 全委投資型保險之性質、範圍、經營原則、收費方式、禁止規定、保戶、保險人及保管機構之法律關係及運作方式等事項。
　(二) 運用委託投資資產之分析方法、資訊來源及投資策略。
　(三) 經營全委投資型保險業務之部門主管及業務人員之學歷與經歷。
　(四) 最近二年度損益表及資產負債表。
　(五) 因業務發生訴訟或非於事件之說明，
　(六) 投資或交易風險警語、投資或交易標的之特性、可能之風險及法令限制。

全委投資型保險之保險契約及相關資料，於契約終止或失效後至少保存5年。

第23條 **全委投資型保險契約之轉換** ★★★

1.全委之要保人得向保險人申請轉換為不同投資方針之全委投資型保險契約，且除因**險種**、**保險期間**或**保險金額**改變所致危險增加之情形外，保險人不得拒絕。保險人受理契約轉換之申請，應訂定契約轉換及紛爭調處辦法並公告之。

> **觀念理解**
> 白話意思是要保人可以申請轉換不同的投資方針，但是因險種、保險期間、保險金額改變導致風險增加不在此內。

2.保險人於受理轉換申請時如**有轉換費用應事先告知要保人**。

第24條 <u>因法令變更致其投資範圍有增減時之通知義務</u>

簽訂契約後，因法令變更致其投資或交易範圍有增減時，保險人應以**不低於60日**之期間內通知要保人。要保人於前項期間內表示異議而向保險人申請終止保險契約者，保險人**不得收取解約費用**。

第25條 **會計處理** ★★★

全委投資型保險專設帳簿之會計制度應依**一般公認會計原則**、**同業公會**釐訂之規矩及有關法令之規定辦理。

第26條 **計算保單帳戶價值**

除保險契約另有約定外，保險人應於**每一營業日**就各全委投資型保險專設帳簿分別計算其**每一要保人**之**保單帳戶價值**。

第27條 **定期編製運用狀況報告書**

保險人應就各全委投資型保險專設帳簿分別造具帳簿，載明該全委投資型保險專設帳簿之處理狀況，並定期編製運用狀況報告書。

保險人應於會計年度終了後**4個月內**，就各全委投資型保險專設帳簿分別編具全委投資型保險專帳簿資產**年度決算報告**。 ★★

牛刀小試

( )　1. 保險人銷售由其全權決定運用標的之投資型保險，下列哪項資格條件不符合「投資型保險投資管理辦法」第19條第1項規定？　(A)最近一年自有資本與風險資本之比率達180%　(B)國外投資部分採用計算風險值評估風險，並每週至少控管乙次　(C)最近一年內之綜合評分值為人身保險業由低而高排名前80%　(D)最近一年內未有遭主管機關重大裁罰或罰鍰累計達新臺幣三百萬元。

( )　2.「投資型保險投資管理辦法」第11條第1項規定，保險人接受要保人以保險契約委任全權決定運用標的者，其運用範圍以下列何者為限？　(1)臺灣存託憑證　(2)依金融資產證券化條例發行之受益證券或資產基礎證券　(3)衍生性金融商品　(4)依不動產證券化條例發行之不動產資產信託受益證券及不動產投資信託受益證券　(A)(1)(2)(3)　(B)(1)(3)(4)　(C)(1)(2)(4)　(D)(2)(3)(4)。

( )　3. 依「投資型保險投資管理辦法」第14條第3項規定，投資型保險之投資標的為結構型商品者，係指結合：　(1)固定收益商品　(2)存款　(3)保險　(4)衍生性金融商品　之組合型式商品或結構型債券　(A)(1)(4)　(B)(2)(4)　(C)(1)(2)　(D)(1)(3)。

( ) 4.「投資型保險投資管理辦法」第14條規定，投資型保險之投資標的為境外基金者，係： (1)經主管機關核准 (2)申報生效 (3)經中央銀行核准 (4)依境外基金管理辦法規定在國內募集及銷售之境外基金但於國內、外證券交易市場交易之指數股票型基金，不在此限 (A)(2)(4) (B)(1)(4) (C)(1)(2) (D)(1)(3)。

( ) 5. 投資型保險商品連結之各種國內結構型商品，結構型商品之到期保本率為 _____ %，且不得含有目標贖回式設計及發行機構得提前贖回之選擇權？ (A)100% (B)80% (C)70% (D)60%。

( ) 6.「投資型保險投資管理辦法」第10條第1項規定，投資型保險契約所提供連結之投資標的及專設帳簿資產之運用，除要保人以保險契約約定委任保險人全權決定運用標的者外，以下列哪些為限： (1)金融債券 (2)結構型商品 (3)臺灣存託憑證 (4)公開發行之有擔保公司債 (A)(1)(2)(4) (B)(1)(3)(4) (C)(2)(3)(4) (D)(1)(2)(3)。

( ) 7.「投資型保險投資管理辦法」第11條規定，保險人接受要保人以保險契約委任全權決定運用標的者，其運用範圍為外國有價證券者，以下列那些為限： (1)外國證券集中交易市場、店頭市場交易之股票、公司債 (2)境外基金 (3)對沖基金 (4)避險基金 (A)(3)(4) (B)(1)(3) (C)(1)(4) (D)(1)(2)。

( ) 8.「投資型保險投資管理辦法」第27條第2項規定，保險人應於會計年度終了後： (A)二個月 (B)三個月 (C)四個月 (D)六個月 內就各全委投資型保險專設帳簿分別編具全委投資型保險專設帳簿資產年度決算報告，經會計師查核簽證後函報主管機關備查，並公告之。

( ) 9.「投資型保險投資管理辦法」第5條第1項第2款規定，保險人得委託經主管機關核准經營或兼營全權委託投資事業代為運用與管理專設帳簿之資產者，該管理事業之選任，應依保險人內部所訂之委外代為資金管理處理程序及相關法令之規定係辦理何人全權決定運用標的之投資型保險？ (A)由要保人 (B)非由要保人 (C)由保險人 (D)非由保險人。

( ) 10.「投資型保險投資管理辦法」規定，專設帳簿之資產與保險人之一般帳簿資產間，除： (1)將一般帳簿資產轉入非由保險人全權決定運用標的之投資型保險專設帳簿做為其設立之用 (2)用於支應該轉入專設帳簿保單之正常運作 (3)為保險成本或第3條訂定之各項費

用必要之轉出　(4)為維護要保人或受益人之利益並經主管機關核准不得互相出售、交換或移轉　(A)(1)(2)　(B)(2)(3)(4)　(C)(3)(4)　(D)(1)(2)(3)(4)。

(　)　11.「投資型保險投資管理辦法」第15條規定，專設帳簿資產應依：(A)每日　(B)每月　(C)每週　(D)投資型保險契約約定評價日　之市價評價，並依相關法令編列資產明細；但保險人之自有部位及依保險契約約定由保險人部分承擔投資損益風險者，不在此限。

(　)　12.「投資型保險投資管理辦法」第22條規定，全委投資型保險之保險契約，除應符合投資型保險資訊揭露應遵循事項及證券投資信託事業證券投資顧問事業經營全權委託投資業務管理辦法規定之應載事項外，並應分別載明下列哪些事項：　(1)保險契約轉換條款　(2)越權交易之責任歸屬　(3)因業務發生訴訟或非訟事件之說明　(4)其他經主管機關規定應記載事項　(A)(1)(2)　(B)(1)(2)(3)　(C)(1)(3)　(D)(1)(2)(4)。

(　)　13.「投資型保險投資管理辦法」第8條規定，專設帳簿之資產與保險人之一般帳簿資產間，除：　(1)將一般帳簿資產轉入非由保險人全權決定運用標的之投資型保險專設帳簿做為其設立之用　(2)用於支應該轉入專設帳簿保單之正常運作　(3)為保險成本或第3條訂定之各項費用必要之轉出　(4)為維護要保人或受益人之利益並經主管機關核准不得互相出售、交換或移轉　(A)(1)(2)　(B)(2)(3)(4)　(C)(3)(4)　(D)(1)(2)(3)(4)。

(　)　14.「投資型保險投資管理辦法」第25條規定，全委投資型保險專設帳簿之會計制度應依：　(A)同業公會釐訂之規範　(B)一般公認會計原則　(C)有關法令之規定辦理　(D)以上皆是。

(　)　15.「投資型保險投資管理辦法」第26條規定，除保險契約另有約定外，保險人應於：　(A)每一營業日　(B)每週　(C)每月　(D)契約約定評價日，就各全委投資型保險專設帳簿分別計算其每一要保人之保單帳戶價值。

(　)　16.「投資型保險投資管理辦法」第5條第1項第1款規定，保險人運用與管理專設帳簿資產之方式，保險人應指派具有：　(1)金融　(2)證券　(3)保險　(4)其他投資業務經驗之專業人員運用與管理專設帳簿之資產　(A)(1)(3)(4)　(B)(1)(2)(3)　(C)(1)(2)(4)　(D)(2)(3)(4)。

（　） 17.「投資型保險投資管理辦法」第6條規定，保險人得委託經下列何者核准之事業代為運用與管理專設帳簿之資產：　(1)主管機關　(2)證券主管機關　(3)銀行主管機關　(4)信託主管機關　(A)(1)(2)　(B)(2)(3)　(C)(2)(4)　(D)(1)(3)。

（　） 18.「投資型保險投資管理辦法」第23條第2項規定，保險人受理契約轉換之申請，應訂定契約轉換及紛爭調處辦法並公告之；如有收取契約轉換費用者，保險人　(A)於受理轉換申請時，應事先告知要保人　(B)以公告方式通知要保人　(C)應於10日內通知要保人　(D)應以不低於60日之期間內通知要保人。

> **解答**　1.**A**　2.**C**　3.**A**　4.**C**　5.**A**　6.**A**　7.**D**　8.**C**　9.**D**　10.**D**
> 　　　　11.**D**　12.**D**　13.**D**　14.**D**　15.**A**　16.**C**　17.**A**　18.**A**

重點四　投資型保險專設帳簿保管機構及投資標的應注意事項

一、法源依據

依據**投資型保險投資管理辦法**（以下簡稱本辦法），訂定本注意事項。

二、國內外保管機構，其長期債務信用評等之等級標準

保險人應將投資型保險專設帳簿交由**信用評等機構評等達一定等級**以上之國內或國外保管機構予以保管。

三、連結債券、結構型商品及國外不動產抵押值權證券標的之信用評等等級標準 ★★★

投資債券之發行與保管機構須符合所定應分別符合下列信用評等等級（依照評等由低到高）：

信評機構	(1) 國內外之保管機構 (2) 國外金融債、浮動利率中期債券之發行機構或保證機構	(3) 公債、國庫券等國家主權債
中華信評／Fitch	twA－	A
惠譽臺灣／S&P	A－（twn）	A

信評機構	(4) 國內金融債券、公司債、結構型商品之發行與保證機構	(5) 美國聯邦國民抵押貸款住宅抵押貸款協會
中華信評／ Fitch	AA	AAA
惠譽臺灣／ S&P	AA	AAA

※國內的信評公司評等上會加上tw。

名師教學

2-5各項評等的記憶方法

立即看私房講解

四、 連結各種境外結構型商品之規定

投資型保險商品連結之各種境外結構型商品，應符合境外結構型商品管理規則及相關規定，但不得連結境外結構型商品管理規則第4條第1項所定於外國證券交易所掛牌交易之境外結構型商品。

五、 連結投資標的或專設帳簿資產之運用，不得涉及情事

投資型保險商品所連結投資標的或專設帳簿資產之運用，不得涉有下：

(一) 連結或運用於證券投資信託事業以**私募方式發行**之證券投資信託基金受益憑證，或其他國內外私募之有價證券。

(二) 連結或運用於國外指數型基金者，其**追蹤指數逾越主管機關公告**保險業投資國外指數型基金之追蹤指數範圍，但於國內、外證券交易市場交易之指數股票型基金，不在此限。（例如有待放空或是倍數型的指數是不可以的。）

(三)連結或運用於保險人之**利害關係人所發行**之金融債券、公司債或結構型
商品。

六、 連結各種國內結構型商品之規定 ★★

投資型保險商品連結之各種國內結構型商品，應符合下列規定：

(一)計價幣別以**新臺幣**、**人民幣**及境外結構型商品管理規則所定計價幣別為
限。（目前投資型保險連結之結構型商品可投資的外幣有**美元、澳幣、歐
元、英鎊、紐幣、新加坡幣、港幣、日圓**。）

(二)發行條件除應記載發行機構，保證機構之**長期債務信用評等**外，並應揭露
該等**結構型商品之風險**及**相關重要資訊**。

(三)**不得**連結以**臺灣發行市場有關係**的下列標的：

1.新臺幣匯率指標。

2.新臺幣利率指標，但以新臺幣計價之結構型商品不在此限。

3.本國企業於國外發行之有價證券。

4.國內投信託於國外發行之受益憑證（受益憑證就是指基金）。

5.國內外機構編製之臺股指數及其相關金融商品。但如請指數係由臺灣證券
交易所或證券櫃檯買賣中心與國外機構合作編製非以臺股為主要成分股之
指數，不在此限，

6.未經本會核准或申報生效得募集及銷售之境外基金。

7.國內外私募之有價證券。

8.**股權、利率、匯率、基金、商品**、上述相
關指數及指數型基金以外之衍生性金融
商品。但**指數股票型基金**，以本會核定之證
券市場掛牌交易之以投資**股票、債券**為主
且**不具槓桿**或放空效果者為限。

> **觀念理解**
> 此處看起來複雜，但會考
> 的選項是「人民幣與外
> 幣」計價或是交割，若是
> 出現「與新臺幣」的答案
> 就是錯誤的！

(四)涉及大陸地區之商品或契約以連結下列標
的及中央銀行已開放之範圍為限：

1.以**外幣或人民幣計價**或交割之無本金交割商品。

2.以**外幣或人民幣計價**或交割商品。

3.涉及人民幣計價或交割之與大陸地區相關公開上市之股價指數者。如股價
遠期契的、股價交換或股價選擇櫃。

4.其他經中央銀行開放外匯指定銀行辦理之連結標的。

5.連結第1目至第3目標的之衍生性金融商品或契約以結合外幣或人民幣定期
存款之結構型商品為限。

(五) 除另有規定外，結構型商品得於中央銀行已開放之範圍內同時連結二種之資產類別。

(六) 結構型商品之到期**保本率**至少為原計價貨幣本金（或其等值）之100%，**且不得含有目標贖回式設計及發行機構得提前贖回之選擇權**。另外開放式結構型商品，**動態保本率**須達為計價貨幣本金之90%以上。★★

七、 連結國外債券之規定

投資型保險商品連結國外債券者，應符合下列規定：

(一) 計價格別以人民幣及境外結構型商品管理規則所定計價幣別為限。

(二) 該債券應於國內證券市場上櫃買賣，且不得為僅限銷售予專業投資人者。

(三) 投資大陸地區或港澳地區有價證券之範圍及限制，準用證券商受託買賣外國有價證券管理規則第5條之相關規定。

(四) 不得投資本國**企業赴國外發行之債券**。

八、 連結國外證券交易市場交易之指數股票型基金之規定

投資型保險商品連結國外證交易之指數效果者為限，並應於證券商受託股票型基金，以投資股票、債券為主且**不具槓桿或放空**。

九、 應定期評估連結投資標的之信用風險及其相關規定 ★★★

保險人應事後定期評估第3點所列投資型保險商品連結投資標的之信用風險，並應依下列規定辦理：

(一) 國內結構型商品之**發行機構或保證機構長期債務信用評等**，如有遭信用評等機構調降評等達**BBB＋等級（含）以下**之情事者，保險人應於事實發生之日起**3日內**通知要保人。

(二) 金融債券、公司債及浮動利率中期債券之評等調降亦同。

十、 受託機構應於3個營業日內採取適當處置以符合投資額度之規定

第10點衍生性金融商品交易之契約總（名目）價值，合計不得超過被避險項目之總帳面價值，但因市場波動因素且受託機構於事實發生之日起**3個營業日**內採取適當處置後，符合投資額度者，不在此限。★★★

十一、 應建立信用風險評估機制及分散準則

保險人應確實建立投資標的**發行**、**保證**或**經理**機構之信用風險評估機制及分散準則,及緊急應變及追償作業程序。

上述注意事項要特別留意:

(一) **中央銀行相關規定**

應請依下列規定辦理:

1. 外幣投資型保單係由要保人以外幣交付保險費,**保險業無須辦理結匯事宜**。

2. 請**按月填報**「保險業辦理外幣投資型保險業務專設帳簿資產餘額表」外匯業務相關報表,於**次月15日**前送達外匯局簽證科。

(二) **投資型人壽保險商品死亡給付對保單帳戶價值之最低比率規範** ★★★

為提高國人保險保障,並促進國內投資型保險市場良性發展。投資型人壽保險死亡給付對保單帳戶價值之比率,應於要保人投保及每次繳交保險費時符合下列規定:

被保險人年齡	死亡給付與保單帳戶價值比率
15足歲～30歲以下	190%
31歲～40歲	160%
41歲～50歲	140%
51歲～60歲	120%
61歲～70歲	110%
71歲～90歲	102%
91歲以上	100%

除15足歲為實際歲數,其他為保險年齡。

牛刀小試

(　　) 1. 保險人應依「投資型保險投資管理辦法」第6條第2及第3項規定,將投資型保險專設帳簿之資產交由中華信用評等股份有限公司評等達: (A)twAA (B)twBBB＋ (C)twA (D)twA－ 等級以上之國內保管機構予以保管。

( )　2. 保險業辦理國外投資，投資於國際性組織發行之債券，其發行機構之信用評等等級，須經國外信用評等機構評定為： (A)A級　(B)A－級　(C)AA－級　(D)BBB＋級　或相當等級以上。

( )　3. 投資型保險商品所連結投資標的為公司債之國內機構發行者，發行機構或保證機構之長期債務信用評等，應符合澳商惠譽國際信用評等股份有限公司臺灣分公司評等達何種等級以上？ (A)BBB＋（twn）　(B)A（twn）　(C)AA（twn）　(D)A－（twn）。

( )　4. 國內結構型商品之發行機構或保證機構長期債務信用評等，如有遭信用評等機構調降評等達澳商惠譽國際信用評等股份有限公司臺灣分公司評等達BBB＋（twn）等級（含）以下之情事者，保險人應於事實發生之日起幾日內通知要保人？ (A)3日　(B)7日　(C)30日　(D)15日。

( )　5. 投資型保險商品所連結投資標的為國內結構型商品（或金融債券）之國內發行或保證機構之長期債務信用評等應符合，中華信用評等股份有限公司評等達： (A)AA（twn）　(B)twAA　(C)twA－　(D)A－（twn）等級以上。

( )　6. 投資型保險商品連結之各種國內結構型商品，結構型商品之到期保本率為 _____ ％，且不得含有目標贖回式設計及發行機構得提前贖回之選擇權？ (A)100%　(B)80%　(C)70%　(D)60%。

( )　7. 投資型保險商品連結之各種國內結構型商品，下列何者不是涉及大陸地區之商品或契約得連結之標的？
(A)以外幣計價之無本金交割之外幣對人民幣遠期外匯
(B)以人民幣計價之無本金交割之外幣對人民幣利率交換
(C)以外幣計價或交割之新臺幣對人民幣遠期外匯
(D)以人民幣交割之人民幣利率交換。

( )　8. 境外結構型商品管理規則第18條第5款規定，開放式結構型商品之動態保本率需達計價貨幣本金之 (A)90%　(B)80%　(C)70%　(D)100%。

( )   9. 投資型保險商品連結之各種國內結構型商品，有關計價幣別之敘述，何者正確？
(A)以人民幣以外之幣別為限
(B)以境外結構型商品管理規則第18條第2款所定計價幣別為限
(C)以外幣為限
(D)以新臺幣、人民幣及境外結構型商品管理規則第18條第2款所定計價幣別為限。

( ) 10. 投資型保險商品連結之各種國內結構型商品，計價幣別以：　(A)新臺幣、人民幣　(B)人民幣、外幣　(C)外幣、非新臺幣　(D)新臺幣、非新臺幣　及境外結構型商品管理規則第18條第2項所定計價幣別為限。

( ) 11. 假設被保險人30歲，要保人每次繳交保險費時，投資型人壽保險死亡給付對保單帳戶價值之比率不得低於？　(A)101%　(B)130%　(C)120%　(D)115%。

( ) 12. 假設被保險人之年齡在75歲，若要保人投保投資型人壽保險，其比率不得低於？　(A)130%　(B)101%　(C)115%　(D)100%。

( ) 13. 假設被保險人50歲，要保人投保投資型人壽保險時，依現行規定死亡給付對保單帳戶價值之比率不得低於？　(A)120%　(B)130%　(C)115%　(D)100%。

解答 1.D　2.B　3.C　4.A　5.B　6.A　7.C　8.B　9.D　10.A
11.B　12.B　13.C

重點回顧

1. 人身保險構成三原則：
   (1) 相互扶助的觀念。
   (2) 公平的危險分擔：依購買者的性別、年齡別的死亡率來繳付對應的保險費。
   (3) 收支相等的原則：純保費總和＝受益人保險金總和。
2. 對於保戶最大差別：投資型保險具有**盈虧自負**、**專設帳簿**、**費用透明**及**彈性繳費**等四大特色。
3. 保險業有關外匯業務之經營：應先向**中央銀行**申請許可，中央銀行是業務主管單位，金管會為行政主管單位。
4. 「保險業辦理外匯業務管理辦法」的重要內容：
   (1) 保險業申請辦理外匯業務案件之審查及駁回條件
       A. 沒有分支機構設在臺灣。
       B. **最近一年有違反本辦法或其他外匯相關規定且情節重大**，或經本行限期改正，屆期仍未改善者。（情節重大是罰款100萬以上）
   (2) 保險業辦理外匯業務之廢止或撤銷許可條件
       A. **六個月內未開辦者。**
       B. **違反本辦法其他規定且情節重大或經本行限期改正，屆期仍未改正。**
       C. 發覺原申請事項有虛偽情事，且情節重大者。
       D. 有停業、解散或破產之情事者。
   (3) 保險業辦理各項外匯業務，應先確實**辨識顧客身分**或**基本登記資料**及憑辦文件是否符合規定。（就像是去櫃檯，先核對個人訊息最優先）
   (4) 保險業辦理外匯業務應確實依收付款項向**銀行業**辦理結匯。（請注意！不是直接對中央銀行喔！）
   (5) 以外幣收付之保險，款項之收付均**不得以新臺幣為之**其結匯事宜應由**要保人或受益人**依外匯收支或交易申報辦法，逕向**銀行業**辦理。
   (6) 保險業辦理外幣放款與聯貸之資金來源，應以**保險業用於國外投資之自有外幣資金**為限。
   (7) 保險業經許可聯貸業務者，放款對象以**國內顧客為限**。（申辦時客戶不需提供有外幣需求文件相關證明），外幣放款以**5,000萬美元**為限，未用罄之額度**不得遞延**至其後年度辦理。
   (8) 銷售之投資型保險商品、如連結衍生性商品並涉及外匯者、其投資標的內容**不得涉及本國貨幣市場**之**新臺幣利率指標**及**匯率指標**。

5.「投資型保險投資管理辦法」的重要內容：
(1) 保險人指派具有**金融**、**證券**或**其他投資**業務經驗之專業人員運用與管理專設帳簿之資產。應另依證券投資信託及顧問法申請兼營全權委託投資業務。
(2) 管理專設帳簿資產時，**不得**有下列情事：將專設帳簿之資產做為**擔保之用**。將專設帳簿之資產**借予他人**、從事**法令禁止**投資之項目。
（專設帳簿的資產不能擔保但可以切割將客戶賣給別家公司。）★★
(3) 有下列情事之一者**專設帳簿資產與一般帳簿資產間，互相出售、交換或移轉**，不在此限：
A. 做為其**設立之用**，或用於專設帳簿保單之**正常運作**。
B. 為**保險成本**或各項費用**必要之轉出**。
C. 為**維護要保人或受益人之利益**並經主管機關核准。應以**現金**移轉為之。
(4) 專設帳簿與全委標的運用範圍不同處在於：

連結之投資標的及專設帳簿資產之運用項目	委由保險人全權決定運用標的之運用範圍
不能直接投資股票。 可以投資結構型商品。 不能投資衍生性金融商品（除避險）、對沖基金、私募基金。 一、銀行存款。 二、證券投資信託基金受益憑證。 三、境外基金。 四、共同信託基金受益證券。 五、不動產投資信託受益證券或不動產信託受益證券。 六、依金融資產證券化條例所發行之受益證券成資產基礎證券。 七、各國中央政府發行之公債、國庫券。 八、金融債券。 九、公開發行之有擔保公司債，或經評等為相當等級以上之公司所發行之公司債，或外國證券集中交易市場、店頭市場之公司債。 十、**結構型商品**。	可以投資股票、臺灣存託憑證。 不能投資衍生性金融商品、對沖基金、私募基金。 一、銀行存款。 二、公債、國庫券。 三、金融債券、可轉讓定期存單、銀行承兌匯票、金融機構保證商業本票。 四、**公開發行之公司股票**。 五、公開發行之有擔保公司債，或經評等為相當等級以上之公司所發行之公司債。 六、證券投資信託基金受益憑證及共同信託基金受益證券。 七、**臺灣存託憑證**。 八、依金融資產證券化條例發行之受益證券或資產基礎證券。 九、不動產資產信託受益證券及不動產投資信託受益證券。 十、外國有價證券。

連結之投資標的及專設帳簿資產之運用項目	委由保險人全權決定運用標的之運用範圍
十一、美國聯邦國民抵押貸款協會、聯邦住宅抵押貸款公司及美國政府國民抵押貸款協會所發行成保證之不動產抵押債權。 十二、其他經主管機關核准之投資標的。	十一、證券相關商品。 十二、其他經主管機關核准之標的。

(5) **無論國內外基金皆須核准或申報生效得以募集發行**，但國內外證券交易市場之**指數股票型基金，不在此限**。

(6) 投資標的為**結構型商品者**，係指結合**固定收益商品**與**衍生性金融商品**之組合型式商品或結構型債券。

(7) 專設帳簿持有股票表決權者，應由**保險人**指派**事業人員**，基於**保戶最大利益**行使表決權。表決權行使之評估分析作業、決策程序及執行結果作成書面紀錄，循序編號建檔，至少**保存5年**。

(8) 「**保險人破產**時，**受益人**對於保險人得請求之保險金額之債權，以其**保單價值準備金**按訂約時之**保險費率比例**計算之。**要保人破產**時，保險契約訂**有受益人者**、仍為受益人之利益而**存在**。

(9) 保險人銷售由其全權決定運用標的之投資型保險，應符合下列資格條件（其資格與外幣非投資型保單一樣！）：★★★

　　A. 最近一年之**自有資本與風險資本之比率**符合本法第143-4條第1項之適足比率。（不得低於200%）

　　B. 最近**一年內未有遭主管機關重大裁罰**或罰鍰累計達**新臺幣300萬元**以上。

　　C. 國外投資部分已採用計算**風險值**評估風險，並**每週**至少控管乙次。

　　D. 董事會中設有風險控管委員會或於公司內部設置風險控管部門及**風控長**。

　　E. 最近一年公平待客原則評核結果為人身保險業**前80%**。但提出合理說明並經主管機關核准者，不在此限。

(10) 所稱之風險值，係指按**週**為基礎、樣本期間至少**3年**，或按**日**為基礎、樣本期間至少**1年**，樣本之資料至少**每週**更新1次，以至少**99%**的信賴水準，計算**10個交易日**之風險值，且須**每月進行回溯測試**。

(11) 全委之要保人**得**向保險人申請轉換為**不同投資方針**之全委投資型保險契約，且除因**險種、保險期間**或**保險金額**改變所致危險增加之情形外，保險人**不得拒絕**。

(12) 保險人於受理轉換申請時如有轉換費用應**事先**告知要保人。

(13) 簽訂契約後，因法令變更致其投資或交易範圍有增減時，保險人應以**不低於60日**之期間內通知要保人。要保人於前項期間內表示異議而向保險人申請終止保險契約者，保險人**不得收取解約費用**。

(14) 專設帳簿之會計制度應**依一般公認會計原則**、**同業公會**釐訂之規矩及有關法令之規定辦理。（請注意！不是什麼專設帳簿的會計原則！就是一般公認會計原則。

(15) 保險人應於**每一營業日**就各全委投資型保險專設帳簿分別計算其每一要保人之**保單帳戶價值**。

6.「投資型保險專設帳簿保管機構及投資標的應注意事項」的重要內容：

(1) 投資債券之發行與保管機構須符合所定應分別符合下列信用評等等級：

信評機構	(1) 國內外之保管機構 (2) 國外金融債、浮動利率中期債券之發行機構或保證機構	(3) 公債、國庫券等國家主權債
中華信評／ Fitch	twA－	A
惠譽臺灣／ S&P	A－（twn）	A

信評機構	(4) 國內金融債券、公司債、結構型商品之發行與保證機構	(5) 美國聯邦國民抵押貸款住宅抵押貸款協會
中華信評／ Fitch	AA	AAA
惠譽臺灣／ S&P	AA	AAA

(2) 結構型商品計價幣別以**新臺幣、人民幣**及境外結構型商品管理規則**所定計價幣別**為限。（目前投資型保險連結之可投資的外幣有美元、澳幣、歐元、英鎊、紐幣、新加坡幣、港幣、日圓。）

(3) 不得投資**股權、利率、匯率、基金、商品**、上述相關指數之衍生性金融商品。但**指數股票型基金**，以本會核定之證券市場掛牌交易之以投資**股票、債券**為主且**不具槓桿或放空效果者**為限。

(4) 結構型商品之到期保本率至少為原計價貨幣本金（或其等值）之100%，開放式結構型商品，動態保本率須達為計價貨幣本金之90%以上。且不得含有目標贖回式設計及發行機構得提前贖回之選擇權。

(5) 國內結構型商品之發行機構或保證機構長期債務信用評等，如有遭信用評等機構調降評等達BBB＋等級（含）以下之情事者，保險人應於事實發生之日起3日內通知要保人。

(6) 外幣投資型保單係由要保人以外幣交付保險費，保險業無須辦理結匯事宜。

被保險人年齡	死亡給付與保單帳戶價值比率
15足歲～30歲以下	190%
31歲～40歲	160%
41歲～50歲	140%
51歲～60歲	120%
61歲～70歲	110%
71歲～90歲	102%
91歲以上	100%

除15足歲為實際歲數，其他為保險年齡。

精選試題

☑ 人身保險概論

( ) 1. 由大家各自出一點錢，籌成鉅額共有的準備資產，萬一伙伴發生意外或達成給付條件時，由其中提出一筆錢，支付伙伴的家屬或應得之受益人，這是？　(A)相互扶助的觀念　(B)收支相等的原則　(C)最小損害原則　(D)公平的危險分攤原則。

( ) 2. 因老年人的死亡率比年輕人的死亡率高，所應繳的保險費自然也應較高，因此，在何種原則下，保險應依購買者的性別、年齡別的死亡率來繳付保險費？　(A)相互扶助的觀念　(B)最小損害原則　(C)收支相等原則　(D)公平的危險分攤原則。

( ) 3. 壽險公司就全體保戶來設想其收支，以全體保戶繳入保險費總額，以及公司支付給全體受益人的保險金總額相等計算，這就是？　(A)最小損害原則　(B)收支相等的原則　(C)相互扶助的觀念　(D)公平的危險分擔原則。

( ) 4. 就某團體（依性別、年齡別分類）所觀察之死亡率為基礎，將人因死亡而減少的情形統計列成的表，稱為？　(A)序列表　(B)生命表　(C)統計表　(D)資料表。

( ) 5. 「保險法」第13條第1項規定，保險分為？　(A)傷害保險及人身保險　(B)財產保險及健康保險　(C)財產保險及人壽保險　(D)財產保險及人身保險。

( ) 6. 依保險法131條規定何種保險人於被保險人遭受意外傷害所致失能或死亡時，負給付保險金額之責？　(A)年金　(B)健康　(C)傷害　(D)人壽。

( ) 7. 目前主管機關開放以外幣收付之人身保險業務，包括投資型保險及非投資型保險，得經營險種以何為限？　(1)人壽保險　(2)健康保險　(3)傷害保險　(4)年金保險　(A)(1)(2)(3)　(B)(1)(3)(4)　(C)(1)(2)(4)　(D)(1)(2)(3)(4)。

( ) 8. 依保險法第125條規定何種保險人於被保險人疾病、分娩及其所致失能或死亡時，負給付保險金額之責？　(A)年金　(B)健康　(C)傷害　(D)人壽。

( ) 9. 依「保險法」第124條規定： (A)健康保險 (B)人壽保險 (C)傷害保險 (D)年金保險之要保人、被保險人、受益人，對於被保險人之保單價值準備金，有優先受償之權。

( ) 10. 投資型與非投資型保險的資金運用決定權不同，非投資型保險之資金運用決定權為？ (A)被保險人 (B)受益人 (C)要保人 (D)保險人。

( ) 11. 投資型保險與非投資型保險的最大差別為投資型保險具有： (1)盈虧自負 (2)專設帳簿 (3)費用透明 (4)彈性繳費 (5)匯率風險的承擔等特色 (A)(1)(3)(4)(5) (B)(1)(2)(3)(5) (C)(2)(3)(4)(5) (D)(1)(2)(3)(4)。

( ) 12. 「投資型保險投資管理辦法」第4條第1項規定，保險人經營投資型保險之業務應如何記載其投資資產之價值？ (A)專設帳簿 (B)設區隔資產帳戶 (C)設一般帳戶 (D)設集中管理帳戶。

( ) 13. 投資型保險商品所收取的保費，分為投資及保險保障兩方面，屬投資部分應如何管理？ (A)設會計帳簿 (B)設區隔帳簿 (C)專設帳簿 (D)設一般帳戶。

( ) 14. 以外幣收付之人身保險業務，目前主管機關已開放？ (A)投資型保險及非投資型保險 (B)非投資型保險 (C)投資型保險 (D)傳統型保險。

( ) 15. 投資型與非投資型保險的資金運用決定權不同，投資型保險資金運用決定權為？ (A)要保人 (B)保險人 (C)受益人 (D)被保險人。

☑ 保險業辦理外匯管理辦法

( ) 1. 中央銀行於96年4月23日訂定發布哪個法規，以供保險業辦理外匯業務遵循？ (A)外匯收支或交易申報辦法 (B)銀行業辦理外匯業務管理辦法 (C)保險業辦理外匯業務管理辦法 (D)管理外匯條例。

( ) 2. 中央銀行訂定「保險業辦理外匯業務管理辦法」之法源依據為何規定？ (A)管理外匯條例第5條 (B)管理外匯條例第6條之1第1項 (C)保險法第138條第4項 (D)中央銀行法第35條第2項。

( )　3.「保險業辦理外匯業務管理辦法」中有關保險業之規定，適用於？
(A)再保險業　(B)保險業　(C)外國保險業　(D)以上皆適用。

( )　4.有關「保險法」第138條之敘述，何者不正確？　(1)保險合作社得
經營非社員之業務　(2)同一保險業不得兼營財產保險及人身保險業
務，財產保險業經主管機關核准經營人身保險及健康保險者，不在此
限　(3)保險業不得兼營保險法規定以外之業務　(4)保險業辦理經主
管機關核准辦理其他與保險有關業務，涉及結匯業務之經營者，須經
中央銀行許可　(A)(1)(2)(4)　(B)(2)(3)(4)　(C)(2)(3)　(D)(1)(2)。

( )　5.保險業辦理外匯業務管理辦法第3條規定，保險業得辦理之外匯業務
有：　(1)外幣收付之人身保險業務　(2)以外幣收付之投資型年金保
險，於年金累積期間屆滿時轉換為一般帳簿之即期年金保險，約定以
新臺幣給付年金者　(3)以外幣收付之人身保險單為質之新臺幣放款
(4)財富管理業務涉及外匯業務之經營　(A)(1)(2)(3)(4)　(B)(1)(2)(4)
(C)(1)(4)　(D)(2)(3)(4)。

( )　6.依保險業辦理外匯業務管理辦法規定，保險業得申請辦理哪些外匯
業務？　(1)以外幣收付之人身保險業務　(2)以外幣收付之投資型年
金保險，於年金累積期間屆滿時轉換為一般帳簿之即期年金保險，
約定以新臺幣給付年金　(3)以外幣收付之人身保險之保險單為質之
新臺幣放款　(4)財產管理業務涉及外匯業務之經營者　(A)(1)(2)(3)
(B)(1)(2)　(C)(3)(4)　(D)(2)(4)。

( )　7.「保險業辦理外匯業務管理辦法」第3條規定，保險業得辦理之外
匯業務包含哪些？　(1)以外幣收付之人身保險業務　(2)以外幣收
付之投資型年金保險，於年金累積期間屆滿時轉換為一般帳簿之即
期年金保險，約定以新臺幣給付年金者　(3)財富管理業務涉及外匯
業務之經營者　(4)其他經中央銀行許可辦理之外匯業務　(A)(2)(4)
(B)(1)(3)　(C)(1)(2)　(D)(1)(2)(3)(4)。

( )　8.下列何者為「保險業辦理外匯業務管理辦法」第3條規定，保險業得
辦理之外匯業務？　(A)以外幣收付之人身保險業務　(B)以新臺幣收
付之人身保險業務　(C)以新臺幣收付之財產保險業務　(D)以外幣收
付之財產保險之保險單為質之外幣放款。

( ) 9. 下列何者為「保險業辦理外匯業務管理辦法」第3條規定，保險業得辦理之外匯業務？　(A)以新臺幣收付之投資型年金保險，於年金累積期間屆滿時轉換為一般帳簿之即期年金保險，約定以外幣給付年金者　(B)以外幣收付之非投資型年金保險，於年金累積期間屆滿時轉換為一般帳簿之即期年金保險，約定以新臺幣給付年金者　(C)以新臺幣收付之非投資型年金保險，於年金累積期間屆滿時轉換為一般帳簿之即期年金保險，約定以外幣給付年金者　(D)以外幣收付之投資型年金保險，於年金累積期間屆滿時轉換為一般帳簿之即期年金保險，約定以新臺幣給付年金者。

( ) 10. 再保險業者得申請辦理「保險業辦理外匯業務管理辦法」第3條規定之哪項外匯業務？　(A)以外幣收付之人身保險業務　(B)其他經中央銀行許可辦理之外匯業務　(C)以外幣收付之投資型年金保險業務　(D)以外幣收付之人身保險之保險單為質之外幣放款業務。

( ) 11. 依「保險業辦理外匯業務管理辦法」規定，保險業得申請辦理下列哪些外匯業務：　(1)以外幣收付之人身保險業務　(2)以外幣收付之非投資型年金保險，於年金累積期間屆滿時轉換為一般帳簿之即期年金保險，約定以新臺幣給付年金者　(3)以外幣收付之人身保險之保險單為質之新臺幣放款　(4)財富管理業務涉及外匯業務之經營者　(A)(2)(4)　(B)(1)(4)　(C)(1)(2)(3)　(D)(1)(2)(4)。

( ) 12. 保險業經營以外幣收付之投資型保險業務及以外幣收付之投資型年金保險，於年金累積期間屆滿時轉換為一般帳簿之即期年金保險，約定以新臺幣給付年金者，須分別經？　(A)中央銀行　(B)財團法人保險事業發展中心　(C)金管會　(D)中華民國人壽保險商業同業公會之許可。

( ) 13. 保險業申請辦理「保險業辦理外匯業務管理辦法」第3條外匯業務時，應檢附哪些書件？　(1)重要事項告知書　(2)外幣自有資金證明文件　(3)營業計畫書　(4)外國人壽保險公司在我國境內設立之分支機構授權書　(5)金管會核准辦理各該業務之證明文件　(A)(2)(4)(5)　(B)(1)(3)(4)(5)　(C)(1)(3)(5)　(D)(1)(2)(5)。

( ) 14. 金管會於94年11月22日修正「保險業辦理國外投資範圍及內容準則」，增列「經中央銀行許可辦理以各該保險業所簽發外幣收付之投

資型保險單為質之外幣放款」，開放？　(A)保險業經營以外幣收付之投資型保險業務　(B)以外幣收付之投資型年金保險，得約定以新臺幣給付年金　(C)新臺幣收付之投資型保險單為質之業務　(D)以外幣收付之投資型保險單為質之放款業務。

(　)　15. 依「保險業辦理外匯業務管理辦法」規定，保險業得申請辦理哪些外匯業務？　(1)以外幣收付之財產保險業務　(2)以外幣收付之投資型年金保險，於年金累積期間屆滿時轉換為一般帳簿之即期年金保險，約定以新臺幣給付年金　(3)以外幣收付之財產保險之保險單為質之外幣放款　(4)財富管理業務涉及外匯業務之經營者　(A)(1)(2)　(B)(1)(2)(4)　(C)(1)(3)　(D)(2)(3)(4)。

(　)　16. 依「保險業辦理外匯業務管理辦法」第4條規定，保險業有關外匯業務之經營，應向何單位申請許可後，始得辦理？　(A)中華民國人壽保險商業同業公會　(B)金管會　(C)中央銀行　(D)財政部。

(　)　17. 再保險業者之經營其有涉及外匯業者？　(A)應同時經金融監督管理委員會及中央銀行　(B)應經中央銀行　(C)應經金融監督管理委員會同意後，再取得中央銀行　(D)無須經中央銀行許可後始得辦理。

(　)　18. 有關保險業辦理外匯業務管理辦法第4條之敘述，何者正確？　(1)未經中央銀行許可之外匯業務不得辦理　(2)保險業有關外匯業務之經營，應向中央銀行申請許可後，始得辦理　(3)保險業得申請辦理第3條各款全部或一部之業務項目，由中央銀行依其財務狀況，於該條各款範圍內分別許可　(4)保險業辦理外匯業務應向金管會報備及向中央銀行申請許可　(A)(1)(4)　(B)(1)(2)　(C)(1)(2)(3)　(D)(1)(3)(4)。

(　)　19. 依「保險業辦理外匯業務管理辦法」第4條規定，保險業有關外匯業務之經營，應向何單位申請許可後，始得辦理？　(A)中華民國人壽保險商業同業公會　(B)金管會　(C)中央銀行　(D)財政部。

(　)　20. 依「保險業辦理外匯業務管理辦法」第4條規定，保險業得申請辦理第3條各款全部或一部之業務項目？　(A)由金管會依其法規遵循情形　(B)由中央銀行依其財務狀況　(C)由金管會依其自有資本與風險資本之比率　(D)由中央銀行依其業務需要，於該條各款範圍內分別許可之。

( ) 21. 依「保險業辦理外匯業務管理辦法」第4條規定，保險業得申請辦理第3條各款全部或一部之業務項目？　(A)由金管會依其法規遵循情形　(B)由金管會依其自有資本與風險資本之比率　(C)由中央銀行依其業務需要　(D)由中央銀行依其財務狀況，於該條各款範圍內分別許可之。

( ) 22. 依「保險業辦理外匯業務管理辦法」第5條規定，外國保險業申請辦理外匯業務，應由　(A)在我國境內設立之分支機構　(B)區域總部　(C)保險業負責人　(D)總機構　備文，檢附第6條規定書件向中央銀行申請許可。

( ) 23. 依「保險業辦理外匯業務管理辦法」第5條規定，外國保險業申請辦理外匯業務，應由　(A)保險業負責人　(B)總機構　(C)在我國境內設立之分支機構　(D)區域總部備文，檢附第6條規定書件向中央銀行申請許可。

( ) 24. 依「保險業辦理外匯業務管理辦法」第5條規定，保險業申請辦理外匯業務，除本辦法另有規定者外，應由？　(A)在我國境內設立之分支機構　(B)區域總部　(C)保險業負責人　(D)總機構備文，檢附第6條規定書件向中央銀行申請許可外國保險公司與本國保險公司的不同。

( ) 25. 依「保險業辦理外匯業務管理辦法」第6條規定，保險業申請辦理第3條外匯業務時，應檢附下列那些書件：　(1)要保書及保單條款　(2)經保險業負責人簽署之法規遵循聲明書　(3)營業計畫書（內容應包括業務簡介、作業流程、內部控制制度、內部稽核制度、會計處理等項目）　(4)重要事項告知書（含風險告知）　(A)(1)(2)(3)　(B)(1)(2)(4)　(C)(1)(3)(4)　(D)(2)(3)(4)。

( ) 26. 依「保險業辦理外匯業務管理辦法」第6條規定，保險業申請辦理第3條外匯業務時，應檢附下列哪些書件：　(1)金管會核發之營業執照影本　(2)要保書及保單條款　(3)董事會決議辦理各該業務議事錄或外國保險公司總公司（或區域總部）授權書　(4)金管會核准辦理各該業務之證明文件　(A)(1)(3)(4)　(B)(2)(3)(4)　(C)(1)(2)(3)　(D)(1)(2)(4)。

( ) 27. 依「保險業辦理外匯業務管理辦法」第7條規定，保險業申請辦理外匯業務時，有下列何種情形，經通知限期補正，屆期未補正者，中央銀行得退回其申請案件？　(A)最近一年內有遭主管機關罰鍰累計達新臺幣二百萬元　(B)最近一年有違反保險法相關規定　(C)自有資本與風險資本之比率為百分之二百　(D)所送各項書件不完備或應記載事項不充分。

( ) 28. 依「保險業辦理外匯業務管理辦法」第7條規定，保險業申請辦理外匯業務時，有下列何種情形，經通知限期補正，屆期未補正者，中央銀行得退回其申請案件？　(A)申請資格不符第5條規定　(B)發給許可函後五個月未開辦者　(C)所送各項書件不完備或應記載事項不充分　(D)有停業、解散或破產之情事者。

( ) 29. 依「保險業辦理外匯業務管理辦法」第8條規定，保險業申請許可辦理外匯業務，經審查有下列何種情形者，中央銀行得駁回其申請？(A)申請資格不符合該辦法第5條規定者　(B)最近一年有違反保險法相關規定　(C)所送各項書件不完備或應記載事項不充分　(D)各項書件申請資料不完備經金管會限期補正，屆期仍未補正者。

( ) 30. 依「保險業辦理外匯業務管理辦法」第8條規定，保險業申請許可辦理外匯業務，經審查有下列何種情形者，中央銀行得駁回其申請？(A)最近一年內有遭主管機關罰鍰累計達新臺幣二百萬元　(B)自有資本與風險資本之比率為百分之二百　(C)最近一年有違反本辦法或其他外匯相關規定且情節重大　(D)最近一年有違反保險法相關規定。

( ) 31. 依「保險業辦理外匯業務管理辦法」第8條規定，保險業申請許可辦理外匯業務，經審查有下列何種情形者，中央銀行得駁回其申請：(1)發給許可函後三個月後未開辦者　(2)所送各項書件不完備或應記載事項不充分　(3)申請資格不符第5條規定　(4)其他事實足認為有礙業務健全經營或未能符合金融政策要求之虞者　(A)(1)(2)　(B)(2)(3)　(C)(3)(4)　(D)(1)(4)。

( ) 32. 依「保險業辦理外匯業務管理辦法」第9條規定，保險業經辦各項外匯業務，有下列何種情事者，中央銀行按其情節輕重，廢止或撤銷許可外匯業務之一部或全部：　(A)發給許可函六個月內未開辦者(B)違反保險法其他規定且情節重大　(C)經行政院金融監督管理委

員會限期改正，屆期仍未改正　(D)經金管會許可辦理各項外匯業務後，發覺原申請事項有虛偽情事，且情節重大者。

( )　33. 依「保險業辦理外匯業務管理辦法」第9條規定，保險業經辦各項外匯業務，有下列何種情事者，中央銀行得按其情節輕重，廢止或撤銷許可外匯業務之一部或全部？　(A)違反保險法其他規定且情節重大　(B)其他事實足認為有礙業務健全經營或未能符合金融政策要求之虞者　(C)發給許可函後五個月未開辦者　(D)經金管會許可辦理各項外匯業務後，發覺原申請事項有虛偽情事，且情節重大者。

( )　34. 依「保險業辦理外匯業務管理辦法」第9條規定，保險業經辦各項外匯業務，有下列何種情事者，中央銀行得按其情節輕重，廢止或撤銷許可外匯業務之一部或全部：　(1)有停業、解散或破產之情事者　(2)其他事實足認為有礙業務健全經營或未能符合金融政策要求之虞者　(3)經中央銀行許可辦理各項外匯業務後，發覺原申請事項有虛偽情事，且情節重大者　(4)最近一年內有遭主管機關罰鍰累計達新臺幣二百萬元　(A)(1)(2)(4)　(B)(2)(3)(4)　(C)(1)(3)(4)　(D)(1)(2)(3)。

( )　35. 依「保險業辦理外匯業務管理辦法」第9條規定，保險業經辦各項外匯業務，有下列何種情事者，中央銀行得按其情節輕重，廢止或撤銷許可外匯業務之一部或全部？　(A)經金管會限期改正，屆期仍未改正　(B)違反保險法其他規定且情節重大　(C)發給許可函後五個月未開辦者　(D)經中央銀行許可辦理各項外匯業務後，發覺原申請事項有虛偽情事，且情節重大者。

( )　36. 依「保險業辦理外匯業務管理辦法」第9條規定，保險業經辦各項外匯業務，有下列何種情事者，中央銀行得按其情節輕重，廢止或撤銷許可外匯業務之一部或全部？　(A)經金管會許可辦理各項外匯業務後，發覺原申請事項有虛偽情事，且情節重大者　(B)發給許可函後七個月後未開辦者　(C)經金融監督管理委員會限期改正，屆期仍未改正　(D)違反保險法其他規定且情節重大。

( )　37. 依照「保險業辦理外匯業務管理辦法」第9條規定，保險業經辦各項外匯業務，有下列哪些情形，按其情節輕重，得廢止或撤銷許可外匯業務之一部或全部？　(A)經金管會許可辦理各項保險業務後，發

覺原申請事項有虛偽情事，且情節重大者　(B)發給許可函後五個月未開辦者　(C)最近一年內有遭主管機關罰鍰累計達新臺幣二百萬元　(D)有停業、解散或破產之情事者。

( )　38. 依「保險業辦理外匯業務管理辦法」第10條規定，保險業辦理各項外匯業務，應先確實？　(A)辨識顧客身分或基本登記資料　(B)瞭解財務背景　(C)瞭解客戶需求　(D)瞭解財富來源及憑辦文件是否符合規定。

( )　39. 依「保險業辦理外匯業務管理辦法」第11條第3項規定，保險業辦理外匯業務應確實依收付之款項向哪個單位辦理結匯，並應將結匯明細資料留存以供查核？　(A)財政部　(B)銀行業　(C)中央銀行　(D)金管會。

( )　40. 有關「保險業辦理外匯業務管理辦法」第11條之敘述，何者正確？　(1)除中央銀行另有規定者外，保險業應依所附格式報送外匯業務統計表　(2)保險業辦理外匯業務應確實依收付之款項向中央銀行辦理結匯　(3)中央銀行於必要時，得要求保險業填送其他相關報表　(4)保險業應留存結匯明細資料供查核　(A)(1)(2)(3)(4)　(B)(2)(3)(4)　(C)(1)(2)(3)　(D)(1)(3)(4)。

( )　41. 有關保險業辦理外匯業務管理辦法第11條之敘述，何者正確？　(1)中央銀行得要求保險業報送外匯業務相關報表　(2)保險業辦理外匯業務應確實依收付之款項向中央銀行辦理結匯　(3)保險業應確保報表之完整與真實　(4)保險業應留存結匯明細資料供查核　(A)(1)(3)(4)　(B)(1)(2)(3)(4)　(C)(1)(2)(3)　(D)(2)(3)(4)。

( )　42. 依「保險業辦理外匯業務管理辦法」第12條規定　(A)財政部　(B)中央銀行　(C)金管會銀行局及保險局　(D)金管會檢查局於必要時得派員查閱保險業辦理外匯業務有關帳冊文件，或要求其於期限內據實提出財務報告或其他相關資料。

( )　43. 依「保險業辦理外匯業務管理辦法」第13條規定，以外幣收付之何種保險，累積期間屆滿時轉換為一般帳簿之即期年金保險，得約定以新臺幣給付年金，並由保險業依相關規定辦理結匯？　(A)投資型年金保險　(B)投資型人壽保險　(C)非投資型人壽保險　(D)非投資型年金保險。

( ) 44. 依「保險業辦理外匯業務管理辦法」第13條規定，以外幣收付之投資型年金保險累積期間屆滿時轉換為一般帳簿之即期年金保險，得約定以新臺幣給付年金，並由　(A)受益人　(B)保險業　(C)要保人　(D)被保險人依外匯收支或交易申報辦法等有關規定辦理結匯。

( ) 45. 依「保險業辦理外匯業務管理辦法」第13條規定，以外幣收付之投資型年金保險累積期間屆滿時轉換為一般帳簿之即期年金保險，得約定以新臺幣給付年金，並由何人依外匯收支或交易申報辦法等有關規定辦理結匯　(A)要保人　(B)被保險人　(C)保險業　(D)受益人。

( ) 46. 依「保險業辦理外匯業務管理辦法」第13條規定，以外幣收付之保險，其相關款項之收付均不得以新臺幣收付；其結匯事宜應由　(A)被保險人　(B)保險人或受益人　(C)保險人　(D)要保人或受益人依外匯收支或交易申報辦法之規定，逕向銀行業辦理。

( ) 47. 依「保險業辦理外匯業務管理辦法」第13條規定，以外幣收付之保險，其相關款項均不得以新臺幣收付，其結匯事宜應由：　(1)保險人　(2)被保險人　(3)受益人　(4)要保人　依外匯收支或交易申報辦法規定，逕向銀行業辦理，下列何者為是　(A)(2)(3)　(B)(1)(2)　(C)(1)(4)　(D)(3)(4)。

( ) 48. 依保險業辦理外匯業務管理辦法第13條規定，以外幣收付之保險，其相關款項　(A)均不得以新臺幣收付　(B)得以新臺幣收付　(C)均不得以外幣收付　(D)得以外幣收付。

( ) 49. 依保險業辦理外匯業務管理辦法」第14條規定，保險業辦理以外幣收付之人身保險單為質之外幣放款，應依下列哪些規定辦理：　(1)每家保險業每年承作外幣放款總額以5千萬美元為限　(2)國內外保戶提供確有實際外幣支付需要之文件　(3)限以保險業用於國外投資之自有外幣資金　(4)中央銀行得視金融情況調整外幣放款總額　(A)(2)(3)(4)　(B)(1)(2)(3)(4)　(C)(1)(2)(3)　(D)(1)(3)(4)。

( ) 50. 依保險業辦理外匯業務管理辦法第14條規定，保險業辦理以外幣收付之人身保險單為質之外幣放款，應依以下那些規定辦理：　(1)每家保險業每年承作外幣放款總額以5千萬美元為限　(2)國內外保戶提供確有實際外幣支付需要之文件　(3)限以保險業用於國外投資之自有外幣資金　(4)中央銀行得視金融情況調整外幣放款總額　(A)(2)(3)(4)　(B)(1)(2)(3)(4)　(C)(1)(2)(3)　(D)(1)(3)(4)。

( ) 51. 「保險業辦理外匯業務管理辦法」第14條規定,保險業辦理以外幣收付之人身保險單為質之外幣放款,每家保險業每年承作外幣放款總額
(A)以五百萬美元為限,未用罄之額度得遞延至其後年度辦理
(B)以五千萬美元為限,未用罄之額度得遞延至其後年度辦理
(C)以五千萬美元為限,未用罄之額度不得遞延至其後年度辦理
(D)以五百萬美元為限,未用罄之額度不得遞延至其後年度辦理。

( ) 52. 某人壽保險公司今年已承作外幣放款總額四千萬美元,其中保戶已還款一千萬美元,請問今年還可以再承作多少外幣放款? (A)一千萬美元 (B)三千萬美元 (C)二千萬美元 (D)五千萬美元。

( ) 53. 保險業辦理外匯業務管理辦法第14條係規範保險業經營何項業務應遵守之規定? (A)財富管理業務涉及外匯義務 (B)以外幣收付之人身保險 (C)以外幣收付之人身保險單為質之外幣放款 (D)以外幣收付之投資型年金保險。

( ) 54. 依「保險業辦理外匯業務管理辦法」第15條規定,保險業銷售之投資型保險商品,如連結衍生性商品並涉及外匯者,其投資標的內容不得涉及下列範圍: (A)本國貨幣市場之新臺幣利率指標或匯率指標 (B)匯率指標 (C)股價指數 (D)利率指標。

( ) 55. 保險業辦理外匯業務管理辦法第15條規定,保險業銷售之投資型商品,如連結衍生性商品並涉及外匯者,其投資標的內容不得涉及之範圍,何者正確? (1)本國貨幣市場之股價指標及利率指標 (2)相關主管機關限制者 (3)大陸貨幣市場之利率指標及股價指標 (4)外國貨幣市場之利率指標及匯率指標 (A)(1)(2) (B)(3)(4) (C)(1) (D)(2)。

( ) 56. 辦理人身保險外幣保單再保險業務, (A)保險人與受益人 (B)再保險人與原保險人 (C)保險人與要保人 (D)保險人與被保險人應約定再保費及再保賠款等相關款項收付之外幣幣別,不得以新臺幣收付,亦不得約定新臺幣與外幣或各幣別間之相互變換。

( ) 57. 辦理人身保險外幣保單再保險業務,再保險人與原保險人應約定再保費及再保賠款等相關款項收付之外幣幣別, (1)不得以新臺幣收付 (2)不得約定新臺幣與外幣間相互變換 (3)不得約定各幣別間相互變換 (4)得約定各幣別間相互變換 (A)(1)(4) (B)(2)(3) (C)(1)(2) (D)(1)(2)(3)。

☑ 投資型保險投資管理辦法－總則

( )　1. 為因應外幣保險商品設計之需求，93年5月3日將「投資型保險商品管理規則」名稱修正為？
(A)投資型保險投資管理辦法　　　　(B)保險業辦理外匯業務管理辦法
(C)外匯收支或交易申報辦法　　　　(D)管理外匯條例。

( )　2. 「投資型保險投資管理辦法」係依保險法哪一條規定訂定　(A)第146條之4第2項　(B)第146條之4第3項　(C)第146條第6項　(D)第138條第4項。

( )　3. 訂立投資型保險契約時，保險人就要保人或受益人投資權益之保護，應依　(A)投資型保險商品管理規則　(B)投資型保險投資管理辦法　(C)保險業辦理國外投資管理辦法　(D)保險業辦理國外投資範圍及內容準則　及其他有關法令規定記載相關條文。

( )　4. 訂立投資型保險契約時，保險人就要保人或受益人投資權益之保護，應依　(A)保險業辦理國外投資管理辦法　(B)保險業辦理國外投資範圍及內容準則　(C)投資型保險投資管理辦法　(D)投資型保險商品管理規則及其他有關法令規定記載相關條文。

( )　5. 「投資型保險投資管理辦法」第3條規定，保險人銷售投資型保險商品時，應充分揭露相關資訊；於訂約時，應以重要事項告知書向要保人說明下列事項，並經其簽章：　(1)各項費用　(2)投資標的及其可能風險　(3)相關警語　(4)其他經主管機關規定之事項　(A)(2)(3)　(B)(3)(4)　(C)(1)(2)(3)(4)　(D)(1)(2)。

( )　6. 「投資型保險投資管理辦法」第4條第2項規定，投資型保險之業務之專設帳簿應符合下列哪些原則：　(1)專設帳簿之資產，應與保險人之其他資產分開設置，並單獨管理之　(2)保險人應依中華民國人壽保險商業同業公會報經主管機關備查之人壽保險業會計制度範本，定期對專設帳簿之資產加以評價，並依保險契約所約定之方式計算及通知要保人其於專設帳簿內受益之資產價值　(3)專設帳簿資產之運用，應與要保人同意或指定之投資方式及投資標的相符　(4)專設帳簿資產之運用，由保險人全權決定運用標的　(A)(1)(2)　(B)(1)(3)　(C)(1)(2)(3)　(D)(1)(2)(4)。

( ) 7. 「投資型保險投資管理辦法」第4條規定，保險人經營投資型保險業務應專設帳簿之敘述，何者正確？ (1)專設帳簿應記載投資資產之價值 (2)專設帳簿之資產，應與保險人之其他資產分開設置，並共同管理 (3)專設帳簿資產之運用，應與保險人指定之投資方式及投資標的相符 (4)依壽險公會報經主管機關備查之人壽保險業會計制度範本，定期對專設帳簿之資產加以評價 (A)(1)(2)(3)(4) (B)(1)(4) (C)(1)(2) (D)(2)(3)。

( ) 8. 保險人依「投資型保險投資管理辦法」第5條第1項規定運用與管理專設帳簿資產時，不得有哪些情事： (1)將專設帳簿之資產出售予他人 (2)提供專設帳簿之資產做為擔保之用 (3)將專設帳簿之資產借予他人 (4)從事法令禁止投資之項目 (A)(1)(2)(3) (B)(1)(3)(4) (C)(2)(3)(4) (D)(1)(2)(4)。

( ) 9. 「投資型保險投資管理辦法」第5條第1項第1款規定，保險人運用與管理專設帳簿資產，涉及由保險人全權決定運用於證券交易法第6條之有價證券者，應另依何種法規申請兼營全權委託投資業務 (A)信託法 (B)證券投資信託及顧問法 (C)證券交易法 (D)保險法。

( ) 10. 「投資型保險投資管理辦法」第5條第1項第1款規定，保險人運用與管理專設帳簿資產之方式，保險人應指派具有 (1)金融 (2)證券 (3)保險 (4)其他投資業務經驗之專業人員運用與管理專設帳簿之資產 (A)(1)(3)(4) (B)(1)(2)(3) (C)(1)(2)(4) (D)(2)(3)(4)。

( ) 11. 「投資型保險投資管理辦法」第5條第1項第2款規定：保險人得委託經主管機關核准經營或兼營全權委託投資事業代為運用與管理專設帳簿之資產者，該管理事業之選任，應依保險人內部所訂之委外代為資金管理處理程序及相關法令之規定，以上說明係指辦理何種投資型保險？
(A)由要保人全權決定運用標的
(B)非由要保人全權決定運用標的
(C)由保險人全權決定運用標的
(D)非由保險人全權決定運用標的。

( ) 12. 「投資型保險投資管理辦法」第5條第1項第2款規定：保險人得委託經主管機關核准經營或兼營全權委託投資事業代為運用與管理專設

帳簿之資產者，該管理事業之選任，應依保險人內部所訂之委外代為資金管理處理程序及相關法令之規定辦理，係 (A)非由保險人 (B)由要保人 (C)非由要保人 (D)由保險人全權決定運用標的之投資型保險。

( ) 13.「投資型保險投資管理辦法」第5條第2項規定，依規定運用專設帳簿之資產進行投資及交易，應作成書面記錄，並於何時提出檢討報告，並應依法建檔保存 (A)每半年 (B)按月 (C)按週 (D)按季。

( ) 14.「投資型保險投資管理辦法」第5條規定，專設帳簿資產之運用，應與何人同意或指定之投資方式及投資標的相符 (A)受益人 (B)要保人 (C)被保險人 (D)保險人。

( ) 15.「投資型保險投資管理辦法」第6條第1項規定，保險人應為何人之利益管理專設帳簿之資產 (A)保險人或被保險人 (B)被保險人或受益人 (C)要保人或被保險人 (D)要保人或受益人。

( ) 16.「投資型保險投資管理辦法」第6條第2項規定，保險人應將專設帳簿之資產交由保管機構保管，並應向主管機關申報其所選任之保管機構，保管機構有變更者，應於變更後 (A)一個月內 (B)一週內 (C)十五個工作日內 (D)二個月內向主管機關申報。

( ) 17.「投資型保險投資管理辦法」第6條第2項規定，保險人應將專設帳簿之資產交由誰保管，並應向主管機關申報其所選任之保管機構，保管機構有變更者，應於變更後十五個工作日內向主管機關申報 (A)交由信託業保管 (B)交由保管機構保管 (C)自行保管 (D)交由保管機構保管或自行保管。

( ) 18.「投資型保險投資管理辦法」第6條規定，保險人得委託經下列何者核准之事業代為運用與管理專設帳簿之資產： (1)主管機關 (2)證券主管機關 (3)銀行主管機關 (4)信託主管機關 (A)(1)(2) (B)(2)(3) (C)(2)(4) (D)(1)(3)。

( ) 19.「投資型保險投資管理辦法」第7條規定，投資型保險之投資方式或標的之變更，須依 (A)依要保人指定之方式行之 (B)依法令規定及保險契約之約定行之 (C)依主管機關規定行之 (D)依保險契約之約定行之。

( ) 20. 「按資型保險投資管理辦法」規定，專設帳簿之資產與保險人之一般帳簿資產間，除 (1)將一般帳簿資產轉入非由保險人全權決定運用標的之資型保險專設帳簿做為其設立之用 (2)用於支應該轉入專設帳簿保單之正常運作 (3)為保險成本或第3條訂定之各項費用必要之轉出 (4)為維護要保人或受益人之利益並經主管機關核准，不得互相出售、交換或移轉 (A)(1)(2) (B)(2)(3)(4) (C)(3)(4) (D)(1)(2)(3)(4)。

( ) 21. 「投資型保險投資管理辦法」第8條第1項規定，除但書規定外，置於專設帳簿之資產與保險人之一般資產間 (A)不得互相出售、交換或移轉 (B)不得互相交換，但得交換或移轉 (C)得互相出售、交換或移轉 (D)得互相出售，但不得交換。

( ) 22. 「投資型保險投資管理辦法」第8條第2項規定，將一般帳簿資產轉入非由保險人全權決定運用標的之投資型保險專設帳簿做為其設立之用，除事先經主管機關核准者，得以符合第10條第1項規定之標的資產為移轉外，應以 (A)股票 (B)各國中央政府發行之公債、國庫券 (C)銀行存款 (D)現金 移轉為之。

( ) 23. 「投資型保險投資管理辦法」第8條規定，專設帳簿之資產與保險人之一般帳簿資產間，除： (1)將一般帳簿資產轉入非由保險人全權決定運用標的之投資型保險專設帳簿做為其設立之用 (2)用於支應該轉入專設帳簿保單之正常運作 (3)為保險成本或第3條訂定之各項費用必要之轉出 (4)為維護要保人或受益人之利益並經主管機關核准不得互相出售、交換或移轉 (A)(1)(2) (B)(2)(3)(4) (C)(3)(4) (D)(1)(2)(3)(4)。

( ) 24. 「投資型保險投資管理辦法」第9條第1項規定，保險人之 (1)董事 (2)監察人 (3)經理人 (4)負責運用與管理專設帳簿資產之人，應盡善良管理人之注意，忠實執行專設帳簿投資管理業務，不得以職務上所知悉之消息，為專設帳簿保戶以外之人或自己從事投資相關之交易活動，或洩漏消息予他人 (A)(1)(2) (B)(1)(2)(3)(4) (C)(1)(3)(4) (D)(3)(4)。

( ) 25. 「投資型保險投資管理辦法」第9條第2項規定，投資型保險契約所提供連結之投資標的發行或經理機構破產時，保險人應基於： (1)要

保人　(2)受益人　(3)保險人　(4)被保險人　之利益向該機構積極追償　(A)(1)(3)　(B)(2)(4)　(C)(1)(2)　(D)(1)(2)(3)(4)。

( )　26.「投資型保險投資管理辦法」第10條第1項規定，投資型保險契約所提供連結之投資標的及專設帳簿資產之運用，除要保人以保險契約約定委任保險人全權決定運用標的者外，以下列哪些為限：　(1)金融債券　(2)結構型商品　(3)臺灣存託憑證　(4)公開發行之有擔保公司債　(A)(1)(2)(4)　(B)(1)(3)(4)　(C)(2)(3)(4)　(D)(1)(2)(3)。

( )　27.「投資型保險投資管理辦法」第10條第1項規定，投資型保險契約所提供連結之投資標的及專設帳簿資產之運用，除要保人以保險契約約定委任保險人全權決定運用標的者外，以下列哪些為限：　(1)證券投資信託基金　(2)股票　(3)境外基金　(4)共同信託基金受益憑證　(A)(1)(2)(3)(4)　(B)(1)(3)(4)　(C)(2)(3)(4)　(D)(1)(2)(3)。

( )　28.「投資型保險投資管理辦法」第10條規定，投資型保險契約所提供連結之投資標的及專設帳簿資產之運用，以下列何者為限：　(1)期貨及股票　(2)依不動產證券化條例所發行之不動產投資信託受益證券　(3)依金融資產證券化條例所發行之資產基礎證券　(4)各國中央政府發行之公債、國庫券、儲蓄券　(A)(2)(3)(4)　(B)(1)(2)(3)　(C)(1)(3)(4)　(D)(1)(2)(4)。

( )　29.「投資型保險投資管理辦法」第11條第1項規定，保險人接受要保人以保險契約委任全權決定運用標的者，其運用範圍以下列哪些為限：　(1)臺灣存託憑證　(2)證券相關商品　(3)公開發行之公司股票　(4)衍生性金融商品　(A)(1)(3)(4)　(B)(2)(3)(4)　(C)(1)(2)(3)　(D)(1)(2)(4)。

( )　30.「投資型保險投資管理辦法」第11條規定，保險人接受要保人以保險契約委任全權決定運用標的者，其運用範圍為外國有價證券者，以下列那些為限：　(1)外國證券集中交易市場、店頭市場交易之股票、公司債　(2)境外基金　(3)對沖基金　(4)避險基金　(A)(3)(4)　(B)(1)(3)　(C)(1)(4)　(D)(1)(2)。

( )　31.「投資型保險投資管理辦法」第12條規定，保險人接受要保人以保險契約委任全權決定運用標的者，運用時除主管機關另有規定外，不得有下列哪些情事：　(1)辦理放款　(2)出借或借入有價證券　(3)投

資私募有價證券　(4)與其他投資型保險專設帳簿投資資產或與保險人之一般帳簿資產為交易行為　(A)(1)　(B)(1)(2)　(C)(1)(2)(3)(4)　(D)(1)(2)(3)。

(　) 32. 保險人接受要保人以保險契約委任全權決定運用標的者，其運用範圍以下列何者為限：　(1)銀行存款　(2)股票　(3)臺灣存託憑證　(4)證券相關產品　(A)(1)(2)　(B)(3)(4)　(C)(1)(3)(4)　(D)(1)(2)(3)(4)。

(　) 33. 「投資型保險投資管理辦法」第14條第3項規定，投資型保險之投資標的為結構型商品者，係指結合　(1)固定收益商品　(2)存款　(3)保險　(4)衍生性金融商品之組合型商品或結構型債券　(A)(1)(2)　(B)(2)(4)　(C)(1)(4)　(D)(1)(3)。

(　) 34. 「投資型保險投資管理辦法」第14條規定，有關投資型保險之投資標的之敘述，何者正確？　(1)為境外基金者，係經由主管機關核准在國外募集之境外基金　(2)為共同信託基金受益證券者，應經主管機關核准　(3)為結構型商品者，係指結合保險與衍生性金融商品之組合形式商品　(4)為證券憑證者，應申報生效得募集發行之證券投資信託基金受益憑證　(A)(2)(4)　(B)(1)(2)(3)(4)　(C)(1)(3)(4)　(D)(1)(3)。

(　) 35. 「投資型保險投資管理辦法」第14條規定，投資型保險之投資標的為為證券投資信託基金受益憑證者，應為：　(1)經主管機關核准　(2)申報生效得募集發行　(3)經中央銀行核准　(4)經證券主管機關核准證券投資顧問事業提供投資推介顧問之證券投資信託基金受益憑證　(A)(1)(4)　(B)(1)(3)　(C)(2)(4)　(D)(1)(2)。

(　) 36. 「投資型保險投資管理辦法」第14條規定，投資型保險之投資標的為境外基金者，係：　(1)經主管機關核准　(2)申報生效　(3)經中央銀行核准　(4)依境外基金管理辦法規定在國內募集及銷售之境外基金　但於國內、外證券交易市場交易之指數股票型基金，不在此限　(A)(2)(4)　(B)(1)(4)　(C)(1)(2)　(D)(1)(3)。

(　) 37. 「投資型保險投資管理辦法」第15條規定，專設帳簿資產應依何時之市價評價，並依相關法令編列資產明細；但保險人之自有部位及依保險契約約定由保險人部分承擔投資損益風險者，不在此限　(A)每日　(B)每月　(C)每週　(D)投資型保險契約約定評價日。

( ) 38. 保險人出席投資型保險專設帳簿所持有證券投資信託基金受益憑證之受益人會議，其表決權行使之評估分析作業、決策程序及執行結果作成書面紀錄，循序編號建檔至少保存　(A)1年　(B)2年　(C)3年　(D)5年。

( ) 39. 「投資型保險投資管理辦法」第16條規定，保險人行使投資型保險專設帳簿持有股票之投票表決權者，保險人行使表決權，應基於何人之最大利益，且不得直接或間接參與該股票發行公司經營或有不當之安排情事　(A)保險人　(B)投資型保險保戶　(C)受益人　(D)被保險人。

( ) 40. 「投資型保險投資管理辦法」第16條規定，保險人行使投資型保險專設帳簿持有股票之投票表決權者，除法令另有規定外，應　(A)委託經主管機關核准兼營全權委託投資業務之信託業代為之　(B)由保管機構指派人員為之　(C)委託經主管機關核准經營全權委託投資業務之事業代為之　(D)由保險人指派該事業人員為之。

( ) 41. 「投資型保險投資管理辦法」第17條規定，保險人解散清算時，專設帳簿之資產在清償因了結專設帳簿而生之費用及債務後，賸餘之財產？
(A)全數分派予保險人
(B)平均分派予保險人及受益人
(C)應按專設帳簿資產內保險人及要保人所有受益權價值之比例分派予保險人及要保人或受益人
(D)全數分派予要保人或受益人。

( ) 42. 下列有關「保險法」第123條規定之敘述，何者正確？　(A)以下皆是　(B)要保人破產時，保險契約未訂有受益人者，仍為受益人之利益而存在　(C)投資型保險契約之投資資產，非各該投資型保險之要保人不得請求扣押　(D)投資型保險契約之投資資產，非各該投資型保險之受益人不得主張。

( ) 43. 依「保險法」第123條規定，保險人破產時，受益人對於保險人得請求之保險金額之債權，以其　(A)責任準備金　(B)保單帳戶價值　(C)解約金　(D)保單價值準備金　按訂約時之保險費率比例計算之。

( ) 44. 依「保險法」第123條規定，保險人破產時，受益人對於保險人得請求之保險金額之債權，以其保單價值準備金按訂約時之 (A)預定利率 (B)責任準備金利率 (C)保險費率比例 (D)宣告利率 計算之。

( ) 45. 依「保險法」第123條第2項規定，投資型保險契約之投資資產，非各該投資型保險之 (A)保險人 (B)受益人 (C)被保險人 (D)要保人 不得主張，亦不得請求扣押或行使其他權利。

( ) 46. 依保險法123條規定，要保人破產時， (A)保險契約訂有受益人者，仍為受益人之利益而存在 (B)保險契約訂有受益人者，仍為要保人之利益而存在 (C)保險人得宣告終止契約 (D)保險契約訂有要保人者，仍為受益人之利益而存在。

( ) 47. 有關投資型與非投資型保險之敘述，何者不正確： (1)投資型保險產生虧損，大部分或全部由要保人承擔風險 (2)投資型保險契約之投資資產，非各該投資型保險之被保險人不得主張 (3)非投資型保險之資金運用決定權為壽險公司 (4)投資型保險之會計處理依主管機關訂之「分離帳戶保險商品會計處理準則」辦理 (A)(2)(3) (B)(1)(4) (C)(2)(4) (D)(1)(3)。

( ) 48. 保險人解散清算時，專設帳簿之資產在清償因了結專設帳簿而生之費用及債務後，剩餘財產為美金100萬，專設帳簿資產內保險人及要保人所有受益權價值之比例分別為30%及70%，請問應如何分派？ (A)美金100萬全數分派要保人或受益人 (B)保險人及要保人各美金50萬 (C)美金100萬全部分派保險人 (D)美金30萬給保險人，70萬給要保人或受益人。

( ) 49. 「投資型保險投資管理辦法」第18條第3項規定，以外幣收付之投資型保險契約，其專設帳簿之資產，以投資 (A)歐元 (B)美元 (C)外幣 (D)新臺幣 計價之投資標的為限。

( ) 50. 「投資型保險投資管理辦法」第18條第3項規定，以外幣收付之投資型保險契約，保險人應與要保人事先約定收付方式，且以 (A)外匯存款戶存撥之 (B)新臺幣存款戶存撥之 (C)親赴保險業櫃檯辦理 (D)可由保險業派員前往收取，但依第1項但書規定辦理以新臺幣給付年金者不在此限。

( ) 51. 「投資型保險投資管理辦法」第18條規定，除但書規定者外，訂立投資型保險契約時，保險人與要保人就保險費、保險給付、費用及其他款項　(A)不得約定收付幣別　(B)得約定收付幣別，且不得於新臺幣與外幣間約定相互變換收付之幣別　(C)得約定收付幣別，且不得於外幣間約定相互變換收付之幣別　(D)得約定收付幣別，且得於新臺幣與外幣間約定相互變換收付之幣別。

( ) 52. 投資型保險保險給付項目若無投資收益保險者，由公司參考投資標的之過去投資績效表現，以不高於年報酬率的多少範圍內，列舉三種不同數值之投資報酬率作為舉例之基準，如有發生投資虧損之可能性，則應至少包含一種絕對值相對較大之相對負值投資報酬率供保戶參考。　(A)百分之三　(B)百分之四　(C)百分之五　(D)百分之六。

☑ 投資型保險投資管理辦法－全委

( ) 1. 保險人銷售由其全權決定運用標的之投資型保險，下列哪項資格條件不符合「投資型保險投資管理辦法」第19條第1項規定？　(A)最近一年自有資本與風險資本之比率達180%　(B)國外投資部分採用計算風險值評估風險，並每週至少控管乙次　(C)最近一年內之綜合評分值為人身保險業由低而高排名前80%　(D)最近一年內未有遭主管機關重大裁罰或罰鍰累計達新臺幣三百萬元。

( ) 2. 保險人銷售由其全權決定運用標的之投資型保險，下列哪項資格條件不符合「投資型保險投資管理辦法」第19條第1項規定？　(A)國外投資部分採用計算風險值評估風險，並每週至少控管乙次　(B)最近一年自有資本與風險資本之比率達200%　(C)最近一年內未有遭主管機關重大裁罰或罰鍰累計達新臺幣二百萬元　(D)最近一年內之綜合評分值為人身保險業由低而高排名前50%。

( ) 3. 保險人銷售由全權決定運用標的之投資型保險，應符合下列何項資格要件？　(A)最近一年自有資本與風險資本與風險資本之比率不得低於百分之二百　(B)最近一年內遭主管機關重大裁罰或罰鍰累計達新臺幣兩百萬以上　(C)國外投資部分以採用計算風險評估風險，並每月至少控管乙次　(D)最近一年內綜合評分值為人身保險業由低而高排名前百分之九十。

( )　4.「投資型保險投資管理辦法」第20條第2項規定，全委投資型保險專設帳簿資產之運用方式，以由　(A)被保險人　(B)受益人　(C)保險人　(D)要保人　全權決定運用為限。

( )　5.「投資型保險投資管理辦法」第21條規定，全委投資型保險專設帳簿之資產，應　(A)按契約別　(B)按投資標的別　(C)按保戶別　(D)按保險商品別　分別獨立保管。

( )　6.「投資型保險投資管理辦法」第22條第3項規定，全委投資型保險之保險契約及相關資料，於契約終止或失效後至少保存　(A)五年　(B)二年　(C)三年　(D)一年。

( )　7.「投資型保險投資管理辦法」第22條規定，全委投資型保險之保險契約，除應符合投資型保險資訊揭露應遵循事項及證券投資信託事業證券投資顧問事業經營全權委託投資業務管理辦法規定之應載事項外，並應分別載明下列哪些事項：　(1)保險契約轉換條款　(2)越權交易之責任歸屬　(3)因業務發生訴訟或非訟事件之說明　(4)其他經主管機關規定應記載事項　(A)(1)(2)　(B)(1)(2)(3)　(C)(1)(3)　(D)(1)(2)(4)。

( )　8.「投資型保險投資管理辦法」第23條第1項規定，全委投資型保險契約之要保人得向保險人申請轉換為不同投資方針之全委投資型保險契約，且除因　(1)險種　(2)保險期間　(3)保險金額　(4)保險給付項目及條件，改變所致危險增加之情形外，保險人不得拒絕　(A)(1)(2)(3)　(B)(1)(3)(4)　(C)(1)(2)(4)　(D)(2)(3)(4)。

( )　9.「投資型保險投資管理辦法」第23條第2項規定，保險人受理契約轉換之申請，應訂定契約轉換及紛爭調處辦法並公告之；如有收取契約轉換費用者，保險人應？
(A)於受理轉換申請時，應事先告知要保人
(B)應以不低於六十日之期間內通知要保人
(C)應於十日前內通知要保人
(D)以公告方式通知要保人。

( )　10.「投資型保險投資管理辦法」第24條第1項規定，全委投資型保險契約於簽訂後，因法令變更致其投資或交易範圍有增減時，保險人應以

不低於多久之期間內通知要保人　(A)三個月　(B)三十日　(C)六十日　(D)十日。

(　)　11.「投資型保險投資管理辦法」第25條規定，全委投資型保險專設帳簿之會計制度應依　(A)同業公會釐訂之規範　(B)一般公認會計原則　(C)有關法令之規定辦理　(D)以上皆是。

(　)　12.「投資型保險投資管理辦法」第26條規定，除保險契約另有約定外，保險人應於何時，就各全委投資型保險專設帳簿分別計算其每一要保人之保單帳戶價值　(A)每一營業日　(B)每週　(C)每月　(D)契約約定評價日。

(　)　13.「投資型保險投資管理辦法」第26條規定，除保險契約另有約定外，保險人應於每一營業日就各全委投資型保險專設帳簿　(A)分別計算各保險商品別之價值　(B)計算不同投資方針之價值　(C)計算專設帳簿之總價值　(D)分別計算其每一要保人之保單帳戶價值。

(　)　14.「投資型保險投資管理辦法」第27條第2項規定，保險人應於會計年度終了後多久內就各全委投資型保險專設帳簿分別編具全委投資型保險專設帳簿資產年度決算報告，經會計師查核簽證後函報主管機關備查，並公告之　(A)二個月　(B)三個月　(C)四個月　(D)六個月。

(　)　15. 全委投資型保險於簽約後因法令變更至其投資或交易範圍有增減時，要保人不低於60日表異議申請終止，保險人　(A)不得拒絕受理　(B)不得向要保人收取任何解約費用　(C)得向要保人收取任何解約費用　(D)得拒絕受理。

(　)　16. 全委投資型保險契約於簽訂後，因法令變更致其投資或交易範圍有增減時，保險人應以不低於60日之期間內通知要保人。要保人於前述期間內表示異議而向保險人申請終止保險契約者，保險人　(A)得拒絕受理　(B)不得拒絕受理　(C)不得向要保人收取任何解約費用　(D)得向要保人收取解約費用。

(　)　17. 全委投資型保險契約專設帳簿之會計制度應依　(1)一般公認會計原則　(2)同業公會釐訂之規範　(3)有關法令之規定　(4)會計法辦理　(A)(1)(2)　(B)(1)(4)　(C)(1)(2)(3)　(D)(1)(2)(3)(4)以上皆是。

☑ 投資型保險專設帳簿保管機構及投資標的應注意事項

( )　1. 國內外保管機構，其長期債務信用評等之等級標準：中華信用評等公司評定的信用評等等級為　(A)twA　(B)twA－　(C)twA＋　(D)twB＋。

( )　2. 公債、國庫券之發行國家主權評等應符合DBRS LtD信用評等為　(A)A　(B)A－　(C)A＋　(D)B＋。

( )　3. 投資型保險專設帳簿之資產交由中華信用評等股份有限公司評等達　(A)twAA　(B)twBBB＋　(C)twA　(D)twA－　等級以上之國內保管機構予以保管。

( )　4. 投資型保險商品所連結投資標的為公司債之國內機構發行者，發行機構或保證機構之長期債務信用評等，應符合英商惠譽國際信用評等股份有限公司臺灣分公司評等達　(A)A（twn）　(B)A－（twn）　(C)AA（twn）　(D)BBB＋（twn）等級以上。

( )　5. 保險人應依「投資型保險投資管理辦法」第6條第2項及第3項規定，將專設帳簿之資產交由英商惠譽國際信用評等（股）臺灣分公司達　(A)A（twn）　(B)BBB＋（twn）　(C)AA（twn）　(D)A－（twn）等級以上之國內保管機構予以保管。

( )　6. 投資型保險商品連結投資標的為國內結構型商品之國內發行或保證機構之長期債務信用評等應符合　(A)英商惠譽國際信用評等股份有限公司臺灣分公司評等AA（twn）　(B)英商惠譽國際信用評等股份有限公司臺灣分公司評等A（twn）　(C)中華信用評等股份有限公司評等達twA－　(D)中華信用評等股份有限公司評等達twA＋等級以上。

( )　7. 國內結構型商品之發行機構或保證機構長期債務信用評等，如有遭中華信用評等股份有限公司調降評等達　(A)twBBB　(B)twA　(C)twBBB＋　(D)twA－　等級（含）以下之情事者，保險人應於事實發生之日起三日內通知要保人。

( )　8. 國內結構型商品之發行機構或保證機構長期債務信用評等，如有遭信用評等機構調降評等達英商惠譽國際信用評等股份有限公司臺灣分公司評等達BBB＋（twn）等級（含）以下之情事者，保險人應於事實發生之日起幾日內通知要保人　(A)三日　(B)七日　(C)三十日　(D)十五日。

( ) 9. 國內結構型商品之發行機構或保證機構長期債務信用評等，如有
遭中華信用評等股份有限公司調降評等達　(A)twBBB　(B)twA
(C)twBBB＋　(D)twA－　等級（含）以下之情事者，保險人應於事
實發生之日起三日內通知要保人。

( ) 10. 美國聯邦國民抵押貸款協會之發行評等應符合Fitch，InC信用評等為
(A)A　(B)AA　(C)AAA　(D)BBB。

( ) 11. 投資型保險商品所連結投資標的或專設帳簿資產之運用，不得涉有下
列情事，連結或運用於：　(1)證券投資信託事業以私募方式發行之
證券投資信託基金受益憑證　(2)其他國內外私募之有價證券　(3)國
內證券交易市場之指數股票型基金　(4)國外證券交易市場交易之指
數股票型基金　(A)(1)(2)　(B)(3)(4)　(C)(2)(4)　(D)(1)(3)。

( ) 12. 投資型保險商品所連結投資標的或專設帳簿資產之運用，不得涉有之
情事，下列何者不在此限？
(A)運用於保險法第146條之7第3項規定保險人之利害關係人所發行之
　金融債券
(B)國內、外證券交易市場交易之指數股票型基金
(C)運用於證券投資信託事業以私募方式發行之證券投資信託基金受益
　憑證
(D)連結於國外指數型基金者，其追蹤指數逾越主管機關公告保險業投
　資國外指數型基金之追蹤指數範圍。

( ) 13. 保險人接受要保人以保險契約委任全權決定運用標的者，除主管機關
另有規定外，不得有下列哪些情事：　(1)從事證券信用交易　(2)投
資與保險人有利害關係之公司所發行之股票、公司債或金融債券
(3)投資於保險人發行之股票或公司債　(4)投資與保險人有利害關係
之證券承銷商所承銷之有價證券　(A)(1)(2)　(B)(1)　(C)(1)(2)(3)
(D)(1)(2)(3)(4)。

( ) 14. 保險業銷售之投資型保險商品，其連結投資標的若屬以外幣計價之衍
生性商品者，該標的內容不得涉及下列何者？　(1)本國企業赴海外
發行之公司債　(2)美國企業發行之公司債　(3)本國上市（櫃）公司
於海外發行之有價證券　(4)本國證券投資信託事業於海外發行之受
益憑證　(A)(1)(2)(3)　(B)(1)(3)(4)　(C)(1)(2)(4)　(D)(2)(3)(4)。

( ) 15. 投資型保險商品連結國外債券者，不得含連結哪些標的連動型或結構型債券： (1)本國發行人於境內外發行之有價證券 (2)於任何交易所掛牌之本國股價指數 (3)本國之貨幣市場利率指標及匯率指標 (4)未經金管會核准或申報生效得募集及銷售之境外基金 (A)(3)(4) (B)(1)(2) (C)(1)(2)(4) (D)(1)(2)(3)(4)。

( ) 16. 投資型保險商品連結於指數股票型基金（ETF），以金管會核定之證券交易市場掛牌交易之以投資 (1)股票 (2)債券 (3)利率 (4)匯率為主且不具放空效果者為限 (A)(1)(3) (B)(2)(4) (C)(2)(3) (D)(1)(2)。

( ) 17. 境外結構型商品管理規則第18條第5款規定，開放式結構型商品之動態保本率需達計價貨幣本金之 (A)90% (B)80% (C)70% (D)100%。

( ) 18. 投資型保險商品連結之各種國內結構型商品，封閉式結構型商品，到期保本率至少為計價貨幣本金之 (A)100% (B)80% (C)70% (D)90%。

( ) 19. 投資型保險商品連結之各種國內結構型商品，結構型商品之到期保本率為 _____ %，且不得含有目標贖回式設計及發行機構得提前贖回之選擇權 (A)100% (B)80% (C)70% (D)60%。

( ) 20. 投資型保險商品連結之各種國內結構型商品，開放式結構型商品，動態保本率須達為計價貨幣本金之 (A)100% (B)80% (C)70% (D)90%以上。

( ) 21. 投資型保單連結之結構型商品 (A)得含有目標贖回式設計，不得含有發行機構得提前贖回之選擇權 (B)不得含有目標贖回式設計，得含有發行機構得提前贖回之選擇權 (C)不得含有目標贖回式設計，且不得含有發行機構得提前贖回之選擇權 (D)得含有目標贖回設計，且得含有發行機構得提前贖回之選擇權。

( ) 22. 投資型保險商品連結之各種國內結構型商品，下列何者不是涉及大陸地區之商品或契約得連結之標的？ (A)以外幣計價之無本金交割之外幣對人民幣遠期外匯 (B)以人民幣計價之無本金交割之外幣對人民幣利率交換 (C)以外幣計價或交割之新臺幣對人民幣遠期外匯 (D)以人民幣交割之人民幣利率交換。

( )　23. 投資型保險商品連結之各種國內結構型商品,不得連結至那些類別及
上述相關指數以外之衍生性金融商品:　(1)信用　(2)基金　(3)指數
(4)商品　(A)(2)(3)　(B)(1)(2)　(C)(1)(2)(3)　(D)(2)(3)(4)。

( )　24. 投資型保險商品連結之各種國內結構型商品,有關計價幣別之敘
述,何者正確?
(A)以人民幣以外之幣別為限
(B)以境外結構型商品管理規則第18條第2款所定計價幣別為限
(C)以外幣為限
(D)以新臺幣、人民幣及境外結構型商品管理規則第18條第2款所定
計價幣別為限。

( )　25. 投資型保險商品連結之各種國內結構型商品,計價幣別以　(A)新臺
幣、人民幣　(B)人民幣、外幣　(C)外幣、非新臺幣　(D)新臺幣、非
新臺幣　及境外結構型商品管理規則第18條第2項所定計價幣別為限。

( )　26. 投資型保險商品連結之各種國內結構型商品,計價幣別以:　(1)美元
(2)澳幣　(3)歐元　(4)英磅　(A)(1)(3)(4)　(B)(1)(3)　(C)(1)(2)(3)
(D)(1)(2)(3)(4)　為限。

( )　27. 投資型保險商品連結之各種國內結構型商品,計價幣別以　(1)日
圓　(2)港幣　(3)新加坡幣　(4)紐西蘭幣　(A)(2)(4)　(B)(2)(3)
(C)(1)(2)　(D)(1)(2)(3)(4)　為限。

( )　28. 投資型保險商品連結之各種國內結構型商品之計價幣別,下列何者為
非?　(A)美元　(B)新加坡幣　(C)港幣　(D)泰銖。

( )　29. 投資型保險商品連結之各種國內結構型商品,發行條件應　(1)記載發
行機構之長期債務信用評等　(2)記載保證機構之長期債務信用評等
(3)揭露該等結構型商品之風險　(4)揭露該等結構型商品相關重要資
訊　(A)(2)(4)　(B)(1)(2)　(C)(1)(2)(3)　(D)(1)(2)(3)(4)。

( )　30. 有關投資型保險商品連結國外債券應符合之規定,以下敘述何者正
確?　(1)該債券應於國內證券市場上櫃買賣,且不得為僅限銷售於
專業投資人　(2)投資大陸地區或港澳地區有價證券之範圍及限制,
準用證券商受託買賣外國有價證券管理規則第5條之相關規定　(3)不
得投資本國企業赴國外發行之債券　(4)以上皆是　(A)(1)　(B)(2)(3)
(C)(1)(2)　(D)(1)(2)(3)(4)。

( ) 31. 投資型保險保險給付項目若無投資收益保險者,由公司參考投資標的之過去投資績效表現,以不高於年報酬率的多少範圍內,列舉三種不同數值之投資報酬率作為舉例之基準,如有發生投資虧損之可能性,則應至少包含一種絕對值相對較大之相對負值投資報酬率供保戶參考?

(A)3%　　　　　　　　　(B)4%

(C)5%　　　　　　　　　(D)6%。

( ) 32. 投資型保險商品連結國外債券者,不得以何者計價　(A)澳幣　(B)歐元　(C)新臺幣　(D)人民幣。

( ) 33. 保險人應確實建立投資標的: (1)發行 (2)保證 (3)保管 (4)經理機構之信用風險評估機制及分散原則,並應依「投資型保險投資管理辦法」第9條第2項訂定相關規定　(A)(1)(4)　(B)(1)(2)　(C)(1)(2)(3)　(D)(1)(2)(4)。

( ) 34. 保險人應確實建立投資標的發行、保證或經理機構之信用風險評估機制及分散原則,並應依「投資型保險投資管理辦法」第9條第2項規定訂定投資標的: (1)發行 (2)保證 (3)保管 (4)經理 (A)(1)(2)　(B)(1)(3)　(C)(1)(4)　(D)(1)(2)(4)　機構破產之緊急應變及追償作業程序。

( ) 35. 依投資型人壽保險商品死亡給付對保單帳戶價值之最低比率之規定,要保人於投保及每次繳交保險費時應符合下列規定? (1)被保險人年齡在40歲以下者,其比率不得低於190% (2)被保險人年齡在40歲以下者,其比率不得低於160% (3)被保險人年齡在41歲以上者、50歲以下者,其比率不得低於140% (4)被保險人年齡在71歲以上者,其比率不得低於1.02 (A)(2)(3)(4)　(B)(1)(2)(3)　(C)(1)(2)(4)　(D)(1)(3)(4)。

( ) 36. 有關要保人投保投資型人壽保險時,應依現行規定死亡給付對保單帳戶價值之比率符合相關規定,以下敘述何者不正確?

(A)被保險人75歲者,其比率不得低於102%

(B)被保險人50歲者,其比率不得低於140%

(C)被保險人20歲者,其比率不得低於120%

(D)被保險人30歲者,其比率不得低於130%。

( )｜37. 假設被保險人20歲，要保人每次繳交保險費時，投資型人壽保險
死亡給付對保單帳戶價值之比率不得低於？　(A)115%　(B)160%
(C)190%　(D)101%。

( )｜38. 假設被保險人31歲，要保人每次繳交保險費時，投資型人壽保險
死亡給付對保單帳戶價值之比率不得低於？　(A)101%　(B)160%
(C)190%　(D)115%。

( )｜39. 假設被保險人70歲，要保人投保投資型人壽保險時，依現行規定
死亡給付對保單帳戶價值之比率不得低於？　(A)120%　(B)130%
(C)115%　(D)110%。

( )｜40. 假設被保險人之年齡在75歲，若要保人投保投資型人壽保險，其比率
不得低於？　(A)130%　(B)102%　(C)115%　(D)100%。

( )｜41. 投資型人壽保險死亡給付對保單帳戶價值之比率，應於要保人投保及
每次繳交保險費時符合下列規定，被保險人之年齡為二十歲者，其比
率不得低於？　(A)190%　(B)101%　(C)115%　(D)130%。

( )｜42. 投資型人壽保險死亡給付對保單帳戶價值之比率，應於要保人投保及
每次繳交保險費時符合下列規定，被保險人之到達年齡在五十一歲以
上者，其比率不得低？　(A)120%　(B)101%　(C)115%　(D)130%。

解答與解析

■ 人身保險概論

1.**A**	2.**D**	3.**B**	4.**B**	5.**D**
6.**C**	7.**C**	8.**B**	9.**B**	10.**D**
11.**D**	12.**A**	13.**C**	14.**A**	15.**A**

■ 保險業辦理外匯管理辦法

1.**C**　2.**D**　3.**D**

4.**A**　第4項涉及外匯業務需經中央
銀行許可，結匯一直是透過銀
行業。

5.**B**

6.**B**　第3項外幣放款而非新臺幣放
款。第4項應為財富管理業
務，而非財產管理業務。

7.**D**　8.**A**　9.**D**　10.**B**

11.**B**　第2項是投資型年金保險。

12.**A**

13.**C**　第4項為申請資格。

14.**D**　15.**B**　16.**C**

17.**B**　不需要金管會監督。

18.**B**　第3項依照保險業的業務需求。
第4項應直接向中央銀行申請。

19.**C**　20.**D**　21.**C**　22.**A**　23.**C**

19.**C** 20.**D** 21.**C**　　22.**A**　　23.**C**

24.**D**

25.**D**　此處記憶重點是「沒有要保書與沒有外幣自有資金證明」。

26.**A**

27.**D**　(1)了解補正、退回只是書件不完整。
　　　(2)審查、駁回是不符合規定。
　　　(3)廢止、撤銷是核准之後未開辦或不符合規定。

28.**C**

29.**A**　(B)應是違反保險業辦理外匯業務管理辦法。

30.**C**　31.**C**

32.**A**　(B)保險業辦理外匯管理辦法才是就是錯的。
　　　(C)(D)記得外匯業務如果選項牽涉到金管會。

33.**B**

34.**D**　沒有罰鍰的條件（後面學習到外幣非投資型業務與全權委託業務才有罰鍰的規定）。

35.**D**

36.**B**　此處的主管機關為中央銀行。

37.**D**　38.**A**

39.**B**　結匯辦理是找銀行業。

40.**D**　41.**A**　42.**B**　43.**A**

44.**B**　投資型年金的部分是由保險公司去處理。

45.**C**　除了投資型年金保險轉換一般帳簿之即期年金保險外，其餘結匯事宜由要保人或受益人。

46.**D**　47.**D**　48.**A**　49.**D**

50.**D**　(2)須為國內保戶。

51.**C**

52.**A**　是年度總額不適用扣除差額！

53.**C**　54.**A**

55.**D**　不得涉及新臺幣利率與匯率指標。

56.**B**　57.**D**

■ **投資型保險投資管理辦法－總則**

1.**A**　　2.**C**　　3.**B**　　4.**C**　　5.**C**

6.**C**　(4)需要邀保人同意或指定投資方式。

7.**B**　(2)單獨管理。

8.**C**　(1)是可以的。

9.**B**　獨立管理而非共同管理。

10.**C**　11.**D**　12.**A**　13.**B**　14.**B**

15.**D**　16.**C**　17.**B**　18.**A**　19.**B**

20.**D**　21.**A**　22.**D**　23.**D**　24.**B**

25.**C**　26.**A**

27.**B**　無股票直接投資。

28.**A**

29.**C**　全權委託因為是由專業經理人操盤，因此可以直接投資股票相關標的。

30.**D**　31.**C**　32.**D**　33.**C**　34.**A**

35.**D**　36.**C**　37.**D**　38.**D**　39.**B**

40.**D**　41.**C**

42.**D**　(C)不是要保人，而是受益人。

43.**D**　44.**C**　45.**B**　46.**A**　47.**C**

48.**D**　49.**C**　50.**A**　51.**B**　52.**D**

■ **投資型保險投資管理辦法－全委**

1.**A**　(A)自有資本與風險資本之比率達200%以上。

2.**D**　　3.**A**　　4.**C**　　5.**D**　　6.**A**

7.D (3)是載明在保險商品說明書。

8.A 9.A 10.C 11.D

12.A 專設帳簿資產依保險契約約定評價日。
全委帳戶是每一營業日計算保單帳戶價值。
兩者不要搞混。

13.D 14.C 15.B 16.C 17.C

■ **投資型保險專設帳簿保管機構及投資標的應注意事項**

1.B 2.A 3.D 4.C

5.D 專設帳簿的保管機構。
國內公司債之發行與保障機構。

6.A 7.C

8.A 背起來！

9.C 10.C 11.A 12.B 13.D

14.B 15.D 16.D 17.B 18.A

19.A 20.B 21.C

22.C 此類型題目就是選有與新臺幣相關的就是錯誤的。

23.D 24.D 25.A

26.D 目前投資型保險連結之結構型商品可投資的外幣有美元、澳幣、歐元、英鎊、紐幣、新加坡幣、港幣、日圓。

27.D 28.D 29.D 30.D 31.D

32.C 33.D 34.C

35.A 被保險人年齡死亡給付與保單帳戶價值比率
15足歲～30歲以下190%
31歲～40歲160%
41歲～50歲140%
51歲～60歲120%
61歲～70歲110%
71歲～90歲102%
91歲以上100%

36.C 37.C 38.B 39.D 40.B

41.A 42.A

Day 03 保險業辦理業務涉及結匯相關規範

依據出題頻率區分，屬：**A** 頻率高

學習地圖

保險業辦理業務涉及結匯相關規範
- 重點一：「管理外匯條例」
- 重點二：「外匯收支或交易申報辦法」
- 重點三：壽險業資金匯出規定
  - 投資型保險商品結匯事宜
  - 壽險業者辦理國外投資匯出資金規定

課前導讀

名師教學

立即看私房講解

外匯是指一個國家的貨幣與另外一個國家貨幣兌換的比率，因此對於一個國家進出口貿易、國外投資的收益、國內物價的穩定都有很巨大的影響，因此中央銀行的主要的職責之一是對於外匯的調節與管控，對於企業與個人外匯的結購與結售（買外幣與賣外幣）在結匯的目的上會有區分，哪些是需要申報的，哪些不需要申報，而依照個人或者法人結匯需要申報的金額也有所不同，金額更高者須要核准，所以針對壽險業投資型專設帳簿與國外投資也有金額上限，這就是「保險業辦理業務涉及結匯相關規範」主要討論的範疇。在進入 Day 03 前，你應該要注意：

只要清楚哪些項目需要申報，各種申報的金額限制，罰款的原因與金額等，在考試中你就容易拿到分數，離過關的距離就更近了！

1. 「管理外匯條例」為維持國際收支，穩定金融，在38年1月11日制定公布的，是很重要的基本條例。

2. 「外匯收支或交易申報辦法」，是依據管理外匯條例設定的辦法，針對申報的項目種類與金額的具體辦法。

3. 「壽險業資金匯出規定」是來針對壽險業資金匯出的規定，區分投資型保險商品之專設帳簿結匯及壽險業辦理國外投資匯出的規定。

重點一 管理外匯條例（節錄）

為平衡國際收支，穩定金融，實施外匯管理，我國於38年1月11日制定公布「管理外匯條例」，經通多次修正，茲將「管理外匯條例」重要且常考的條文分列如下：

第1條 立法目的
為**平衡國際收支，穩定金融，實施外匯管理**，特制定本條例。

第2條 外匯之定義
本條例所稱外匯，指**外國貨幣**、**票據**及**有價證券**。前項外國有價證券之種類，由掌理外匯業務機關核定之。

第3條 行政主管機關與業務機關
管理外匯之**行政主管機關**為**財政部**，掌理**外匯業務機關**為**中央銀行**。
（目前改由**金管會**為行政主管機關。除15、16條仍是財政部。）★★

名師教學
立即看私房講解

第4條 行政主管機關之職掌
管理外匯之**行政主管機關**辦理左列事項：
一、政府及公管事業外幣債權、債務之**監督**與**管理**：其與外國政府或國際組織有條約或協定者，從其條約或協定之規定。
二、**國庫**對外債務之**保證**、**管理**及其清償之**稽催**。

觀念理解

如何區分考題形容的是行政主管機關與業務主管機關呢？因為外匯的持有不是政府就是民間，行政主管機關管的是外幣債、國庫、軍政機關的相關業務，業務主管機關主要是資金調度、民間資金與投資買賣匯入匯出，這樣比較好理解喔！

三、 **軍政機關**進口外匯、匯出款項與借款之**審核**及**發證**。

四、 與中央銀行或國際貿易主管機關有關外匯事項之聯繫及配合。

五、 依本條例規定，應處罰緩之裁決及執行。

六、 其他有關外匯行政事項。

第5條 **業務主管機關之職掌**

掌理**外匯業務機關**辦理左列事項：

一、 **外匯調度**及收支計劃之擬訂。

二、 指定**銀行辦理外匯業務**，並督導之。

三、 **調節外匯**供需，以維持有秩序之外匯市場。

四、 **民間**對外匯出、匯入款項之審核。

五、 民營事業國外借款經指定銀行之保證、管理及清償稽、催之監督。

六、 外國貨幣、票據及有價證券之買賣。

七、 外匯收支之核算、統計、分析及報告。

八、 其他有關外匯業務事項。

（行政主管機關與業務主管機關的區別容易錯！）★★

第6條 **國際貿易主管機關之職掌**

國際貿易主管機關應依前條第1款所稱之外匯調度及其收支計劃，擬訂**輸出入計劃**。

第6-1條 **外匯之申報**

新臺幣50萬元以上之等值外匯收支或交易，應依規定申報：其申報辦法由中央銀行定之。

依前項規定申報之事項，有事實足認有不實之虞者，中央銀行得向申報義務人查詢，受查詢者有據實說明之義務。

第7條 **應存入或結售之外匯收入（賣掉外幣換臺幣的需求，會考複選題喔！）**

左列各款外匯，應結售中央銀行或其指定銀行，或存入指定銀行，並得透過該行在外匯市場出售；其辦法由財政部會同中央銀行定之：

一、 **出口或再出口貨品或基於其他交**易行為取得之**外匯**。

二、 航運業、保險業及其他各業人民基於**勞務**取得之**外匯**。

三、 **國外匯入款**。

四、在中華民國境內有住、居所之本國人，經政府核准在**國外投資之收入**。

五、本國企業經政府核准國外投資、融資或技術合作取得之本息，淨利及技術報酬金。

六、其他應存入或結售之外匯。

第8條　**得持有之外匯**

中華民國境內本國人及外國人，除第7條規定應存入或結售之外匯外，得持有外匯，並得存於中央銀行或其指定銀行；其為外國貨幣存款者，仍得提取持有；其存款辦法，由金管會同中央銀行定之。

第9條　**出境攜帶外幣規定**

出境之本國人及外國人，每人攜帶外幣總額，由財政部以命令定之。（目前可攜帶之外幣限額為**臺幣10萬**、**美金1萬**或**人民幣2萬**。）

第11條　**攜帶外幣出入國境規定**

旅客或隨交通工具服務之人員，攜帶外幣出入國境者，應報明**海關**登記；其有關辦法，由**金管會**同中央銀行定之。

第12條　**外國票據、有價證券得攜帶出入境**

外國票據、有價證券，得攜帶出入國境；辦法由**金管會**會同中央銀行定之。

第13條　**得購入、或結購之外匯支出（賣掉臺幣換外幣的需求，會出複選題喔！）★★**

左列各款所需支付之外匯，得自第7條規定之存入外匯自行提用或透過指定銀行在外匯市場購入或向中央銀行或其指定銀行結購；其辦法由財政部會同中央銀行定之：

一、核准**進口貨品價款**及**費用**。

二、航運業、保險業與其他各業人民，基於交易行為，或**勞務**所需**支付之費用**及**款項**。

三、**前往國外**留學、考察、旅行、就醫、探親、應聘及接洽業務費用。

四、服務於中華民國境內中國機構之企業之本國人或外國人，贍養其在**國外家屬費用**。

五、外國人及華僑在中國投資之本息及淨利。

六、經政府核准**國外借款之本息**及保證費用。

七、外國人及華僑與本國企業技術合作之報酬金。

八、經政府核准向**國外投資或貨款**。

九、其他必要費用及款項。

第14條 <u>自備外匯之定義及用途</u>

不屬於第7條第1項各款規定，應存入或結售中央銀行或其指定銀行之外匯，為自備外匯，得由持有人申請為前條第1款至第4款、第6款及第7款之用途。

第15條 <u>免結滙報運進口貨物（第14、15、16、17條的主管機關仍是財政部。）</u> ★★

左列國外輸入貨品，應向**財政部**申請核明免結匯報運進口：

一、**國外援助物資**。

二、政府以**國外貸款購入**之貨品。

三、學校及教育、研究、訓練機關，接受**國外捐贈**，供教學或研究用途之貨品。

四、慈善機關、團體接受**國外捐贈**供救濟用途之貨品。

五、出入國境之旅客，及在交通工具服務之人員，**隨身攜帶**行李或自用貨品。

> **觀念理解**
> 免結匯的進口貨物的共同性就是國外援助、國外貸款、國外捐贈的貨品，因此很容易在選擇題中選擇出來喔！

第16條 <u>輸入贈品、樣品、非賣品之規定</u>

國外輸入**餽贈品**、**商業樣品**及**非賣品**，其價值不超過一定限額者，得由**海關**核准進口；其限額由財政部會同**國際貿易主管機關**以命令定之。（此項**主管機關仍是財政部**。）

第17條 <u>剩餘外匯之規定</u>

經自行提用、購入及核准結匯之外匯，如其原因消滅或變更，致全部或一部之外匯無須支付者，應依照中央銀行規定期限，存入或售還中央銀行或其指定銀行。

第18條 <u>外匯之買賣、結存等按期彙報金管會</u>

中央銀行應將外匯之買賣、結存、結欠及對外保證責任額，**按期彙報金管會**。

第19-1條 <u>探取關閉外匯市場、停止或限制外匯支付等措施之情事（因為什麼樣的情況，必須關閉外匯市場。）</u> ★★

有左列情事之一者，行政院得決定並公告於一定期間內，採取**關閉外匯市場**、停止或限制全部或部分外匯之支付、命令將全部或部分外匯結售或存入指定銀行、成為其他必要之處理：

一、**國內或國外經濟失調**，有**危及本國經濟穩定**之虞。

二、**本國國際收支發生嚴重逆差**，前項情事之處置項目及對象，應由**行政院**訂定外匯管制辦法。行政院應於前項決定後10日內，送請立法院追認，如**立法院**不同意時，該決定應即失效。

第1項所稱一定期間，如遇立法院休會時，以20日為限。

第19-2條 罰則

故意違反行政院依第19-1條所為之措施者，處新臺幣300**萬元**以下罰鍰，前項規定於立法院對第19-1條之施行不同意追認時免罰。

第19-3條 **為禁止提款、轉帳、付款、交付、轉讓成其他必要處置**

配合聯合國決議，**金管會**會同**中央銀行**報請**行政院**核定後，得對得為禁止提款、轉帳、付款、交付、轉讓或其他必要處置危害國際安全之**國家**、**地區或恐怖組織**相關之個人、法人等於銀行業之帳戶、匯款、通貨或其他支付工具，為禁止提款、轉帳、付款、交付、轉讓成其他必要處置。依前項核定必要處置措施時，金管會應立即公告，並於公告後10日內送請立法院追認，如立法院不同意時、該處置措施應即失效。

採取處置措施之原因消失時，應即解除之。

第20條 **罰則（處罰原因有下列四種）** ★★

違反第6-1條規定**故意不為申報或申報不實者**，處**新臺幣3萬元以上60萬元以下**罰鍰：其**受查詢而未於限期內提出說明**或為**虛偽說明者亦同**。

違反第7條規定，不將其外匯結售或存入中央銀行或其指定銀行者，依其不結售或不存入外匯，處以按行為時匯率折算金額2倍以下罰鍰，並由中央銀行追繳其外匯。

第21條 剩餘外匯之規定按行為時匯率折算金額以下之罰鍰，並由中央銀行追繳其外匯。

第22條 以**非法買賣外匯**為常業者，處**3年以下有期徒刑**、拘役或科或併科與營業總額等值以下之罰金。

第23條 依本條例規定應追繳之外匯，其不以外匯歸還者，**科以相當於應追繳外匯金額以下之罰緩**。

第24條 買賣外匯違反第8條之規定者，其外匯及價金**沒入之**。攜帶外幣出境超過依第9條規定所定之限額者，其**超過部分沒入之**。攜帶外幣出入國境，不依第11條規定報明登記者，沒入之：申報不實者，其超過申報部分沒入之。

第25條 中央銀行對指定辦理外匯業務之銀行反本條例之規定，得按其情節輕重，停止其一定期間經營全部或一部外匯之業務。

第26條 本條例所處之罰緩，如有抗不繳納者，得移送法院強制執行

第26-1條 本條例於國際貿易發生**長期順差**、外匯存底巨額累積獲國際經濟發生重大變化時，行政院得決定**停止第7條**、**第13條**、**第17條全部或部分條文**之適用。

行政院恢復前項全部或部分條文之適用後**10日內**，應送請**立法院**追認，如立法院不同意時，試恢復適用之決定，應即失效。

牛刀小試

（　）　1.「管理外匯條例」第5條規定，調節外匯供需，以維持有秩序之外匯市場，由：　(A)管理外匯之行政主管機關　(B)經濟部　(C)掌理外匯業務機關　(D)金管會辦理。

（　）　2.依「管理外匯條例」第11條規定，旅客或隨交通工具服務之人員，攜帶外幣出入國境者，應報明？　(A)金管會　(B)中央銀行　(C)海關　(D)財政部　登記。

（　）　3.依「管理外匯條例」第15條規定，學校及教育、研究、訓練機關，接受國外捐贈，供教學或研究用途之貨品，應向：　(A)海關　(B)財政部　(C)金管會　(D)中央銀行　申請核明免結匯報運進口。

（　）　4.「管理外匯條例」第4條規定，政府及公營事業外幣債權、債務之監督與管理，由：　(A)國際貿易主管機關　(B)管理外匯之業務機關　(C)管理外匯之行政主管機關　(D)中央銀行　辦理。

（　）　5.依「管理外匯條例」第18條規定，中央銀行應將外匯之買賣、結存、結欠及對外保證責任額，按期彙報？　(A)行政院　(B)總統府　(C)財政部　(D)金管會。

( ) 6. 有以下情事之一者，行政院得決定並公告於一定期間內，採取關閉外匯市場、停止或限制全部或部分外匯之支付、命令將全部或部分外匯結售或存入指定銀行、或為其他必要之處置： (1)國內或國外經濟失調 (2)有危及本國經濟穩定之虞 (3)本國國際收支發生嚴重逆差 (4)新臺幣匯率上下波動大 (A)(1)(2)(3)(4) (B)(1)(2)(3) (C)(1)(2)(4) (D)以上皆非。

( ) 7. 「管理外匯條例」第1條明定，制定本條例係為： (1)平衡國際收支 (2)穩定金融 (3)實施外匯管理 (4)維持對內及對外幣值之穩定 (A)(1)(2) (B)(1) (C)(1)(2)(3) (D)(1)(2)(3)(4)。

( ) 8. 「管理外匯條例」第5條規定，外匯調度及收支計劃之擬訂，由： (A)管理外匯之行政主管機關 (B)經濟部 (C)國際貿易主管機關 (D)掌理外匯業務機關 辦理。

( ) 9. 依管理外匯條例第7條規定，下列何款外匯應結售中央銀行或其指定銀行，或存入指定銀行，並得透過該行在外匯市場出售： (1)出口或再出口貨品或基於其他交易行為取得之外匯 (2)航運業、保險業及其他各業人民基於勞務取得之外匯 (3)國外匯入款 (4)在中華民國境內有住、居所之本國人，經政府核准在國外投資之收入 (A)(1)(2)(3) (B)(1) (C)(1)(2) (D)(1)(2)(3)(4)。

( ) 10. 依「管理外匯條例」第26-1條規定，國際貿易發生長期順差、外匯存底鉅額累積或國際經濟發生重大變化時何者得決定停止第7條、第13條及第17條全部或部分條文之適用？ (A)中央銀行 (B)立法院 (C)總統 (D)行政院。

( ) 11. 依管理外匯條例第7條規定，下列何款外匯應結售中央銀行或其指定銀行，或存入指定銀行，並得透過該行在外匯市場出售： (1)出口或再出口貨品或基於其他交易行為取得之外匯 (2)航運業、保險業及其他各業人民基於勞務取得之外匯 (3)國外匯入款 (4)在中華民國境內有住、居所之本國人，經政府核准在國外投資之收入 (A)(1)(2)(3) (B)(1) (C)(1)(2) (D)(1)(2)(3)(4)。

( ) 12. 依管理外匯條例第24條規定，攜帶外幣出入國境，不依11條規定報明登記者？ (A)沒入之 (B)處3年以下有期徒刑 (C)處新臺幣300萬元以下罰鍰 (D)處1年以下有期徒刑。

( ) 13. 依「管理外匯條例」第19-3條規定，為配合聯合國決議或國際合作有必要時，金管會會同中央銀行報請行政院核定後，得對危害國際安全之： (1)國家 (2)地區 (3)恐怖組織 (4)洗錢組織 (A)(1)(4) (B)(2)(3) (C)(1)(2)(3) (D)(2)(3)(4) 相關之個人、法人、團體、機關、機構於銀行業之帳戶、匯款、通貨或其他支付工具，為禁止提款、轉帳、付款、交付、轉讓或其他必要處置。

( ) 14. 民眾出入境時須向海關申報攜帶的外幣、有價證券，現鈔限額為 (A)其它外幣等值美元1萬元 (B)新臺幣10萬元 (C)人民幣2萬 (D)以上皆是。

> **解答** 1.C 2.C 3.B 4.C 5.D 6.B 7.C 8.D 9.D 10.D
> 11.D 12.A 13.C 14.D

重點二 外匯收支或交易申報辦法 ★★★

「外匯收支成交易申報辦法」依據**管理外匯條例第6-1條之1第1項**，申報原則採**誠實申報制**，在新臺幣**50萬元以上**，應憑外匯交易合約文件填寫申報書：故意不為申報或申報不實者，處新臺幣**3萬元以上**，**60萬元以下罰鍰**。

第1條 **訂定依據**
本辦法依管理外匯條例規定訂定之。

第2條 **申報義務人及申報方式**
中華民國境內**新臺幣50萬元**以上等值外匯收支或交易之**資金所有者**或**需求者**（以下簡稱申報義務人），應依本法申報。
下列各款所定之人，均視同申報義務人：
一、**法定代理人**。
二、**公司或個人**依第8條第1項規定，以**自己名義**為他人辦理結
三、**非居住民法人**之中華民國境內**代表人**代辦結匯申報者。
四、**非居住民之中華民國境內代理人**代辦結匯申報者。
五、非前項所定之申報義務人，且不符合得代辦結匯申報之規定而為結匯申報者。
申報義務人辦理新臺幣結匯申報時，誠實填妥「**外匯收支或交易申報書**」，經由**銀行業**向**中央銀行**（以下簡稱本行）申報。

第**3**條　**名詞定義**

本辦法所用名詞定義如下：

一、銀行業：指經本行許可辦理**外匯業務之銀行**、**全國農業金庫股份有限公司**、**信用合作社**、**農會信用部**、**漁會信用部**及**中華郵政股份有限公司**。（雖然這些機構名稱沒銀行兩字，但都算是銀行業。）★★

二、外匯證券商：指證券業辦理外匯業務管理辦法所稱之外匯證券商。

> **觀念理解**
> 這邊最會考的是銀行業的定義有哪些？只要可以存外匯的都是喔！所以通常就是全選，個人的定義有包含哪些種類，請務必拿分！

三、公司：指依中華民國法令在中華民國設立登記或經中華民國政府認許並登記之公司。

四、有限合夥：指依中華民國法令在中華民國設立登記之有限合夥。

五、行號：指依中華民國商業登記法登記之獨資或合夥經營之營利事業。

六、團體：指依中華民國法令經主管機關核准設立之團體

七、個人：指**年滿20歲領有中華民國國民身分證**、**臺灣地區相關居留證**或**外僑居留證證載有效期限1年以上**之**自然人**。★★★

八、非居住民：指未領有臺灣地區相關居留證成外僑居留證，或領有相關居留證但證載有效期限**未滿1年**之非中華民國國民，或未在中華民國境內依法設立登記之公司、行號、團體，或未經中華民國政府認許之**非中華民國法人**。

第**4**條　**逕行結匯申報** ★★★

下列外匯收支或交易，申報義務人得於填妥申報書後，逕行辦理新臺幣結匯。但屬於第5條規定之外匯收支或交易，應於銀行業確認申報書記載事項與該筆外匯收支成交易有關合約、核准函等種明文件相符後，始得辦理：

一、**公司**、**行號**、**團體**及**個人**出口貨品或對非居住民提供服務收入之匯款。

二、公司、行號，團體及個人進口貨品或償付非居住民提供服務支出之匯款。

三、**公司**、**行號每年**累積結購或結售金額**未超過5,000萬美元**之匯款：團體、個人每年累積結購或結售金額**未超過500萬美元**之

匯款。但前二款及第5條第4款之結購或結售金額，不計入其當
年累積結匯金額。

四、**非居住民每筆**結購或結售金額**未超過10萬美元**之匯款。但境外
非中華民國金融機構不得以匯入款項辦理結售。

申報義務人為前項第1款及第2款出、進口貨品之外匯收支或交易
以跟單方式辦理新臺幣結匯者，以銀行業掣發之出、進口結匯證實
書，視同申報書。（「掣ㄔㄜˋ」：就是快速製發的單子。）

名師教學

立即看私房講解

第5條　**需檢附文件之結匯申報** ★★★

下列外匯收支或交易，申報義務人應檢附與該筆外匯收支成交易有
關合約、核准函等證明文件，經銀行業確認與申報書記載事項相符
後，始得辦理新臺幣結匯：

一、**公司**、**行號每筆**結匯金額達**100萬美元**以上之匯款。

二、**團體**、**個人每筆**結匯金額進**50萬美元**以上之匯款。

三、有關主管機關核准直接投資、證券投資及期貨交易之區域。

四、於中華民國境內之交易，其交易標的涉及中華民國境外之貨品
或服務之匯款。

五、依本行其他規定應檢附證明文件供銀行業確認之匯款

第6條　**須經核准之結匯申報** ★★★

下列外匯收支或交易，申報義務人應於檢附所填申報書及相關證明
文件，經由銀行業向本行申請核准後，始得辦理新臺幣結匯：

一、**公司**、**行號**每年累積結購或結售金額超過**5000萬美元**之匯款，
團體、**個人**每年累積結購或結售金額超過**500萬美元**之匯款。

二、**未滿20歲**領有中華民國國民
　身分證、臺灣地區相關居留
　證或外僑居留證證載有效期
　限1年以上之自然人，每筆結
　匯金額達新臺幣**50萬元以上**
　之匯款。

三、下列非居住民每筆結匯金額
　超過**10萬美元**之匯款：
　(一)於中華民國境內承包工程
　　之**工程款**。
　(二)於中華民國境內因法律
　　案件應提存之擔保金及
　　仲裁費。
　(三)經有關主管機關許可或依
　　法取得自用之中華民國境內不動產等之相關款項。
　(四)於中華民國境內依法取得之**遺產**、**保險金**及**撫卹金**。

四、其他必要性之匯款。

辦理前項第2款所定匯款之結匯申報者，應由其法定代理人代為辦
理，並共同於申報書之「申報義務人及其負責人簽章」處簽章。

> **觀念理解**
>
> 「須經核准之結匯申報」
> 是重要必考題！這邊會考
> 哪些情況下是可以逕行結
> 匯申報、須檢附文件申
> 報、須經核准的情況，逕
> 行申報就是寫寫申報書就
> 好了，要把公司、行號、
> 團體年度累積金額記熟，
> 非居住民的金額。須檢附
> 文件的情況，每筆金額各
> 是多少。需要經過核准的
> 金額各是多少，還有未滿
> 20歲或是非居住民每筆多
> 少以上需要核准，哪些情
> 況需要核准。

名師教學

立即看私房講解

第7條　　**受理程序**

申報義務人至銀行業櫃檯辦理新臺幣結匯申報者，銀行業應查驗身
分文件或基本登記資料，輔導申報義務人填報申報書，辦理申報事

宜,並應在申報書之「銀行業負責輔導申報義務人員簽章」欄簽章

銀行業對申報義務人至銀行業櫃檯辦理新臺幣結匯申報所填報之申報書及提供之文件,應妥善保存備供稽核及查詢,其**保存期限至少為5年**。

第8條 **委託結匯申報**

公司或個人受託辦理新臺幣結匯並以自己之名義辦理申報者,受託人應依銀行業輔導客戶申報外匯收支成交易應注意事項有關規定及本行其他規定辦理。

除前項規定情形外,**申報義務人**得委託其他個人代辦新臺幣結匯申報事宜,但就申報事項仍由委託人自負責任:受託人應檢附**委託書**、**委託人**及**受託人之身分證明文件**,供銀行業查核,並以**委託人**之名義辦理申報。(需要檢附什麼資料,並且是以委託人名義。)

★★

第9條 **非居住民之結匯申報**

非居住民自然人辦理新臺幣結匯申報時,應憑護照或其他身分證明文件,由**本人親自辦理**。

非居住民法人辦理新臺幣結匯申報時,應出具授權書,授權其在中華民國境內之代表人或代理人以的代表人或代理人之名義代為辦理申報。

第10條 **網路申報(一)**

下列申報義務人擔理新臺幣結匯申報,得利用網際網路,經由本行核准辦理網路外匯業務之銀行業,以電子文件向本行申報:

一、**公司、行號或團體。**

二、**個人。**

申報義務人利用網際網路辦理新臺幣結匯申報事宜前,**應先向銀行業臨櫃申請並辦理相關約定事項**。

銀行業應依下列規定受理網際網路申報事項:

一、查驗申報義務人身分文件或基本登記資料。

二、於網路提供申報書樣式及填寫之輔導說明。

三、就申報義務人填具之申報書確認電子簽章相符後,依據該申報書內容,製作本行規定格式之買、賣匯水單媒體資料報送本行,並以該媒體資料視同申報義務人向本行申報。

四、 對申報義務人以電子訊息所為之外匯收支或交易申報紀錄及提供之書面、傳真或影像掃描文件，應妥善保存備供核、查詢及列印，其保存期限**至少為5年**。

第11條　網路申報(二)

申報義務人經由網際網路辦理第5條規定之新臺幣結匯時，應將正本或正本相符之相關結匯證明文件提供予銀行業；其憑主管機關核准文件辦理之結匯案件，累計結匯金額不得超過核准金額。

申報義務人利用網際網路辦理新臺幣結匯申報，經查獲有**申報不實情形者**，其日後辦理新臺幣結匯申報事宜，**應至銀行業櫃檯辦理**。

第12條　更正申報書 ★★

有下列情形之一者，可經由銀行業向本行申請更正：

一、 申報義務人**非故意申報不實**，經舉證並檢具**律師**、**會計師**或**銀行業**出具無故意申報不實意見書。

二、 因故意申報不實，已依本條例第20條第1項規定處罰。

第13條　未結匯之申報及其更正

申報義務人之外匯收支成交易未辦理新臺幣結匯者，以銀行業掣發之其他交易憑證視同申報書，申報義務人應對銀行業掣發之其他交易憑證內容予以核對，如發現有與事實不符之情事時，應檢附相關證明文件由銀行業向本行申請更正。應於**7個營業日之內**申請更正。

第14條　說明義務

依本辦法規定申報之事項，有事實足認有申報不實之虞者，本行得向申報義務人及相關之人查詢，受查詢者有據實說明之義務。

第15條　罰則

申報義務人故意不為申報、申報不實，或受查詢而未於限期內提出說明或為虛偽說明者，依本條例第20條第1項規定處罰。

牛刀小試

(　) 1. 「外匯收支或交易申報辦法」申報原則？　(A)採大額申報制　(B)採自願申報原則　(C)採強制申報制　(D)採誠實申報制。

(　) 2. 申報義務人於辦理新臺幣結匯申報後，不得要求更改申報書內容，但申報義務人非故意申報不實，經舉證並檢具：　(A)法院　(B)銀行

業 (C)主管機關 (D)保險業 出具無故意申報不實意見書,可經由銀行業向中央銀行申請更正。

( ) 3. 中華民國境內新臺幣50萬元以上等值外匯收支或交易以何人,應依外匯收支或交易申報辦法申報: (A)保險人 (B)要保人 (C)資金所有者或需求者 (D)受益人。

( ) 4. 「外匯收支或交易申報辦法」所稱銀行業,指經中央銀行許可辦理外匯業務: (1)銀行 (2)信用合作社 (3)農會信用部 (4)漁會信用部 (5)中華郵政股份有限公司 (A)(1)(2) (B)(1)(2)(3)(4) (C)(1)(2)(5) (D)(1)(2)(3)(4)(5)。

( ) 5. 下列何者不是申報義務人應於檢附所填申報書及相關證明文件,經由銀行業向中央銀行申請核准後,始得辦理新臺幣結匯之外匯收支或交易?
(A)公司每年累積結購金額超過5,000萬美元之必要性匯款
(B)公司、行號每筆結匯金額達100萬美元以上之匯款
(C)個人每年累積結購金額超過500萬美元之必要性匯款
(D)未滿20歲領有中華民國身分證,每筆結匯金額達新臺幣50萬以上之匯款。

( ) 6. 「外匯收支或交易申報辦法」所稱個人,指年滿20歲: (A)領有中華民國國民身分證之自然人 (B)臺灣地區居留證記載有效期限一年以上之自然人 (C)外僑居留證有效期限一年以上之自然人 (D)以上皆是。

( ) 7. 申報義務人利用網際網路辦理新臺幣結匯申報事宜前,應如何申請並辦理相關約定事項 (A)由銀行業派員至約定地點受理 (B)先親赴銀行業櫃檯 (C)上網 (D)郵寄。

( ) 8. 依「外匯收支或交易申報辦法」第4條規定,下列何款外匯收支或交易,申報義務人得於填妥申報書後,逕行辦理新臺幣結匯?
(A)經主管機關核准直接投資、證券投資及期貨交易之匯款
(B)公司、行號、團體及個人出口貨品或對非居住民提供服務收入之匯款
(C)團體、個人每筆結匯金額達50萬美元以上之匯款
(D)公司、行號每筆結匯金額達100萬美元以上之匯款。

( ) 9. 以下有關辦理結匯常涉及之「外匯收支或交易申報辦法」相關規定，何者不正確？ (1)行號每年累積結購金額未超過5,000萬美元之匯款，申報義務人得於填妥申報書後，逕行辦理新臺幣結匯 (2)團體每筆結匯金額達50萬美元以上之匯款，申報義務人應檢附相關證明文件，經中央銀行確認過後，始得辦理新臺幣結匯 (3)有事實足認有申報不實之虞者，銀行得向申報義務人查詢 (A)(1)(2)(3) (B)(1)(2) (C)(2)(3) (D)(1)(3)。

( ) 10. 「外匯收支或交易申報辦法」第4條規定，非居住民每筆結購或結售金額未超過： (A)10萬美元 (B)50萬美元 (C)15萬美元 (D)20萬美元 之匯款，申報義務人得於填妥申報書後，逕行辦理新臺幣結匯。

( ) 11. 申報義務人得委託其他個人代辦新臺幣結匯申報事宜，但就申報事項仍由委託人自負責任，受託人應檢附委託書、委託人及受託人之身份證明文件，供銀行業查核，並以何人名義辦理申報？ (A)委託人 (B)受託人 (C)銀行業 (D)中央銀行。

( ) 12. 依「外匯收支或交易申報辦法」第13條規定，申報義務人應對銀行業掣發之其他交易憑證內容予以核對，如發現有與事實不符之情事時，應自銀行業掣發之日起： (A)一個月 (B)半個月 (C)七個營業日 (D)三個營業日 內，檢附相關證明文件經由銀行業向中央銀行申請更正。

( ) 13. 依「外匯收支或交易申報辦法」第6條規定，下列何種外匯收支或交易，申報義務人應於檢附所填申報書及相關證明文件，經由銀行業向中央銀行申請核准後，始得辦理新臺幣結匯？
(A)經有關主管機關核准直接投資、證券投資及期貨交易之匯款
(B)公司、行號每筆結匯金額達100萬美元以上之匯款
(C)非居住民於中華民國境內承包工程之工程款每筆結匯金額超過10萬元之外匯
(D)團體、個人每筆結匯金額達50萬美元以上之匯款。

解答 1.D 2.B 3.C 4.D 5.B 6.D 7.B 8.B 9.C 10.A 11.A 12.C 13.C

重點三 壽險業資金匯出規定

一、壽險業者經營投資型保險商品投資國外有價證券結匯事宜

以要保人所繳新臺幣保費專設帳簿資產投資國外有價證券，結匯方式有二：

(一) 透過金融機構辦理<u>「指定用途信託資金投資國外有價證券」</u>**業務方式投資國外者**，依「外匯收支或交易申報辦法」第6條規定，向**中央銀行**申請核准後辦理結匯。

(二) 由壽險業者檢附壽險業者填寫之申報書、**要保人委託壽險業者**辦理結匯授權書及保戶清冊，利用要保人每年累積結匯金額辦理結匯。並由**壽險業者檢附下列文件**向指定銀行辦理結匯：

1. **壽險業者填寫之結匯申報書**。
2. **要保人委託保險業者辦理結匯授權書**。
3. **保戶清冊**，內容包括要保人**姓名**、**身分證統一編號**或**外僑居留證號碼**（有效期限須在1年以上）、**出生日期**（須年滿20歲）及**結匯金額**相關資料。

知識補給站

銀行業受理公司受託依「外匯收支或交易申報辦法」規定辦理新臺幣結匯，其中依據「銀行業輔導客戶申報外匯收支或交易應注意事項」第27條中，包括**私立就業服務機構代理外籍勞工結匯在臺薪資**等（除中央銀行另有規定外，結匯幣別不含人民幣）並以**受託人**名義辦理申報時，應分別受託結匯類型，確認下列事項無誤後始得辦理，結匯金額無須查詢，且不計入業者或委託人當年累積結匯金額。

除了上述情形外，受託人應檢附**委託書**、**委託人**及**受託人之身份證明文件**，供銀行業查核，並以**委託人**之名義辦理申報。

二、 指定銀行受理壽險業者辦理國外投資匯出資金業務規定★★

94年5月18日台央外伍字第0940020843號函規定，各指定銀行受理壽險業者辦理國外投資匯出資金業務，應依下列各點辦理：

壽險業者辦理國外投資，可在核定投資比率範圍內，以下列方式匯出資金：

(一) 利用其每年**5,000萬美元**累積結匯金額。

(二) 經由金融機構辦理之**特定金錢信託投資國外**。

(三) 由業者**向中央銀行專案申請**核准匯出所需資金，自行投資國外。

觀念理解

此處說明了兩種不同的保費來源對應保險業不同的結匯方式，一個是投資型保單專設帳簿的結匯有兩種：指定用途信託資金與要保人委託壽險業者辦理。

另外一個是傳統型保單國外投資的結匯方式有三種：運用每年5000萬美元的結匯金額、特定金錢信託與央行專案申請。

牛刀小試

(　)　1. 保險業辦理：　(A)以新臺幣收付之投資型保險　(B)以外幣收付之非投資型保險　(C)以新臺幣收付之非投資型保險　(D)以外幣收付之投資型保險，以要保人所繳新臺幣保費專設帳簿資產國外有價證券，透過金融機構辦理指定用途信託資金投資國外有價證券業務方式投資國外者，應由辦理該項業務之業者，向中央銀行申請核准後辦理結匯。

(　)　2. 銀行業受理保險業者代要保人辦理投資外國有價證券之結匯，應確認下列哪些文件無誤後始得辦理？　(1)業者填報之申報書　(2)要保人之結匯授權書　(3)要保人結匯清冊　(4)要保人填報之申報書　(A)(2)(3)(4)　(B)(1)(2)(3)　(C)(1)(3)(4)　(D)(1)(2)(4)。

(　)　3. 申報義務人若委託他人辦理新臺幣結匯申報時，應出具委託書，檢附何人之身分證明文件供銀行業查核？　(A)委託人　(B)委託人及受託人　(C)受託人　(D)委託人或受託人。

(　)　4. 壽險業者辦理國外投資，可在金管會核定投資比率範圍內，以下列方式匯出資金？　(A)利用要保人每年結匯額度　(B)經由金融機構辦理之指定金錢信託投資國外，利用信託業的額度　(C)由業者向中央銀行專案申請核准匯出所需資金，自行投資國外　(D)由業者向金管會專案申請核准匯出所需資金，自行投資國外。

解答　1.**A**　2.**B**　3.**B**　4.**C**

重點回顧

1. 管理外匯條例
 (1) 管理外匯之**行政主管機關**是**金管會**：負責外幣債權、監督、管理等行政事項。（第15、16、17條仍是財政部。）而管理**外匯之業務主管機關**是**中央銀行**：負責外匯調度、外匯供需、銀行外匯業務。
 (2) 應向**財政部**申請核明免結匯報運進口：
  A. 國外**援助物資**。
  B. 政府以**國外貸款購入**之貨品。
  C. 學校及教育、研究、訓練機關，接受**國外捐贈**，供教學或研究用途之貨品。
  D. 慈善機關、團體接受**國外捐贈**供救濟用途之貨品。
  E. 出入國境之旅客，及在交通工具服務之人員，**隨身**攜帶行李或自用貨品。
 (3) 中央銀行應將外匯之買賣、結存、結欠及對外保證責任額，按期彙報**金管會**。
 (4) 行政院在必要情況可關閉外匯市場：
  A. 國內或國外**經濟失調**，**有危及本國經濟穩定**之虞。
  B. 本國**國際收支**發生**嚴重逆差**，前項情事之處置項目及對象，應由**行政院**訂定外匯管制辦法，決定後**10日內**，送請立法院追認，如立法院不同意時，該決定應即失效。（我國是匯率自由化的國家，不能夠為了維持匯率穩定而關閉匯率市場！）
 (5) 配合聯合國決議，**金管會**會同**中央銀行**報請**行政院**核定後，得對得為**禁止**提款、轉帳、付款、交付、轉讓或其他必要處置危害國際安全之**國家**、**地區**或**恐怖組織**相關之個人、法人等於銀行業之帳戶。
 (6) 外幣匯款故意不為申報或申報不實者，處**新臺幣3萬元以上60萬元**以下罰緩：其受查詢而**未於限期內提出說明**或為**虛偽說明**者亦同。
 (7) 買賣外匯違反第8條之規定者，其外匯及價金**沒入之**。攜帶外幣出境超過依第9條規定所定之限額者，其超過部分沒入之。
 (8) 本條例於國際貿易發生長期順差、外匯存底巨額累積獲國際經濟發生重大變化時，行政院得決定**停止第7條、第13條、第17條全部或部分條文**之適用。

2.外匯收支或交易申報辦法

(1) 申報原則採**誠實申報制**，中華民國境內**新臺幣50萬元**以上等值外匯收支或交易之資金所有者或需求者，就實填寫申報書。

(2) 銀行業：指**經本行許可**辦理外匯業務之銀行、全國農業金庫股份有限公司、信用合作社、農會信用部、漁會信用部及中華郵政股份有限公司。定義是很廣泛的。

(3) 個人：指**年滿20歲領有中華民國國民身分證、臺灣地區相關居留證**或**外僑居留證證載有效期限1年以上**之自然人。★★★

(4) 各種申報金額的規定：

逕行結匯申報	1.**公司**、**行號**每年累積結購或結售金額未超過5,000**萬美元**之匯款。 2.**團體**、**個人**每年累積結購或結售金額未超過500**萬美元**之匯款。 3.**非居住民每筆**結購或結售金額未超過10**萬美元**之匯款。
需檢附文件之 結匯申報	1.公司，行號每筆結匯金額達100**萬美元**以上之匯款。 2.團體、個人每筆結匯金額達50**萬美元**以上之匯款。
須經核准之 結匯申報	1.公司、行號每年累積結購或結售金額超過5,000**萬美元**之匯款。 2.團體、個人每年累積結購或結售金額超過500**萬美元**之匯款。 3.未滿20歲領有中華民國國民身分證、臺灣地區相關居留證或外僑居留證證載有效期限1年以上之自然人，每筆結匯金額達新臺幣50**萬元**以上之匯款。

(5) 申報所填報之申報書及提供之文件，應妥善保存備供稽核及查詢，其**保存期限至少為5年**。

(6) 申報義務人得委託其他個人代辦新臺幣結匯申報事宜，但就申報事項仍由委託人自負責任：受託人應檢附委託書、委託人及受託人之身分證明文件，供銀行業查核，並以**委託人**之名義辦理申報。

(7) 申報義務人利用網際網路辦理新臺幣結匯申報事宜前，應先向**銀行業臨櫃**申請並辦理相關約定事項。

(8) 申報義務人**非故意申報不實**，經舉證並檢具**律師**、**會計師**或**銀行業**出具無故意申報不實意見書。

(9) 專設帳簿與國外投資的結匯方式：

　A.投資型保單專設帳簿之結匯方式有二：

　　a.透過金融機構辦理**指定用途信託資金**投資國外有價證券業務方式投資國外者，向中央銀行申請核准後辦理結匯。

　　b.由壽險業者檢附壽險業者填寫之申報書、**要保人委託**壽險業者辦理**結匯授權書**及**保戶清冊**，利用要保人每年累積結匯金額辦理結匯。

　B.壽險業者辦理國外投資，可在核定投資比率範圍內，以下列方式匯出資金：

　　a.利用其每年**5,000萬美元**累積結匯金額。

　　b.經由金融機構辦理之**特定金錢信託**投資國外。

　　c.由業者向**中央銀行專案申請核准**匯出所需資金，自行投資國外。

精選試題

☑ 管理外匯條例

( )　1.「管理外匯條例」第1條明定，制定本條例係為：　(1)平衡國際收支　(2)穩定金融　(3)實施外匯管理　(4)維持對內及對外幣值之穩定　(A)(1)(2)　(B)(1)　(C)(1)(2)(3)　(D)(1)(2)(3)(4)。

( )　2.管理外匯條例的立法目的，下列何者為非？　(A)平衡國際收支　(B)穩定金融　(C)實施外匯管理　(D)對內及對外的匯率。

( )　3.依「管理外匯條例」第2條規定，所謂外匯中有關外國有價證券之種類，由何者核定之　(A)外匯業務機關　(B)外匯行政主管機關　(C)財政部　(D)金管會。

( )　4.「管理外匯條例」第3條規定，掌理外匯業務機關為　(A)國貿局　(B)金管會　(C)中央銀行　(D)財政部。

( )　5.「管理外匯條例」第3條規定，掌理外匯行政主管機關為　(A)經濟部　(B)金管會　(C)中央銀行　(D)財政部。

( )　6.「管理外匯條例」第4條規定，政府及公營事業外幣債權、債務之監督與管理，由何者辦理？　(A)國際貿易主管機關　(B)管理外匯之業務機關　(C)管理外匯之行政主管機關　(D)中央銀行。

( )　7.「管理外匯條例」第4條規定，國庫對外債務之保證、管理及其清償之稽催，由：　(A)金管會　(B)管理外匯之業務機關　(C)管理外匯之行政主管機關　(D)中央銀行　辦理。

( )　8.「管理外匯條例」第5條規定，外國貨幣、票據及有價證券之買賣，由　(A)掌理外匯業務機關　(B)國際貿易主管機關　(C)管理外匯之行政主管機關　(D)財政部辦理。

( )　9.「管理外匯條例」第5條規定，外匯調度及收支計劃之擬訂，由　(A)管理外匯之行政主管機關　(B)經濟部　(C)國際貿易主管機關　(D)掌理外匯業務機關辦理。

( )　10.「管理外匯條例」第5條規定，調節外匯供需，以維持有秩序之外匯市場，由　(A)管理外匯之行政主管機關　(B)經濟部　(C)掌理外匯業務機關　(D)金管會　辦理。

( ) 11.「管理外匯條例」第6-1條規定,新臺幣 (A)五十萬元 (B)一百萬元 (C)一百五十萬元 (D)五百萬元以上之等值外匯收支或交易,應依規定申報;其申報辦法由中央銀行 定之。

( ) 12.「管理外匯條例」第6-1條規定,新臺幣五十萬元以上之等值外匯收支或交易,應依規定申報;其申報辦法由 (A)財政部 (B)金管會 (C)中央銀行 (D)海關定之。

( ) 13.依外匯收支或交易申報辦法規定申報之事項,有事實足認有申報不實之虞者,何者得向申報義務人查詢,受查詢者有據實說明之義務 (A)保險公司 (B)保險局 (C)銀行 (D)中央銀行。

( ) 14.依管理外匯條例第7條規定,下列何款外匯應結售中央銀行或其指定銀行,或存入指定銀行,並得透過該行在外匯市場出售: (1)出口或再出口貨品或基於其他交易行為取得之外匯 (2)航運業、保險業及其他各業人民基於勞務取得之外匯 (3)國外匯入款 (4)在中華民國境內有住、居所之本國人,經政府核准在國外投資之收入 (A)(1)(2)(3) (B)(1) (C)(1)(2) (D)(1)(2)(3)(4)。

( ) 15.依管理外匯條例第9條規定,出境之本國人及外國人,每人攜帶外幣總值之限額,由 (A)中央銀行 (B)海關 (C)金管會 (D)法務部 以命令定之。

( ) 16.依管理外匯條例第11條規定,旅客或隨交通工具服務之人員,攜帶外幣出入國境者,應報明 (A)勞動部 (B)海關 (C)金管會 (D)交通部 登記。

( ) 17.民眾出入境時須向海關申報攜帶的外幣、有價證券,現鈔限額為 (A)其它外幣等值美元1萬元 (B)新臺幣10萬元 (C)人民幣2萬 (D)以上皆是。

( ) 18.依管理外匯條例第13條規定,下列何款所需支付之外匯,得自第7條規定之存入外匯自行提用或透過指定銀行在外匯市場購入或向中央銀行或其指定銀行結購: (1)外國人及華僑在中國投資之本息及淨利 (2)經政府核准國外借款之本息及保證費用 (3)外國人及華僑與本國企業技術合作之報酬金 (4)經政府核准向國外投資或貸款 (A)(1)(2) (B)(3)(4) (C)(1)(2)(3) (D)(1)(2)(3)(4)。

( ) 19. 我國目前外匯自由化下之管理機制，涉及新臺幣兌換之外幣資金進出
方面，以下何者正確？
(A)商品及勞務交易之資金進出完全自由
(B)勞務交易之資金進出完全自由，但商品交易予以管制
(C)商品交易之資金進出完全自由，但勞務交易予以管制
(D)商品及勞務交易之資金進出均予以管制。

( ) 20. 依管理外匯條例第15條規定，下列那項國外輸入貨品，應向財政部申
請核明免結匯報運進口： (1)國外援助物資 (2)政府以國外貸款購
入之貨品 (3)學校及教育、研究、訓練機關，接受國外捐贈，供教
學或研究用途之貨品 (4)慈善機關、團體接受國外捐贈供救濟用途
之貨品 (A)(3)(4) (B)(1)(2) (C)(1)(2)(3) (D)(1)(2)(3)(4)。

( ) 21. 依管理外匯條例第15條規定，學校及教育、研究、訓練機關，接受國
外捐贈，供教學或研究用途之貨品，應向 (A)財政部 (B)金管會
(C)中央銀行 (D)海關 申請核明免結匯報運進口。

( ) 22. 國外輸入貨品，應向財政部申請核明免結匯報運進口： (1)國內援
助物資 (2)政府以國外貸款購入之貨品 (3)學校及教育、研究、
訓練機關，接受國外捐贈，供教學或研究之貨品 (4)慈善機關、
團體接受國外捐贈供救濟之貨品 (5)出入國境之旅客、及在交通
工具服務之人員，隨身攜帶行李或自用貨品 (A)(1)(2)(3)(4)(5)
(B)(1)(2)(3)(4) (C)(1)(3)(4)(5) (D)(2)(3)(4)(5)。

( ) 23. 依「管理外匯條例」第15條規定，下列那項國外輸入貨品，應向財
政部申請核明免結匯報運進口： (1)國外援助物資 (2)政府以國
外貸款購入之貨品 (3)慈善機關、團體接受國外捐贈供救濟用途之
貨品 (4)出入國境之旅客，隨身攜帶行李或自用貨品 (A)(1)(2)(3)
(B)(1)(3)(4) (C)(1)(2)(3)(4) (D)(2)(3)(4)。

( ) 24. 依「管理外匯條例」第15條規定，免結匯報運進口貨物，應向何者申
請核明免結匯報運進口 (A)中央銀行 (B)海關 (C)金融監督管理
委員會 (D)財政部。

( ) 25. 依「管理外匯條例」第15條規定，學校及教育、研究、訓練機關，接
受國外捐贈，供教學或研究用途之貨品，應向 (A)海關 (B)財政部
(C)金管會 (D)中央銀行 申請核明免結匯報運進口。

( ) 26. 下列國外輸入貨品，何者應向財政部申請核明免結匯報運進口？ (1)國外援助物資　(2)政府以國內貸款購入之貨品　(3)學校及教育、研究、訓練機關，接受國外捐贈，供教學或研究之貨品　(4)出入國境之旅客及在交通工具服務之人員，隨身攜帶行李或自用貨品 (A)(1)(2)　(B)(2)(4)　(C)(1)(3)(4)　(D)(2)(3)。

( ) 27. 國外輸入餽贈品、商業樣品及非賣品，其價值不超過一定限額者，得由　(A)稅捐稽徵處　(B)國貿局　(C)海關　(D)財政部　核准進口。

( ) 28. 國外輸入餽贈品、商業樣品及非賣品，其價值之限額由　(A)稅捐稽徵處　(B)國貿局　(C)海關　(D)財政部　會同國際貿易主管機關以命令定之。

( ) 29. 依「管理外匯條例」第17條規定，經自行提用、購入及核准結匯之外匯，如其原因消滅或變更，致全部或一部之外匯無須支付者，應依照中央銀行規定期限　(A)結售給指定銀行　(B)存入或售還中央銀行或其指定銀行　(C)向中央銀行申報　(D)存入指定銀行。

( ) 30. 違反「管理外匯條例」第17條之規定者，分別依其不存入或不售還外匯，處以按行為時匯率折算金額以下之罰鍰，並由何者追繳其外匯？ (A)財政部　(B)金管會　(C)中央銀行　(D)行政院。

( ) 31. 依管理外匯條例第18條規定，中央銀行應將外匯之買賣、結存、結欠及對外保證責任額，按期彙報　(A)財政部　(B)總統府　(C)行政院 (D)金管會。

( ) 32. 依管理外匯條例第19-1條規定，有下列哪些情事，行政院得決定並公告於一定期間內，採取關閉外匯市場、停止或限制全部或部分外匯之支付、命令將全部或部分外匯結售或存入指定銀行、或為其他必要之處置　(1)國內經濟失調，有危及本國經濟穩定之虞　(2)國外經濟失調，有危及本國經濟穩定之虞　(3)本國國際收支發生嚴重逆差　(4)新臺幣匯率大幅波動，嚴重影響外匯市場的穩定　(A)(1)(2) (B)(1)(2)(3)　(C)(3)(4)　(D)(1)(2)(3)(4)。

( ) 33. 依管理外匯條例第19-1條規定，有本國國際收支發生嚴重逆差之情事，行政院得決定並公告於一定期間內，採取下列那些措施？ (1)關閉外匯市場　(2)停止或限制全部或部分外匯之支付　(3)命

令將全部或部分外匯結售或存入指定銀行　(4)為其他必要之處置
(A)(1)(2)　(B)(1)(2)(3)　(C)(1)　(D)(1)(2)(3)(4)。

( )　34. 有以下情事之一者，行政院得決定並公告於一定期間內，採取關閉
外匯市場、停止或限制全部或部分外匯之支付、命令將全部或部分
外匯結售或存入指定銀行、或為其他必要之處置：　(1)國內經濟失
調　(2)國外經濟失調　(3)有危及本國經濟穩定之虞　(4)本國國際收
支發生嚴重逆差　(5)本國國際收支發生嚴重順差　(A)(1)(2)(3)(4)(5)
(B)(1)(3)(4)　(C)(2)(3)(4)　(D)(1)(2)(3)(4)。

( )　35. 依管理外匯條例第19-1條規定，有下列哪些情事，行政院得決定並
公告於一定期間內，採取關閉外匯市場、停止或限制全部或部分外
匯之支付、命令將全部或部分外匯結售或存入指定銀行、或為其他
必要之處置　(1)國內經濟失調，有危及本國經濟穩定之虞　(2)國外
經濟失調，有危及本國經濟穩定之虞　(3)本國國際收支發生嚴重逆
差　(4)新臺幣匯率大幅波動，嚴重影響外匯市場的穩定　(A)(3)(4)
(B)(1)(2)　(C)(1)(2)(3)　(D)(1)(2)(3)(4)。

( )　36. 「管理外匯條例」第19-1條第一項之處置項目及對象，應由行政院訂
定外匯管制辦法。行政院應於前項決定後十日內，送請立法院追認，
如立法院不同意時，該決定應即失效。所稱一定期間，如遇立法院休
會時，以　(A)三十日　(B)二十日　(C)十日　(D)十五日　為限。

( )　37. 故意違反關閉外匯市場、停止或限制全部或部分外匯之支付之
措施者，處新臺幣　(A)一百萬元　(B)二百萬元　(C)三百萬元
(D)二百五十萬元　以下罰鍰。立法院追認不同意免罰。

( )　38. 依管理外匯條例第19-3條規定，為配合聯合國決議或國際合作有必要
時，金融監督管理委員會會同中央銀行報請行政院核定後，得對危害
國際安全之哪些相關之個人、法人、團體、機關、機構於銀行業之帳
戶、匯款、通貨或其他支付工具，為禁止提款、轉帳、付款、交付、
轉讓或其他必要處置？　(1)國家　(2)地區　(3)恐怖組織　(4)洗錢組
織　(A)(1)(4)　(B)(2)(3)　(C)(1)(2)(3)　(D)(2)(3)(4)。

( )　39. 依「管理外匯條例」第19-3條規定，為配合聯合國決議或國際合作
有必要時，金管會會同中央銀行報請行政院核定後，得對危害國際
安全之國家、地區或恐怖組織相關之個人、法人、團體、機關、

機構於銀行業之： (1)帳戶 (2)匯款 (3)通貨 (4)或其他支付工具，為禁止提款、轉帳、付款、交付、轉讓或其他必要處置 (A)(1) (B)(1)(2)(3) (C)(1)(2) (D)(1)(2)(3)(4)。

( ) 40. 為配合聯合國決議或國際合作有必要時，金管會會同中央銀行報請 (A)財政部 (B)司法部 (C)行政院 (D)法務部 核定後得對危害國際安全之國家、地區或恐怖組織相關之國人、法人、團體……之帳戶、匯款、通貨為禁止提款、轉帳等必要之處置。

( ) 41. 為配合聯合國決議或國際合作有必要時，金管會會同中央銀行報請行政院核定後，得對危害國際安全之國家、地區或恐怖組織相關之個人、法人、團體、機關、機構於銀行業之帳戶、匯款、通貨或其他支付工具，為禁止： (1)提款 (2)轉帳 (3)付款 (4)交付 (5)轉讓 (A)(1)(3)(4) (B)(2)(4)(5) (C)(1)(2)(3)(4) (D)以上皆是 或其他必要處置。

( ) 42. 外匯收支或交易，申報義務人故意不申報、申報不實或受查詢而未於限期內提出說明或為虛偽說明者，依 (A)銀行業辦理外匯業務管理辦法第37條 (B)外匯收支交易申報辦法第16條 (C)中央銀行法第35條第2項 (D)管理外匯條例第20條第1項 規定處罰。

( ) 43. 依「管理外匯條例」規定，新臺幣五十萬元以上之等值外匯收支或交易，故意不為申報或申報不實者，依「管理外匯條例」第20條規定處多少元罰鍰？
(A)處新臺幣五萬元以上
(B)處新臺幣十萬元以下
(C)處新臺幣五萬元以上一百萬元以下
(D)處新臺幣三萬元以上六十萬元以下。

( ) 44. 新臺幣五十萬元以上之等值外匯收支或交易，故意不為申報或申報不實者，依管理外匯條例第20條第1項規定？ (A)處新臺幣五萬元以上罰鍰 (B)處新臺幣十萬元以下罰鍰 (C)處新臺幣五萬元以上一百萬以下罰鍰 (D)處新臺幣三萬元以上六十萬元以下罰鍰。

( ) 45. 依管理外匯條例第22條規定，以非法買賣外匯為常業者，處幾年以下有期徒刑、拘役或科或併科與營業總額等值以下之罰金，其外匯及價金沒收之 (A)三年 (B)二年 (C)五年 (D)一年。

( )｜46. 依管理外匯條例第23條規定，依本條例規定應追繳之外匯，其不以外匯歸還者？
(A)處新臺幣三百萬元以下罰鍰
(B)科以相當於應追繳外幣金額以下之罰鍰
(C)處三年以下有期徒刑
(D)處一年以下有期徒刑。

( )｜47. 依管理外匯條例第24條規定，攜帶外幣出入國境，申報不實者？
(A)處新臺幣三百萬元以下罰鍰　(B)處一年以下有期徒刑　(C)其超過申報部份沒入之　(D)處三年以下有期徒刑。

( )｜48. 依管理外匯條例第24條規定，攜帶外幣出境超過依第9條規定所定之限額者？　(A)其超過部分沒入之　(B)處新臺幣三百萬元以下罰鍰
(C)處三年以下有期徒刑　(D)處一年以下有期徒刑。

( )｜49. 依管理外匯條例第24條規定之敘述，何者正確？　(A)攜帶外幣出境超過依第9條規定所定之限額者，處新臺幣3萬元以上60萬元以下罰鍰　(B)買賣外匯違反第8條規定者，處新臺幣3萬元以上60萬以下罰鍰　(C)攜帶外幣出入國境，不依第11條規定報明登記者，處1年以下有期徒刑　(D)申報不實者，其超過申報部分沒入之。

( )｜50. 依「管理外匯條例」第26-1條規定，國際貿易發生長期順差、外匯存底鉅額累積或國際經濟發生重大變化時何者得決定停止第7條、第13條及第17條全部或部分條文之適用，嗣後要恢復前項條文全部或部分條文之適用，應經何處理？　(A)由行政院逕予公告恢復實施　(B)由行政院送總統公告後實施　(C)由行政院送立法院追認同意恢復適用　(D)由中央銀行公告恢復適用。

( )｜51. 依「管理外匯條例」第26-1條規定，國際貿易發生長期順差、外匯存底鉅額累積或國際經濟發生重大變化時何者得決定停止第7條、第13條及第17條全部或部分條文之適用？　(A)中央銀行　(B)立法院　(C)總統　(D)行政院。

( )｜52. 依「管理外匯條例」第26-1條規定，國際貿易發生長期順差、外匯存底鉅額累積或國際經濟發生重大變化時行政院得決定停止第7、13及17條全部或部分條文之適用，嗣後要恢復前項條文全部或部分適用，

應如何處理？ (A)由行政院逕予公告恢復實施 (B)由中央銀行公告恢復適用 (C)由行政院送立法院追認同意恢復適用 (D)由行政院送總統公告後恢復實施。

( ) 53.「管理外匯條例」第26-1條規定，國際貿易發生長期順差、外匯存底鉅額累積或國際經濟發生重大變化時，行政院得決定停止？ (A)第7條 (B)第7條、第13條及第17條 (C)第17條 (D)第13條 全部或部分條文適用。

☑ 外匯收支或交易申報辦法

( ) 1. 以新臺幣收付之投資型保險契約，其結匯事宜應依中央銀行訂定之？ (A)外匯收支或交易申報管理辦法 (B)銀行業辦理外匯業務管理辦法 (C)保險業辦理外匯業務管理辦法 (D)管理外匯條例等有關規定辦理。

( ) 2.「外匯收支或交易申報辦法」係依據： (A)中央銀行法第35條 (B)管理外匯條例第6條之1第1項 (C)管理外匯條例第19條之1 (D)管理外匯條例第20條 規定訂定。

( ) 3.「外匯收支或交易申報辦法」申報原則： (A)採大額申報制 (B)採自願申報原則 (C)採強制申報制 (D)採誠實申報制。

( ) 4. 中華民國境內新臺幣五十萬元以上等值外匯收支或交易之資金所有者或需求者，應依 (A)外匯收支或交易辦法 (B)保險法 (C)管理外匯條例 (D)保險業辦理外匯業務管理辦法 申報。

( ) 5. 中華民國境內新臺幣五十萬元以上等值外匯收支或交易以何人，應依外匯收支或交易申報辦法申報 (A)保險人 (B)要保人 (C)資金所有者或需求者 (D)受益人。

( ) 6. 中華民國境內： (A)新臺幣一百五十萬 (B)新臺幣五十萬 (C)新臺幣三十萬 (D)新臺幣一百萬元 以上等值外匯收支或交易之資金所有者，應依「外匯收支或交易申報辦法」申報。

( ) 7. 依「外匯收支或交易申報辦法」第2條規定，申報義務人辦理新臺幣結匯申報時，應依外匯收支或交易有關合約等證明文件，誠實填

妥「外匯收支或交易申報書」 (A)由申報義務人向中央銀行申報 (B)由申報義務人向銀行申報 (C)由銀行業向金管會申報 (D)經由銀行業向中央銀行申報。

(　) 8.「外匯收支或交易申報辦法」所稱銀行業，指經中央銀行許可辦理外匯業務之 (1)銀行 (2)信用合作社 (3)農會信用部 (4)漁會信用部 (5)中華郵政股份有限公司 (A)(1)(2)(3)(4) (B)(1)(2)(3)(4)(5) (C)(1)(2)(5) (D)(1)(2)。

(　) 9.「外匯收支或交易申報辦法」所稱銀行業，指經中央銀行許可辦理外匯業務： (1)銀行 (2)信用合作社 (3)農會信用部 (4)漁會信用部 (5)中華郵政股份有限公司 (A)(1)(2) (B)(1)(2)(3)(4) (C)(1)(2)(5) (D)(1)(2)(3)(4)(5)。

(　) 10.「外匯收支或交易申報辦法」中所稱的公司是指： (1)中華民國組織登記成立之公司 (2)外國公司在中華民國境內依法辦理設立登記之分公司 (3)指依中華民國商業登記之獨資或合夥經營之營利事業 (A)(1)(2)(3) (B)(1)(3) (C)(2)(3) (D)(1)(2)。

(　) 11.「外匯收支或交易申報辦法」中所稱個人，指： (A)未滿20歲領有中華民國國民身分證之個人 (B)年滿20歲領有中華民國國民身分證、臺灣地區居留證且外僑居留證證載有效期限一年以上之個人 (C)年滿20歲領有臺灣地區居留證或外僑居留證證載有效期限一年以上之個人 (D)年滿20歲領有中華民國身分證、臺灣地區居留證或外僑居留證證載有效期限一年以下之個人。

(　) 12.「外匯收支或交易申報辦法」所稱個人，指年滿20歲領有： (A)中華民國國民身分證之自然人 (B)臺灣地區相關居留證證載有效期限一年以上之自然人 (C)外僑居留證證載有效期限一年以上之自然人 (D)以上皆是。

(　) 13.「外匯收支或交易申報辦法」中所稱個人，指： (1)年滿20歲領有中華民國國民身分證之個人 (2)領有臺灣地區居留證證載有效期限一年以上之個人 (3)領有外僑居留證證載有效期限一年以上之個人 (4)年滿20歲領有臺灣地區居留證或外僑居留證證載有效期限一年以上之個人 (A)(1)(2)(3) (B)(1)(4) (C)(1)(2) (D)(1)。

( ) 14.「外匯收支或交易申報辦法」所稱非居住民，係指：　(1)未在中華民國境內依法設立登記之公司　(2)未在中華民國境內依法設立登記之行號　(3)未在中華民國境內依法設立登記之團體　(4)未經中華民國政府認許之非中華民國法人　(A)(1)(2)(3)　(B)(1)(2)　(C)(1)(2)(3)(4)　(D)(2)(3)。

( ) 15.「外匯收支或交易申報辦法」所稱非居住民，係指：　(1)未領有臺灣地區居留證　(2)領有相關居留證記載有效期限六個月之非中華民國國民　(3)未領有外僑居留證　(4)領有相關居留證記載有效期限一年之非中華民國國民　(A)(2)(3)(4)　(B)(1)(3)(4)　(C)(1)(2)(3)　(D)(1)(2)(4)。

( ) 16.「外匯收支或交易申報辦法」第4條規定，非居住民每筆結購或結售金額未超過　(A)十萬美元　(B)五十萬美元　(C)十五萬美元　(D)二十萬美元　之匯款，申報義務人得於填妥申報書後，逕行辦理新臺幣結匯。

( ) 17.依「外匯收支或交易申報辦法」第4條規定，下列何款外匯收支或交易，申報義務人得於填妥申報書後，逕行辦理新臺幣結匯？
(A)經主管機關核准直接投資、證券投資及期貨交易之匯款
(B)公司、行號、團體及個人出口貨品或對非居住民提供服務收入之匯款
(C)團體、個人每筆結匯金額達五十萬美元以上之匯款
(D)公司、行號每筆結匯金額達一百萬美元以上之匯款。

( ) 18.我國目前外匯自由化下之管理機制，涉及新臺幣兌換之外幣資金進出方面　(1)公司　(2)行號　(3)個人　(4)團體　在每年累積結匯金額未逾五百萬美元，逕向指定銀行辦理結匯，逾上述金額則先經中央銀行本行核准再至指定銀行辦理結匯　(A)(3)(4)　(B)(2)(3)(4)　(C)(1)(2)　(D)(1)(3)(4)。

( ) 19.我國目前外匯自由化下之管理機制，涉及新臺幣兌換之外幣資金進出方面：　(1)公司　(2)行號　(3)個人　(4)團體　在每年累積結匯金額未逾五千萬美元，逕向指定銀行辦理結匯，逾上述金額則先經中央銀行核准再至指定銀行辦理結匯　(A)(1)(3)　(B)(1)(3)(4)　(C)(1)(2)　(D)(3)(4)。

( )｜20. 我國目前外匯自由化之管理機制，涉及新臺幣兌換之外幣資金進出方面，下列那些資金進出完全自由：　(1)商品交易之資金進出完全自由　(2)勞務交易之資金進出完全自由　(3)經主管機關核准之直接投資進出完全自由　(4)經主管機關核准之證券投資進出完全自由　(A)(3)(4)　(B)(1)(2)(3)　(C)(1)(2)　(D)(1)(2)(3)(4)。

( )｜21. 依「外匯收支或交易申報辦法」第4條規定，公司每年累積結購或結售金額未超過多少美元之匯款，申報義務人得於填妥申報書後，逕行辦理新臺幣結匯　(A)五百萬美元　(B)一千萬美元　(C)五千萬美元　(D)八千萬美元。

( )｜22. 依「外匯收支或交易申報辦法」第4條規定，行號每年累積結構或結售金額未超過　(A)五百萬美元　(B)八千萬美元　(C)五千萬美元　(D)一千萬美元　之匯款，申報義務人得於填妥申報書後，逕行辦理新臺幣結匯。

( )｜23. 依「外匯收支或交易申報辦法」第4條規定，團體每年累積結購或結售金額未超過多少美元之匯款，申報義務人得於填妥申報書後，逕行辦理新臺幣結匯　(A)八千萬美元　(B)一千萬美元　(C)五千萬美元　(D)五百萬美元。

( )｜24. 下列何項外匯收支或交易，申報義務人得於填妥申報書後，逕行辦理新臺幣結匯　(A)行號每年累積結售金額六千萬美元之匯款　(B)公司每年累積結購金額四千萬美元之匯款　(C)個人每年累積結售金額六百萬美元之匯款　(D)團體每年累積結購金額七百萬美元之匯款。

( )｜25. 下列何項外匯收支或交易，申報義務人得於填妥申報書後，逕行辦理新臺幣結匯：　(1)公司　(2)行號　(3)團體　(4)個人償付非居住民提供服務支出之匯款　(A)(1)(3)　(B)(1)(2)(3)　(C)(1)(2)　(D)(1)(2)(3)(4)。

( )｜26. 下列何項外匯收支或交易，申報義務人得於填妥申報書後，逕行辦理新臺幣結匯：　(1)公司每年累積結售購金額四千萬美元之匯款　(2)公司每年累積結購金額六千萬美元之匯款　(3)行號每年累積結售金額七千萬美元之匯款　(4)行號每年累積結售金額三千萬美元之匯款　(A)(1)(4)　(B)(1)(2)　(C)(3)(4)　(D)(2)(3)。

( ) 27. 下列何項外匯收支或交易，申報義務人得於填妥申報書後，逕行辦理新臺幣結匯：　(1)公司每年累積結購金額七千萬美元之匯款　(2)行號每年累積結購金額六千萬美元之匯款　(3)公司每年累積結售金額四千萬美元之匯款　(4)行號每年累積結售金額三千萬美元之匯款　(A)(2)(4)　(B)(3)(4)　(C)(1)(2)　(D)(1)(4)。

( ) 28. 下列何項外匯收支或交易，申報義務人得於填妥申報書後，逕行辦理新臺幣結匯：　(1)團體每年累積結購金額八百萬美元之匯款　(2)團體每年累積結售金額四百萬美元之匯款　(3)個人每年累積結購金額六百萬美元之匯款　(4)個人每年累積結售金額三百萬美元之匯款　(A)(3)(4)　(B)(2)(4)　(C)(1)(2)　(D)(1)(4)。

( ) 29. 「外匯收支或交易申報辦法」第5條規定，行號每筆結匯金額達多少元以上之匯款，申報義務人應檢附與該筆外匯收支或交易有關合約、核准函等證明文件，經銀行業確認與申報書記載事項相符後，始得辦理新臺幣結匯　(A)十萬美元　(B)一百萬美元　(C)五百萬美元　(D)五十萬美元。

( ) 30. 下列何者不是申報義務人應檢附所填申報書及相關證明文件，經由銀行業向中央銀行申請核准後，始得辦理新臺幣結匯之外匯收支或交易　(A)公司每年累積結構金額超過五千萬美元之必要性匯款　(B)公司每筆結匯金額達一百萬美元以上之匯款　(C)個人每年累積結構金額超過五百萬美元之必要性匯款　(D)未滿二十歲領有中華民國國民身分證，每筆結匯金額達新臺幣五十萬元以上之匯款。

( ) 31. 「外匯收支或交易申報辦法」第5條規定，個人每筆結匯金額達　(A)五百萬美元　(B)一百萬美元　(C)五十萬美元　(D)十萬美元以上之匯款，申報義務人應檢附與該筆外匯收支或交易有關合約、核准函等證明文件，始得辦理新臺幣結匯。

( ) 32. 以下有關辦理結匯常涉及之「外匯收支或交易申報辦法」相關規定，何者正確？　(1)行號每年累積結購金額未超過5千萬美元之匯款，申報義務人得於填妥填申報書後，逕行辦理新臺幣結匯　(2)團體每筆結匯金額達50萬美元以上之匯款，申報義務人應檢附相關證明文件，經中央銀行確認後，始得辦理新臺幣結匯　(3)有事實足認有申

報不實之虞者，銀行得向申報義務人查詢　(A)(3)　(B)(2)　(C)(1)
(D)(1)(2)(3)。

( )　33. 「外匯收支或交易申報辦法」第5條規定，團體每筆結匯金額達
(A)五十萬美元　(B)五百萬美元　(C)十萬美元　(D)一百萬美元　以
上之匯款，申報義務人應檢附與該筆外匯收支或交易有關合約、核准
函等證明文件，經銀行業確認與申報書記載事項相符後，始得辦理新
臺幣結匯。

( )　34. 下列哪些外匯收支或交易，申報義務人應檢附與該筆外匯收支或交
易有關合約、核准函等證明文件，經銀行業確認與申報書記載事項
相符後，始得辦理新臺幣結匯：　(1)經有關主管機關核准直接投
資、證券投資及期貨交易之匯款　(2)對大陸地區之匯出匯款，但依
中央銀行其他規定免附證明文件者，不在此限　(3)個人每筆結匯
金額三十萬美元之匯款　(4)於中華民國境內之交易，其交易標的
涉及中華民國境外之貨品或服務之匯款　(A)(2)(3)(4)　(B)(1)(3)(4)
(C)(1)(2)(4)　(D)(1)(2)(3)。

( )　35. 依「外匯收支或交易申報辦法」第5條規定，下列何種外匯收支或交
易，申報義務人應於檢附與該筆外匯收支或交易有關合約、核准函等
證明文件，經銀行業確認與申報書記載事項相符後，始得辦理新臺
幣結匯　(A)團體、個人每年累積結構或結售金額超過五百萬美元之
必要性匯款　(B)公司、行號每筆結匯金額達一百萬美元以上之匯款
(C)公司、行號每年累結構或結售金額達五千萬美元以上之必要性匯
款　(D)未滿二十歲之中華民國國民每筆結匯金額達新臺幣五十萬元
以上之匯款。

( )　36. 依「外匯收支或交易申報辦法」第5條規定，下列何種外匯收支或
交易，申報義務人應檢附與該筆外匯收支或交易有關合約、核准函
等證明文件，經銀行業確認與申報書記載事項相符後，始得辦理新
臺幣結匯：　(1)公司、行號每年結匯金額達五千萬美元以上之匯款
(2)公司、行號每筆結匯金額達一百萬萬美元以上之匯款　(3)團體、
個人每年結匯金額達五百萬美元以上之匯款　(4)未滿二十歲之中華
民國國民每筆結匯金額達新臺幣五十萬元以上之匯款。　(A)(1)(2)
(B)(2)(3)　(C)(2)　(D)(1)(2)(3)(4)。

( ) 37. 依「外匯收支或交易申報辦法」第6條規定,下列何種外匯收支或交易,申報義務人應於檢附所填申報書及相關證明文件,經由銀行業向中央銀行申請核准後,始得辦理新臺幣結匯?
(A)經有關主管機關核准直接投資、證券投資及期貨交易之匯款
(B)公司、行號每筆結匯金額達一百萬美元以上之匯款
(C)非居住民於中華民國境內承包工程之工程款每筆結匯金額超過十萬元之外匯
(D)團體、個人每筆結匯金額達五十萬美元以上之匯款。

( ) 38. 依「外匯收支或交易申報辦法」第6條規定,下列何種外匯收支或交易,申報義務人應於檢附所填申報書及相關證明文件,經由銀行業向中央銀行申請核准後,始得辦理新臺幣結匯?
(A)經有關主管機關核准直接投資、證券投資及期貨交易之匯款
(B)公司、行號每筆結匯金額達一百萬美元以上之匯款
(C)團體、個人每筆結匯金額達五十萬美元以上之匯款
(D)未滿二十歲之中華民國國民每筆結匯金額達新臺幣五十萬元以上之匯款。

( ) 39. 「外匯收支或交易申報辦法」第6條規定,公司每年累積結購或結售金額超過　(A)一千萬美元　(B)五百萬美元　(C)五千萬美元　(D)一百萬美元　之必要性匯款,申報義務人應於檢附所填申報書及相關證明文件,始得逕行辦理新臺幣結匯。

( ) 40. 下列何者不是申報義務人應檢附與該筆外匯收支或交易有關合約、核准函等證明文件,經銀行業確認與申報書記載事項相符後,始得辦理新臺幣結匯之外匯收支或交易　(A)經有關主管機關核准直接投資、證券投資及期貨交易之匯款　(B)團體、個人每筆結匯金額達五十萬美元以上之匯款　(C)公司、行號每筆結匯金額達一百萬美元以上之匯款　(D)非居住民每筆結購或結售金額未超過十萬美元之匯款。

( ) 41. 「外匯收支或交易申報辦法」第6條規定,行號每年累積結購或結售金額超過?　(A)五百萬美元　(B)一百萬美元　(C)一千萬美元　(D)五千萬美元　之必要性匯款,申報義務人應於檢附所填申報書及相關證明文件,經由銀行業向中央銀行申請核准後,始得辦理新臺幣結匯。

( )｜42.「外匯收支或交易申報辦法」第6條規定，個人每年累積結購或結售金額超過多少美元之必要性匯款，申報義務人應於檢附所填申報書及相關證明文件，經由銀行業向中央銀行申請核准後，始得辦理新臺幣結匯？　(A)一千萬美元　(B)五百萬美元　(C)五千萬美元　(D)一百萬美元。

( )｜43.「外匯收支或交易申報辦法」第6條規定，團體每年累積結購或結售金額超過多少元之必要性匯款，申報義務人應於檢附所填申報書及相關證明文件，經由銀行業向中央銀行申請核准後，始得辦理新臺幣結匯？　(A)五百萬美元　(B)五千萬美元　(C)一百萬美元　(D)一千萬美元。

( )｜44.申報義務人至銀行業櫃臺辦理新臺幣結匯申報者，銀行業應查驗：(A)資金用途　(B)資金來源　(C)身分文件或基本登記資料　(D)財務狀況　輔導申請義務人填報申報書，辦理申報事宜。

( )｜45.依「外匯收支或交易申報辦法」第8條規定，申報義務人委託公司或個人辦理新臺幣結匯申報者，受託人應依「銀行業輔導客戶申報外匯收支或交易應注意事項」有關規定及中央銀行其他規定，並以：(A)代表人　(B)受託人　(C)代理人　(D)委託人　之名義辦理申報。

( )｜46.依外匯收支或交易申報辦法第8條規定，申報義務人委託公司或個人辦理新臺幣結匯申報者，受託人應依「銀行業輔導客戶申報外匯收支或交易應注意事項」有關規定及本行其他規定，並以：　(A)委託人　(B)受託人　(C)代理人　(D)委託人或受託人　均可之名義辦理申報。

( )｜47.申報義務人若委託他人辦理新臺幣結匯申報時，應出具委託書，檢附何人之身分證明文件供銀行業查核？　(A)委託人　(B)委託人及受託人　(C)受託人　(D)委託人或受託人。

( )｜48.依「外匯收支或交易申報辦法」第10條第1項規定，下列哪些申報義務人辦理新臺幣結匯申報，得利用網際網路，經由中央銀行核准辦理網路之外匯業務之銀行業，以電子文件向中央銀行申報　(A)公司、行號　(B)團體　(C)個人　(D)公司、行號、團體、個人。

( )　49. 依「外匯收支或交易申報辦法」第10條第2項規定，申報義務人利用
網際網路辦理新臺幣結匯申報事宜前？
(A)應先親赴銀行業櫃臺申請並辦理相關約定事項
(B)得透過網路銀行申請，但應先親赴銀行業櫃臺辦理相關約定事項
(C)應先親赴銀行業櫃臺申請，但得透過網路銀行辦理相關約定事項
(D)得透過網路銀行申請並辦理相關約定事項。

( )　50. 下列何者申報義務人辦理外匯收支或交易申報，得利用網際網路，
經中央銀行核准辦理網路外匯業務之銀行業，以電子文件向中央銀
行申報？
(A)未滿二十歲領有中華民國國民身分證之個人
(B)臺灣地區居留證記載有效期限一年以上之個人
(C)年滿二十歲未領有中華民國國民身分證之個人
(D)外僑居留證記載有效期限六個月之個人。

( )　51. 下列何者於辦理外匯收支或交易申報，得利用網際網路，經由中央銀
行核准辦理網路外匯業務之銀行業，以電子文件向中央銀行申報？
(A)臺灣地區相關居留證記載有效期限一年以上之自然人　(B)外僑居
留證記載有效期限六個月之自然人　(C)未滿二十歲領有中華民國國
民身分證之自然人　(D)年滿二十歲未領有中華民國國民身分證之自
然人。

( )　52. 公司經由網際網路辦理每筆金額達多少美元以上之新臺幣結匯時，
應將與正本相符之相關結匯證明文件傳真銀行業？　(A)十萬美元
(B)一百萬美元　(C)五十萬美元　(D)五百萬美元。

( )　53. 申報義務人利用網際網路辦理新臺幣結匯申報，經查獲有申報不實情
形者，其日後辦理新臺幣結匯申報事宜，應至何處辦理？　(A)財政
部　(B)中央銀行　(C)銀行業櫃臺　(D)法務部調查局。

( )　54. 申報義務人利用網際網路辦理新臺幣結匯申報事宜前，應先親赴銀行
業櫃臺申請並辦理相關約定事項，銀行業對申報義務人以電子訊息
所為之外匯收支或交易申報紀錄及提供之書面、傳真或影像掃描文
件，應妥善保存，其保存期限至少為　(A)一年　(B)二年　(C)三年
(D)五年。

( )　55. 依「外匯收支或交易申報辦法」第12條規定，申報義務人於辦理新臺幣結匯申報後，不得要求更改申報書內容，但有下列何種情形者，可經由銀行業向中央銀行申請更正？　(1)申報義務人非故意申報不實　(2)申報義務人非故意申報不實，經舉證並檢具銀行業出具無故意申報不實意見書　(3)申報義務人非故意申報不實，經舉證並檢具律師、會計師出具無故意申報不實意見書　(4)因故意申報不實，已依管理外匯條例第20條第1項規定處罰　(A)(1)　(B)(2)(3)　(C)(2)(3)(4)　(D)(4)。

( )　56. 申報義務人於辦理新臺幣結匯申報後，不得要求更改申報書內容，但申報義務人非故意申報不實，經舉證並檢具？　(A)精算師　(B)銀行業　(C)財政部　(D)保險業出具無故意申報不實意見書者，不再此限。

( )　57. 依「外匯收支或交易申報辦法」第13條規定，申報義務人應對銀行業掣發之其他交易憑證內容予以核對，如發現有與事實不符之情事時，應自銀行業掣發之日起：　(A)一個月　(B)半個月　(C)七個營業日　(D)三個營業日　內，檢附相關證明文件經由銀行業向中央銀行申請更正。

( )　58. 依「外匯收支或交易申報辦理」第13條規定，申報義務人應對銀行業製發之其他交易憑證內容予以核對，如發現有與事實不符之情事時，應自銀行業製發之日起：　(A)一個月　(B)半個月　(C)七個營業日　(D)三個營業日　內，檢附相關文件經由銀行業向中央銀行申請更正。

( )　59. 依「外匯收支或交易申報辦法」第14條規定申報之事項，有事實足認有申報不實之虞者　(A)中央銀行　(B)銀行業　(C)財政部　(D)金管會　得向申報義務人及相關之人查詢，受查詢者有據實說明之義務。

( )　60. 依「外匯收支或交易申報辦法」第15條規定，申報義務人因下列哪種行為應依「管理外匯條例」第20條第1項規定受罰：　(1)故意不為申報　(2)申報不實　(3)受查詢而未於期限內提出說明　(4)為虛偽說明　(A)(1)(2)(3)(4)　(B)(1)(2)(4)　(C)(3)(4)　(D)(1)(2)。

( )　61. 依「外匯收支或交易申報辦法」第14條規定，有事實足認有申報不實之虞者：　(A)財政部　(B)銀行業　(C)中央銀行　(D)金管會得向申報義務人及相關人員查詢。

( ) 62. 依外匯收支或交易申報辦法第15條規定，申報義務人因以下何者行為應依管理外匯條例第20條第1項規定處罰： (1)故意不為申報 (2)申報不實 (3)受查詢而未於期限內提出說明 (4)為虛偽說明 (A)(1)(2) (B)(3)(4) (C)(1)(2)(4) (D)(1)(2)(3)(4)。

( ) 63. 以下有關辦理結匯常涉及之「外匯收支或交易申報辦法」相關規定，何者正確： A.行號每年累積結購金額未超過5千萬美元之匯款，申報義務人得於填妥申報書後，逕行辦理新臺幣結匯 B.團體每筆結匯金額達500萬美元以上之匯款，申報義務人應檢附相關證明文件，經中央銀行確認後，始得辦理新臺幣結匯 C.有事實足認有申報不實之虞者，銀行得向申報義務人查詢 (A)B (B)C (C)ABC (D)A。

( ) 64. 臺灣現在外匯自由化下之管理機制，下列敘述何者正確？ (A)涉及外幣兌換之外幣資金進出方面完全自由 (B)不涉及外幣兌換之外幣資金進出方面完全自由 (C)涉及新臺幣兌換之外幣資金進出方面完全自由 (D)不涉及新臺幣兌換之外幣資金進出方面完全自由。

( ) 65. 申報義務人於辦理新臺幣結匯申報後，不得要求更改申報書內容，但因故意申報不實，已依管理外匯條例第20條第1項規定處罰者，可經由 (A)金管會 (B)銀行業 (C)證券業 (D)保險業向中央銀行申請更正。

( ) 66. 申報義務人於辦理新臺幣結匯申報後，不得要求更改申報書內容，但有下列情形之一者，不在此限：因故意申報不實，已依何種法規第20條第1項規定處罰者 (A)銀行法 (B)外匯收支或交易申報辦法 (C)管理外匯條例 (D)保險法。

( ) 67. 申報義務人辦理新臺幣結匯申報時，應依據何者，誠實填妥「外匯收支或交易申報書」，經由許可辦理外匯業務之銀行業向中央銀行申報 (A)外匯收支或交易有關合約等證明文件 (B)保險給付 (C)實際結匯金額 (D)保險契約。

( ) 68. 我國目前外匯自由化下之管理機制： (A)涉及新臺幣兌換之外幣資金進出完全自由 (B)公司、行號涉及新臺幣兌換之資金進出完全自由 (C)個人、團體涉及新臺幣兌換之資金匯出完全自由 (D)不涉及新臺幣兌換之外幣資金進出方面完全自由。

☑ 壽險業資金匯出規定

( )　1. 申報義務人辦理新臺幣結匯申報時，應依據外匯收支或交易有關合約等證明文件，誠實填妥「外匯收支或交易申報書」，經由許可辦理外匯業務之何者向中央銀行申報　(A)保險業　(B)銀行業　(C)信託業　(D)證券業。

( )　2. 申報義務人得委託其他個人代辦新臺幣結匯申報事宜，但就申報事項仍由委託人自負責任，受託人應檢附委託書、委託人及受託人之身份證明文件，供銀行業查核，並以何人名義辦理申報　(A)委託人　(B)受託人　(C)銀行業　(D)中央銀行。

( )　3. 除「外匯收支或交易申報辦法」第8條第1項規定情形外，申報義務人得委託其他個人代辦新臺幣結匯申報事宜，但就申報事項仍由委託人自負責任；受託人應檢附下列哪項文件，供銀行業查核，並以委託人之名義辦理申報：　(1)委託書　(2)委託人之身分證明文件　(3)受託人之身分證明文件　(A)(1)(2)(3)　(B)(1)(3)　(C)(2)(3)　(D)(1)(2)。

( )　4. 保險業辦理：　(A)以外幣收付之非投資型保險　(B)以外幣收付之投資型保險　(C)以新臺幣收付之非投資型保險　(D)以新臺幣收付之投資型保險，以要保人所繳新臺幣保費專設帳簿資產投資國外有價證券，透過金融機構辦理指定用途信託資金投資國外有價證券業務方式投資國外者，應由辦理該項業務之業者，向中央銀行申請核准後辦理結匯。

( )　5. 銀行業受理保險業者代要保人辦理投資外國有價證券之結匯，應確認下列哪些文件無誤後始得辦理：　(1)業者填報之申報書　(2)要保人之結匯授權書　(3)要保人結匯清冊　(4)要保人填報之申報書　(A)(2)(3)(4)　(B)(1)(2)(3)　(C)(1)(3)(4)　(D)(1)(2)(4)。

( )　6. 銀行業受理保險業者辦理以新臺幣收付之投資型保險，代要保人辦理投資外國有價證券之結匯申報，應確認業者檢附之保戶清冊，內容包括：　(1)要保人姓名　(2)身分證統一編號　(3)出生日期　(4)結匯金額　(A)(1)(2)(4)　(B)(1)(2)　(C)(1)(2)(3)(4)　(D)(1)(2)(3)。

( )　7. 銀行業受理壽險業者代要保人辦理投資外國有價證券之結匯，壽險業者所檢附之保戶清冊，內容包括：　(1)要保人姓名　(2)身分證統一編號或外僑居留證號碼　(3)出生日期　(4)結匯金額，等

相關資料，供指定銀行查詢計入要保人之結匯額度 (A)(1)(2)(3)
(B)(1)(2)(3)(4) (C)(1)(2)(4) (D)(1)(2)。

( ) 8. 銀行業受理壽險業者代要保人辦理投資外國有價證券之結匯，應查詢
計入何人當年累積結匯金額？ (A)受益人 (B)要保人 (C)保險人
(D)被保險人。

( ) 9. 壽險業者辦理國外投資，可在金管會核定投資比率範圍內，以下列方
式匯出資金？
(A)利用要保人每年結匯額度
(B)經由金融機構辦理之持定金錢信託投資國外，利用信託業的額度
(C)由業者向中央銀行專案申請核准匯出所需資金，自行投資國外
(D)由業者向金管會專案申請核准匯出所需資金，自行投資國外。

( ) 10. 壽險業者辦理國外投資，可在金管會核定投資比率範圍內，以下列方
式匯出資金？ (A)由業者向金管會專案申請核准匯出所需資金，自
行投資國外 (B)經由金融機構辦理之特定金錢信託投資國外 (C)利
用要保人每年結匯額度 (D)利用信託業的額度。

( ) 11. 壽險業者辦理國外投資，可在金管會核定投資比率範圍內，以下列方
式匯出資金？
(A)利用要保人每年結匯額度
(B)經由金融機構辦理之持定金錢信託投資國外，利用信託業的額度
(C)由業者向中央銀行專案申請核准匯出所需資金，自行投資國外
(D)由業者向金管會專案申請核准匯出所需資金，自行投資國外。

( ) 12. 壽險業者辦理國外投資，可在金管會核定投資比率範圍內，以下列
方式匯出資金？ (A)利用壽險業者的每年5千萬美元累積結匯金額
(B)經由金融機構辦理之持定金錢信託投資國外，利用信託業的額
度 (C)由業者向金管會專案申請核准匯出所需資金，自行投資國外
(D)利用要保人每年結匯額度。

( ) 13. 壽險業者辦理國外投資，可在金管會核定投資比率範圍內，以下列
方式匯出資金： (1)利用壽險業者的每年5千萬美元累積結匯金
額 (2)經由金融機構辦理之特定金錢信託投資國外 (3)由業者向
中央銀行專案申請核准匯出所需資金，自行投資國外 (A)(1)(2)(3)
(B)(2)(3) (C)(1)(3) (D)(1)(2)。

( ) 14. 壽險業者辦理國外投資，可在金管會核定投資比率範圍內，以下列哪種方式匯出資金？
(A)由業者向金管會專案申請核准匯出所需資金，自行投資國外
(B)由業者向中央銀行專案申請核准匯出所需資金，自行投資國外
(C)利用要保人每年結匯額度
(D)經由金融機構辦理之特定金錢信託投資國外，利用信託業的每年結匯額度。

( ) 15. 壽險業者辦理國外投資，可在金融監督管理委員會核定投資比率範圍內，以下列方式匯出資金？
(A)利用壽險業者的每年5千萬美元累積結匯金額
(B)經由金融機構辦理之特定金錢信託投資國外，利用信託業的額度
(C)由業者向金管會專案申請核准匯出所需資金，自行投資國外
(D)利用要保人每年結匯額度。

( ) 16. 壽險業者辦理國外投資，可在行政院金融監督管理委員會核定投資比率範圍內，以下列方式匯出資金：　(1)利用其每年5千萬美元累積結匯金額　(2)經由金融機構辦理之特定金錢信託投資國外　(3)由業者向本行專案申請核准匯出所需資金，自行投資國外　(4)利用要保人每年結匯額度　(A)(1)(2)(4)　(B)(1)(2)(3)(4)　(C)(1)(3)(4)　(D)(1)(2)(3)。

解答與解析

■ 管理外匯條例

1.**C**	2.**D**	3.**A**	4.**C**	5.**B**
6.**C**				

7.**C**　一部分改由金管會為行政主管機關，一部分16條仍是財政部。

8.**A**	9.**D**	10.**C**	11.**A**	12.**C**

13.**D**

14.**D**　結售就是指出售外匯（外幣），就是指拿外幣換成臺幣，有臺幣需求的情況。

15.**C**	16.**B**	17.**D**

18.**D**　結購就是指購買外匯（外幣），就是拿臺幣換成外幣，有外幣需求的情況。

19.**A**	20.**D**	21.**A**

22.**D**　(1)國外援助物資。

23.**C**	24.**D**	25.**B**

26.**C**　(2)國外貸款購入之貨品。

27.**C**	28.**D**	29.**B**	30.**C**	31.**D**
32.**B**	33.**D**	34.**D**		

35.**C**　記住不能夠因為匯率波動大而關閉外匯市場。

36.**B**	37.**C**	38.**C**	39.**D**	40.**C**

41.D	42.D	43.D	44.D	45.A
46.B	47.C	48.A	49.D	50.C
51.D	52.C	53.B		

■ 外匯收支或交易申報辦法

1.A	2.B	3.D	4.A

5.C 必考！

6.B

7.D 必考！

8.B	9.D	10.D	11.C	12.D
13.B	14.C	15.C	16.A	17.B
18.A	19.C	20.D	21.C	22.C
23.D	24.B	25.D	26.A	27.B
28.B	29.B	30.B	31.C	

32.C (2)是經銀行確認後。(3)是中央銀行。

| 33.A | 34.C | 35.B |

36.C 公司行號100萬；個人團體50萬一筆。

37.C

38.D (B)(C)是檢附相關文件。

39.C	40.D	41.D	42.B	43.A
44.C	45.D	46.A	47.B	48.D
49.A	50.B	51.A		

52.B 同書面的額度限制。

53.C	54.D

55.C 非故意申報不實，需要請律師、會計師或是銀行出具證明才行！

| 56.B | 57.C | 58.C | 59.A | 60.A |
| 61.C | 62.D | | | |

63.D 是中央銀行而非銀行。

64.D

65.B 銀行負責匯款相關紀錄。

66.C 條例為法律的部分才有罰則。

| 67.A | 68.D |

■ 壽險業資金匯出規定

1.B	2.A	3.A	4.D	5.B
6.C	7.B	8.B		

9.C (A)利用公司每年5千萬美元累累積結匯金額。(B)特殊金錢信託不需要占用額度。(D)業者向中央銀行才對。

| 10.B | 11.C | 12.A | 13.A |

14.B 區分好是保險業國外投資的部分，還是投資型保險專設帳簿的結匯。

15.A 非信託業之額度。

16.D

以外幣收付之非投資型人身保險業務規範

依據出題頻率區分，屬：**A** 頻率高

學習地圖

以外幣收付之
非投資型人身
保險業務規範

- 重點一：外幣非投資型保單業務概況
  - 好處
  - 條件
  - 險種
- 重點二：保險公司國外投資相關規定
  - 一般帳簿
  - 國外投資限額
  - 資金運用計算
  - 外幣放款
- 重點三：「保險業辦理國外投資管理辦法」

課前導讀

名師教學

立即看私房講解

外幣非投資型保險對於保險業的發展來說是一個很重要的過程，因為匯率風險直接由客戶承擔，保險公司降低了許多避險成本，全球投資有許多地區的利率水準是相對優於臺灣，因此對於保險公司來說，是必須要有更多的國外投資，但因為保單載明預定利率是固定的，又不像是外幣投資型保險的投資風險由保戶承擔，因此金管會對於國外投資有更嚴格的規範，而這些規範就是考題的主要來源。在進入Day 04前，你應該要注意：

在這天將會有很多數字需要背誦與記憶的，如果掌握關鍵的數字，就一定可以拿下分數！

1. 先從外幣收付非投資型保單業務對客戶與保險公司的好處開始，了解發行外幣非投資型保單需要哪些條件，目前保險公司可以經營哪些險種。

2. 接下來就是各種國外投資相關的辦法與規定，必須好好背誦。首先從資金運用的方式包括一般帳簿的規定與國外投資限額規定，最後國外投資外幣放款的相關規定。

3. 最後是介紹到「保險業辦理國外投資管理辦法」，內容是對於國外投資的額度限制、標的選擇的規定，有許多需要背誦之處，透過圖表整理，加強理解。

重點一　外幣非投資型保單業務概況

一、經營以外幣收付之非投資型人身保險業務有下列好處

(一)降低壽險業之避險成本

　　以外幣保單之保費收入從事海外投資，透過資產與負債的合理配置，可大幅降低避險成本，並得以回饋保戶，降低保險費。

(二)因應客戶需求

　　除提供國人多元化理財選擇，有利國人及早規劃退休生活，並可能遏止地下保單之風行。

(三)有助於保險市場國際化

　　近國家如新加坡、日本、韓國及香港地區，皆有銷售外幣保單，經營外幣保單，有助於保險市場進一步自由化與國際化。

二、經營本項業務之條件

考量以外幣收付之非投資型人身保險商品，保戶需承擔匯率風險，故人身保險業經營本項業務應具備相當之**法令遵循**、**風險控管**及**業務招攬行為管理能力**，金管會將人身保險業辦理本項業務應具備之資格條件予以明確規範，納入差異化管理之認定標準。應符合下列資格條件：（此處的資格條件與經營全權委託業務一樣。）★★★

(一)最近**1年**內未有遭主管機關重大裁司或罰鍰累計達新臺幣**300萬元**以上者。但其違法情事已獲具體改善經主管機關認定者，不在此限。

(二)國外投資部分已採用計算**風險值（Value at Risk）評估風險**，並每週至少控管乙次。

(三)董事會中設有**風險控管委員會**或於公司內部設置風險控管部門及**風控長**或職務相當之人，並實際負責公司整體風險控管。

(四)最近1年內主管機關及其指定機構受理保戶申訴案件非理賠申訴率、理賠申訴率及處理天數之綜合評分值為人身保險業**由低而高排名前80%。**

　　所稱之風險值，條件按**週**為基礎、樣本期間至少**3年**，按**日**為基礎、樣本期間至少**1年**，樣本之資料至少**每週更新1次**，以至少**99%**的信賴水準，計算**10個交易日**之風險值，且須**每月**進行回測。

三、可銷售的險種

考量**利率**對於人壽保險、年金保險等長期險之保險費影響較大，金管會初期先開放壽險業以**人壽保險**及**年金保險**為限作為經營業務險種，並須經中央銀行許可。為提供消費者更多元外幣保險商品選擇，以滿足外幣保險保障需求，金管會於103年12月30日開放**健康保險**業務範圍。

(一)以外幣收付之非投資型人壽保險

除了計價幣別不同外，以外幣收付之非投資型人壽保險與以新臺幣計價的非投資型人壽保險並無不同，以保險事故來區分，以外幣收付之非投資型人壽保險大致可依**被保險人**的生或死，區分為死亡保險、生存保險及生死合險。

1. **死亡保險分為：**(1)**定期保險**。(2)**終身保險**。
2. **生存保險**：被保險人於保險期間內仍然生存時保險公司依照契約所約定的金額給付生存保險金的保險，目前市場上無單純只針對生存設計之保險都包含定期壽險的設計。
3. **生死合險**：保險契約約定，以被保險人於保期間內死亡或於保險期間屆滿仍生存時，保險公司依照契約所約定金額給付保險金者稱為生死合險，又稱為**養老保險**。一般簡單的說，養老保險實際上就是將上述的**定期保險**及**生存保險**結合稱為滿期保險金。★★

(二)以外幣收付之非投資型年金保險 ★★★

除了計價幣別不同外，以外幣收付之非投資型年金保險與以新臺幣收付之非投資型年金保險並無不同。

1. 若年金的給付**不以個人或被保險人的生存**為給付條件，稱為**確定年金**。
2. 以是否為社會保障制度來區分，年金保險又可分為「社會年金保險」與「商業年金保險」。惟由政府提供的「社會年金保險」並不屬本次政策開放的範疇，故以下僅針對「商業年金保險」作進一步介紹。

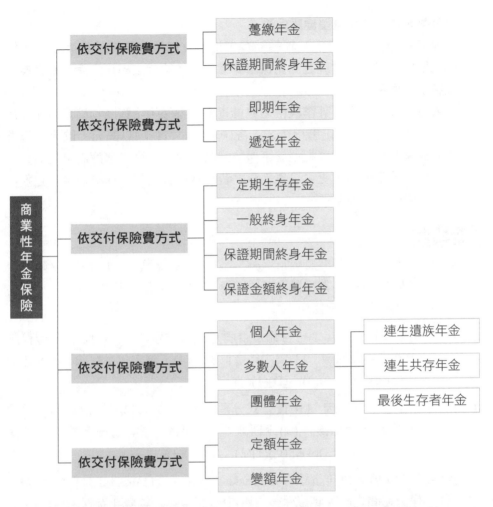

```
商業性年金保險
├─ 依交付保險費方式
│   ├─ 躉繳年金
│   └─ 保證期間終身年金
├─ 依交付保險費方式
│   ├─ 即期年金
│   └─ 遞延年金
├─ 依交付保險費方式
│   ├─ 定期生存年金
│   ├─ 一般終身年金
│   ├─ 保證期間終身年金
│   └─ 保證金額終身年金
├─ 依交付保險費方式
│   ├─ 個人年金
│   ├─ 多數人年金 ── 連生遺族年金
│   │              ── 連生共存年金
│   └─ 團體年金 ── 最後生存者年金
└─ 依交付保險費方式
    ├─ 定額年金
    └─ 變額年金
```

名師教學

立即看私房講解

(三)以外幣收付之非投資型健康保險

1. 為兼顧保險市場之穩定及維護消費者權益，健康保險開放範圍初期以結構、給付項目相對單純之**豁免保險費**或**一次性給付之癌症疾病**、**重大疾病**或**特定疾病為限**。

2. 「人身保險業辦理以外幣收付之非投資型人身保險業務應具備資格條件及注意事項」第4點修正施行後，人身保險業即可辦理以**美元**、**歐元**、**澳幣**或**人民幣**收付之非投資型型健康保險業務，對於有**海外醫療需求**之消費者除可免除匯率風險，更可以更經濟之費率獲得較高額的保險保障，並獲得更完善的健康保險保障。

牛刀小試

( ) 1. 養老保險就是將哪兩種保險結合在一起的保險？ (A)定期保險及生存保險 (B)定期保險及死亡保險 (C)終身保險及死亡保險 (D)終身保險及生存保險。

( ) 2. 年金保險，以年金給付額是否固定分類，分為： (1)定額年金保險 (2)確定年金保險 (3)變額年金保險 (4)不確定年金保險 (A)(1)(4) (B)(2)(4) (C)(2)(3) (D)(1)(3)。

( ) 3. 年金保險，以交付保費方式分類，分為： (1)限期繳費年金保險 (2)躉繳年金保險 (3)分期繳費年金保險 (4)遞增繳費年金保險 (A)(2)(3) (B)(3)(4) (C)(1)(2) (D)(1)(3)

( ) 4. 年金保險，以年金給付方式分類，分為： (1)終身年金保險 (2)附保證期間之終身年金保險 (3)附保證金額之終身年金保險 (4)定期生存年金 (A)(1)(2)(3) (B)(2)(3) (C)(1)(4) (D)(1)(2)(3)(4)。

( ) 5. 人身保險業辦理以外幣收付之非投資型人身保險業務，健康保險之給付項目，以下列何者為限： (1)豁免保險費 (2)一次性給付之癌症疾病 (3)一次性給付之重大疾病或特定疾病 (4)一次性給付之失能 (A)(1) (B)(1)(2)(3)(4) (C)(1)(2) (D)(1)(2)(3)。

( ) 6. 依「人身保險業辦理以外幣收付之非投資型人身保險業務應具備資格條件及注意事項」規定，人身保險業可辦理： (1)美元 (2)歐元 (3)日幣 (4)澳幣 (5)人民幣 之非投資型健康保險業務 (A)(1)(2)(3)(4)(5) (B)(1)(2)(4)(5) (C)(1)(2)(3)(4) (D)(1)(2)(3)(5)。

( ) 7. 人身保險業辦理以外幣收付之非投資型人身保險業務，在國外投資部分應採用計算風險值評估風險，所稱之風險值下列敘述何者為是？
(1)按周為基礎，樣本期間至少兩年　(2)按日為基礎、樣本期間至少一年　(3)樣本之資料至少每周更新一次　(4)至少百分之九十九信賴水準，計算十個交易日之風險值，且須每月進行回溯測試。
(A)(1)(2)(3)　(B)(2)(3)(4)　(C)(1)(3)(4)　(D)(1)(2)(3)(4)。

( ) 8. 某人壽保險公司向主管機關申請核准以外幣收付之非投資型人身保險業務應檢附其資格條件，下列哪項不符合規定？
(A)最近1年內主管機關及其指定機構受理保戶申訴案件申訴率、理賠申訴率及處理天數之綜合評分值為人身保險業由低而高排名前60%
(B)最近1年內未遭主管機關罰鍰累計達新臺幣300萬元以上者
(C)最近1年內未有主管機關重大裁罰
(D)國外投資部分採用計算風險值評估風險，並每月至少控管乙次。

( ) 9. 某人壽保險公司申請辦理以外幣收付之非投資型人身保險業務應檢附其資格條件，下列哪項不符合規定？
(A)最近1年內遭主管機關罰鍰累計達新臺幣250萬元
(B)國外投資部分採用計算風險值評估風險，並每週至少控管乙次
(C)最近1年內主管機關及其指定機構受理保戶申訴案件申訴率、理賠申訴率及處理天數之綜合評分值為人身保險業由低而高排名前70%
(D)自有資本與風險資本之比率為180。

( ) 10. 開放以外幣收付之非投資型人身保險業務有下列那些好處：　(1)降低壽險業之避險成本　(2)降低保戶的匯率風險　(3)有助於保險市場國際化　(4)因應客戶需求　(A)(1)(3)(4)　(B)(2)(3)(4)　(C)(1)(2)(3)(4)　(D)(1)(2)(4)。

解答 1.**A**　2.**D**　3.**A**　4.**D**　5.**D**　6.**B**　7.**B**　8.**D**　9.**D**　10.**A**

重點二 保險公司國外投資相關規定

一、一般帳簿資產不得兌換為新臺幣

(一) 保險業辦理以外幣收付之非投資型保險業務。惟若允許保險業以外幣收付之非投資型保險對應之國外投資資產得兌換為新臺幣，勢將造成保險業**資產負債幣別不對稱風險**，於是中央銀行規範以外幣收付之非投資型保險對應之國外投資資產限制**不得兌換為新臺幣**。

(二) 但若基於追求不同幣別間較高投資收益率之考量，**目前尚無限制以外幣收付之非投資型保險對應之國外投資資產之間不得換為其他外幣**，保險業仍可視國際間外匯市場變動情況，自行將國外投資資產變換換為其他幣別，俾回饋保戶較佳之投資收益率。

二、國外投資限額

以外幣收付之非投資型保單因非屬投資型保險商品，其國外投資運用未能比照投資型保單可依「保險法」第146條第5項規定明文**排除**適用國外投資限額之規範。另考量，目前以外幣收付之非投資型人身保險業務之資金運用規定其各種準備金提列所對應之一般帳簿資產不得兌換為新臺幣，且其投資金額計入國外投資額度，導致新臺幣保險商品之國外投資額度受到排擠，除影響外幣收付之非投資型人身保險業務之推展外，且不利提升資金金運用效率。

下列金額不計入其國外投資限額：

(一) 保險業經主管機關核准銷售以外幣收付之非投資型人身保險商品，並**經核准**不計入國外投資之金額。

(二) 保險業依本法規定投資於**國內上市或上櫃**之**外幣計價股權或債券憑證**之投資金額。

(三) 保險業經**主管機關核准**設立成投資**國外保險相關事業**，並經核准不計入國外投資之金額。

(四) 其他經**主管機關核准之投資**項目及金額。

> **觀念理解**
> 一般來說，外幣非投資型保單的保費要計入國外投資，除非經主管機關核准才可不計入。

三、保險業辦理資金運用計算事宜

(一)各項資金運用時應以**購買成本入帳**，而判斷超限與否應以**最近一筆交易之成交價格為評估基準**；非因公司增加投資之因素所致資金運用項目有逾限額，超過6個月則稽稅部門應提出書面說明及具體改善計畫。

> **觀念理解**
> 投資總額衡量日是依照實際的匯出時間點，如果有新增的部分也依照實際的入帳日計算！

(二)**實際匯出投資之時點**為投資總額之衡量日，則以**最近一期會計師簽證結算之國外投資總**額，加減至衡量日止所有新增減之實際國外投資金額，應以實際入帳時計算。

(三)因**跨月交割**所產生之**應收及應付款**、**衍生性金融資產**與**負債淨額**以及**投資國外有價證券所衍生之應收利息**，皆須計入國外投資總額之計算範圍

(四)**外幣收付之非投資型人身保險**契約所收取之**保費**及**從事之資金運用**。皆須計入國外投資總額之計算範圍。

四、以外幣收付之保險單為質之外幣放款

(一)依「保險法」第146-3條第1項規定、保險業辦理放款，以下列各款為限：

1. 銀行或主管機關認可之**信用保證機構提供保證**之放款。
2. 以**動產或不動產為擔保**之放款。
3. 以合於第146-1條之**有價證券為質之放款**。
4. 人壽保險業以各該保險業所簽發之**人壽保險單為質之放款**。

> **觀念理解**
> 保險業辦理放款業務都需要擔保，包括銀行信用保證機構、動產或不動產擔保、有價證券為質、人壽保險單為質等，沒有包括公司擔保！

(二)保險業辦理以保險單為質之外幣放款之規定集整如下：

1. 經**中央銀行**許可，保險業可辦理外幣收付之人身保險單為質之外幣放款。
2. 僅限於以個別保險業所簽發外幣收付之人身保險單為質。亦即不得以下列保險單為質辦理外幣放款：
   (1)**不得以其他保險公司所簽發之保險單為質**。
   (2)**不得以新臺幣收付之人身保險單為質**。
   (3)**不得以財產保險單為質**。

(三)外幣收付之人身保險單為質之外幣放款，應**併計入國外投資總額**計算。

(四)辦理該項外幣放款業務之資金來源**限以保險業用於國外投資之自有外幣資金**。

牛刀小試

( )　1. 「保險法」第146-3條規定，保險業辦理放款項目不包括？　(A)以動產或不動產為擔保之放款　(B)公司保證之放款　(C)人壽保險業以各該保險業所簽發之人壽保險單為質之放款　(D)以合於保險法第146-1條之有價證券為質之放款。

( )　2. 依保險業辦理外匯業務管理辦法」第14條規定，保險業辦理以外幣收付之人身保險單為質之外幣放款，應依下列哪些規定辦理：　(1)每家保險業每年承作外幣放款總額以5,000萬美元為限　(2)國內外保戶提供確有實際外幣支付需要之文件　(3)限以保險業用於國外投資之自有外幣資金　(4)中央銀行得視金融情況調整外幣放款總額　(A)(2)(3)(4)　(B)(1)(2)(3)(4)　(C)(1)(2)(3)　(D)(1)(3)(4)。

( )　3. 保險業於：　(1)實際匯出外幣　(2)以外幣購買國外投資標的　(3)實際入帳　(4)簽約　(A)(3)(4)　(B)(1)　(C)(2)　(D)(1)(2)　之時點，均屬國外投資總額之衡量日，應評估有無逾限之虞。

( )　4. 國外投資總額之計算範圍，除法令所載國外投資項目外，仍應計入：(1)國外有價證券因跨月交割所產生之應收及應付款　(2)衍生性金融資產與負債淨額　(3)因投資國外有價證券所衍生之應收利息等與國外投資相關之項目　(4)外幣收付之非投資型人身保險契約所收取之保費及從事之資金運用　(A)(1)(2)(3)　(B)(1)(2)(4)　(C)(2)(3)(4)　(D)(1)(3)(4)。

( )　5. 以美元收付之非投資型保險，其對應之國外投資資產不得進行下列何者兌換？　(A)將美元國外投資資產兌換為新臺幣資產　(B)將美元國外投資資產兌換為歐元資產　(C)將英鎊國外投資資產兌換為美元資產　(D)將歐元國外投資資產兌換為英鎊。

( )　6. 下列何者不計入其國外投資限額：　(1)保險業經主管機關核准銷售以外幣收付之非投資型人身保險商品，並經核准不計入國外投資之金額　(2)保險業依本法規定投資於國內上市或上櫃之外幣計價股權或債券憑證之投資金額　(3)保險業經主管機關核准設立成投資國外保險相關事業，並經核准不計入國外投資之金額　(4)外幣投資型人身保險商品之投資項目及金額　(A)(2)(3)(4)　(B)(1)(2)(3)　(C)(1)(2)(3)(4)　(D)(1)(2)。

解答 1.**B**　2.**D**　3.**D**　4.**A**　5.**A**　6.**B**

重點三　保險業辦理國外投資管理辦法（節錄）★★★

第2條　**名詞定義**
本辦法用詞定義如下：

一、外國政府：指外國之中央政府或地方政府。

二、外國銀行：指全世界**資本或資產**排名居**前500名**以內或在中華民國境內設有**分行**之**外國銀行**。

三、國外信用評等機構：Moody's Investors Service、Standard& Poor's Corp.、Fitch Ratings Ltd.。

四、國內信用評等機構：中華信評、惠譽國際臺灣分公司。

五、國外或大陸地區不動產：指外國或大陸地區之土地及其定著物或取得作為收益或開發該土地及與建其上定著物之相關權。

本辦法所稱經國外信用評等機構評定為**一定等級投資項目**之投資總額，須高於本辦法所定投資之最低信用評等等級者，其投資總額應以投資時及投資後維持該一定等級，及投資後遭調升或調降評等至該一定等級者之投資項目總額合併計算。

第3條　**保險業辦理國外投資之項目（共8項）**
以下列為限：

一、**外匯存款**。

二、**國外有價證券**。

三、**外幣放款**。

四、**衍生性金融商品**。

五、**國外不動產**。

六、設立或投資國外保險公司、保險代理人公司，保險經紀人公司或其他經主管機關核准之**保險相關事業**。

七、經行政院核定為配合政府經濟發展政策之**經建計畫重大投資案**。

八、其他經**主管機關核准**之資金運用項目。

> **觀念理解**
> 對比保險業辦理國外投資管理辦法第3條：
> 保險法第146-4條保險業資金辦理國外投資，以下列各款項為限：
> 一、外匯存款。
> 二、國外有價證券。
> 三、設立或投資國外保險公司、保險代理人公司、保險經紀人公司或其他經主管機關核准之保險相關事業。
> 四、其他經主管機關核准之國外投資。

以下列擔保放款，並擔任外幣聯合貸款案之參加行為限，其主辦行之國外信用評等須為**BBB＋級**或相當等級以上：

一、本辦法所列外國中央政府、外國銀行或信用評等達**A－級**或相當等級以上之國內外金融機構，或經巴塞爾銀行監督管理委員會評估得適用百分之五十以下風險權數之國際組織或多邊開發銀行提供保證之放款。

二、以**不動產為擔保**之放款。

三、以**航空器**或**船舶為擔保**之放款。

四、以合於第5條之**有價證券為質**之放款。

放款總餘額，不得超過該保險業資金35%。

以該公司發行之股票及公司債為質之放款，合併計第不得超過其資金5%與該發行股票及公司債之公司**業主權益10%**。

注意：**沒有結構型商品！是投資型投資的標的才有！**

第4條　資金運用於外匯存款之規定

保險業資金運用於外匯存款，存放之銀行除**中華民國境內之銀**行外，並**得存放於外國銀行**。

前項存款，存放於同一銀行之金額，**不得超過該保險業資金百分三。** ★★

第5條　得投資國外有價證券之種類（共14項）

保險業資金得投資國外有價證券之種類如下：

一、外國**中央**政府**公債**、國庫券。

二、外國**地方**政府發行或保證之**債券**。

三、外國銀行發行或保證之**金融債券**、**可轉讓定期存單**、浮動利率中期債券。

四、外國銀行在臺分行（含國際金融業務分行）及大陸地區銀行在臺分行發行之外幣可轉讓定期存單。

五、**本國銀行**發行以**外幣**計價之金融債券及外幣可轉讓定期存單。

六、**本國企業**發行以**外幣**計價之公司債。

> **觀念理解**
> 接下來是本考試最複雜的部分，老師歸納了一張國外投資項目規各項比例表（請參考第144頁的知識是補給站），大家盡可能地背起來，首先由8大項目國外投資的開始，再依序每個項目有哪些規定，可投資的比例上限與要求的評等。

七、 以外幣計價之商業本票。

八、 外國證券集中交易市場或店頭市場交易之股權或債權憑證。

九、 國外表彰**基金**之有價證券。

十、 **資產證券化商品**。

十一、 國際性組織所發行之債券。

十二、 國內證券市場上市或上櫃買賣之**外幣計價**股權、債權憑證或
伊斯蘭固定收益證券。

十三、 外國上市企業發行未於外國證券集中交易市場或店頭市場交
易之私募公司債。

十四、 其他經主管機關核准之有價證券。

第 **6** 條 **得投資第5條第2款至第7款之條件及限額**

保險業辦理前條第2款**外國地方政府發行或保證之債券**，應符合下
列投資條件及限額規定：

一、 債券發行評等須經國外信用評等機構評定為A－級或相當等級以
上，地方政府所屬**國家之主權**評等等級並須經國外信用評等機構
評定為AA－級或相當等級以上且為**經濟合作暨發展組織國家**。

二、 投資於每一地方政府發行或保證之債券之總額，不得超過該保
險業經核定國外投資額度5%。

保險業辦理前條第3款**外國銀行發行或保證之金融債券**、可轉讓定期
存單、浮動利率中期債券投資，應符合下列投資條件及限額規定：

一、 投資條件如下：

(一)債券發行或保證銀行之信用評等等級須經國外信用評等機
構評定為**BBB＋**級或相當等級以上。

(二)保險業符合下列條件者，
得投資發行或保證銀行之
信用評等，等級經國外信
用評等機構評定為BBB－
級、BB＋級或相當等級
之債券：

1.最近一年無國外投資違
反本法受重大處分情
事，或違反情事已改正
並經主管機關認可。

> **觀念理解**
> 國外金融機構發行的金融
> 債如果是BBB與BB＋等級
> 的原本只可以投資到國外
> 投資額度6%或業主權益
> 30%，但若是有找到A－評
> 價之保管銀行者，依據保管
> 金額達超過50%者，可以提
> 高投資比重到國外投資額
> 度7.5%或業主權益30%。

　　2.董事會下設風險管理委員會，並於公司內部設風險管理
　　　部門及置風控長一人，實際負責公司整體風險控管。

　　3.由董事會每年訂定風險限額，並由風險管理委員會或風
　　　險管理部門定期控管。

　　4.最近一期自有資本與風險資本之比率達**250%以上**或經國
　　　內外信用評等機構評定最近**1年**信用評等等級為**AA級**或
　　　相當等級以上。

(三)保險業最近1期自有資本與風險資本之比率達200%**以上**且
　　符合第2目第1小目及第2小目所定條件者，得投資發行成
　　保證銀行之信用評等等級經國外信用評等機構評定為**BBB**
　　級或相當等級之債券。

(四)債券屬次順位者，前3目所定發行或保證銀行之信用評等
　　等級，應以**國外信用評等機構**對該債券評定之發行評等等
　　級替代之。

二、投資限額如下

(一)投資於債券發行評等等級經國外信用評等機構評定為**BB
　　＋**級或相當等級之次順位債券之總額，不得超過該保險業
　　經評定國外投資額度**2%**。

(二)投資於債券發行評等等級經國外信用評等機構評定為**BBB**
　　級至**BB＋**級或相當等級之次順位債券之總額，下得超過
　　該保險業經核定**國外投資額度6%**或**業主權益30%孰高者**，
　　但保險業依有價證券集中保管帳簿劃撥作業辦法規定，或
　　委由最近一年經國內外信用評等機構評定信用評等等級為
　　A－級或相當等級以上之本國金融機構及外國金融機構在
　　臺分支機構辦理前條國外有價經券保管之金額，合計占前
　　條國外有價證券投資金額之比重達一定標準者，得依下列
　　規定辦理：

　　1.比重達30%以上者，投資總額不得超過請保險業經核定
　　　國外投資額度**7%**或業主權益30%**孰高者**。

　　2.比重達50%**以上**者，投資總額不得經過該保險業經核定
　　　國外投資額度7.5%或業主權益30%**孰高者**。

(三)投資於每一銀行發行或保證之債券、可轉讓定期存單，合
　　計投資於同一銀行所發行第7條第1項股票之總額，不得超
　　過該保險業資金**5%**及發行銀行**業主權益10%**。

(四)投資於每一銀行發行或保證之債券發行評等等級經國外信用評等機構評定為<u>BBB級或BBB－級或BB＋級或相當等級之次順位債券</u>之總額，不得超過該保險業**業主權益10%**。

保險業辦理前條第7款以外幣計價之**商業本票投資**，其發行或保證公司之信用評等等級須經國外信用評等機構評定為<u>BBB＋級或相當等級以上</u>，不得超過該保險業**資金5%及發行公司業主權益10%**。

第7條 **得投資外國證券集中交易市場或店頭市場交易之股權或債權憑證種類、條件及限額**第5條第8款所稱外國證券集中交易市場或店頭市場交易之股權債權憑證種類如下：

一、**股票**。

二、**首次公開募集之股票**。

三、公司債。

四、**非本國企業發行之存託憑證、可轉換公司債及附認股權公司債**。
保險業辦理前項公司債、非本國企業發行之可轉換公司債及附認股權公司債投資，同國外銀行發行之金融債之規定。

五、保險業投資第1項第1款、第2款、第4款之有價證券總額，不得超過國外投資總額之<u>40%</u>。

第8條 **得投資國外表彰基金之有價證券種類、限額及資格條件** ★★★
第5條第9款所稱國外表彰基金之有價證券種類如下：

一、證券投資基金。

二、指數型基金。

三、指數股票型基金（ETF）。

四、不動產投資信託基金。
（注意！非依照國內不動產證券化條例發行募集的基金，也不是不動產資產信託基金）

五、**對沖基金**。

六、**私募基金**。

七、基礎建設基金。

八、商品基金。

保險業投資於**國外表彰基金**之有價證券總額，不得超過其依本法第146-4條核定國外投資總額之**40%**。其投資於前項第1款至第4款、第7款及第8款之每一國外基金之總額，不得超過該保險業**資金**5%及該基金**已發行總額**10%。

保險業投資於第1項第5款及第6款**對沖基金**及**私募基金**之投資限額及條件如下：

一、 投資總額不得超過該保險業**可運用資金之**2%，且其單一基金投資總額不得超過該基金已發行**總額**10%。

二、 單一基金投資總額超過該保險業可運用資金5%以上者，應提報該保險業董事會通過後始得投資。但計算前述單一投資總額未達新臺幣1億元者，得以**新臺幣1億**元計。

三、 對沖基金之基金經理公司須以在**經濟合作暨發展組織國家主管機關註冊者**為限，且管理對沖基金歷史須滿**2年**以上，管理對沖基金之資產不得少於**美金2億元**或等值外幣。

> **觀念理解**
> 此處的考題比較多，也比較容易拿分，對沖基金需成立2年以上規模2億美元，私募基金5年以上規模5億美元。

四、 私募基金之基金管理機構須以在經濟合作暨發展組織國家主管機關合法註冊者為限，係指投資**私募股權**、**私募債權**及**不動產之私募基金**。且管理私募基金歷史須滿**5年**以上，管理私募基金之資產不得少於美金**5億元**或等值外幣。但下列情形不在此限：

第9條 第5條第10款所稱資產證券化商品之種類如下：

一、 **資產基礎證券**。

二、 **商業不動產抵押貸款債券**。

三、 **住宅不動產抵押貸款債券**。

四、 **抵押債務債券**。

保險業投資於前項之資產證券化商品，其信用評等須經國外信用評等機構評定為A－級或相當等級以上，且其投資總額不得超過保險業經核定之**國外投資額度**20%，對每一資產證券化商品之投資金額，不得經過保險業資金1%。

保險業投資於第1項第3款之住宅不動產抵押資款債券，其資產池之
債權平均信用評等分數須達**680分以上**。 ★★

保險業投資於**美國聯邦國民抵押資款協會**、**聯邦住宅抵押貸款公司**
及**美國政府國民抵押貨款協會**等機構發行或保證之住宅不動產抵押
貸款債券，**不受**第2項及前項規定限制。但其投資總額不得超過保
險業經核定之國外投資額度**50%**，每一機構之債券投資金額，不得
超過保險業經核定之國外投資額度**25%**。

第10條 保險業投資於第5條第11款所稱國外政府機構發行之債券，須經國
外信用評等機構認定政府支援程度在中級或相當等級以上，且其發
行機構或保證機構之信用評等等級或該債券之信用評等等級須經國
外信用評等機構評定為**AA－級**或相當等級以上，其對每一國外政
府機構所發行債券之投資總額，不得超過該保險業**資金5%**。

保險業投資於第5條第12款之國際性組織發行之債券，其發行機構
之信用評等等級，須經國外信用評等機構評定為**A－級**或相當等級
以上，且其對每一國際性組織所發行債券之投資總額，不得超過該
保險業資金5%。

第11條 **得投資國外不動產之條件及限額**
保險業對國外及大陸地區不動產之投資，並應符合下列規定：
一、 最近一期自有資本與風險資本之比率達**200%**。
二、 最近2年國外投資無受主管機關依本法**重大處分情事**。
三、 董事會設置風險管理委員會，或公司內部設置風險管理部門及
風控長，實際負責公司整體風險控管。

資本適足率	保險業資金比率	業主權益比率
250%＞適足率＞＝200%	1% ★	10% ★
300%＞適足率＞＝250%	2.5%	40%
適足率＞＝300%	3%	40%

第11-1條 保險業得以下列方式從事國外及大陸地區不動產之投資：
一、 以**自己名義**取得國外及及大陸地區不動產。
二、 經由投資**特定目的不動產投資事業**取得國外及大陸地區不動產。

三、經由投資特定目的不動產投資事業，並以**貸款方式**提供該事業所需資金取得國外及大陸地區不動產。

四、經由**信託方式**取得國外及大陸地區不動產，前項所稱特定目的不動產投資事業，係指保險業報經主管機關備查成核准由**保險業100%持有**，由受託機構依信託契約內容為取得、管理、使用、收益及處分者受多機構之信用評等需近一年為BBB＋以上。

國外及大陸地區不動產之投資，以投資時**已合法利用並產生利用效益者**為限。

保險業及特定目的不動產投資事業取得或處分其投資之國外及大陸地區不動產，取得後應於公司網站揭露下列事項：

一、**國外及大陸地區不動產所在地**。

二、**市場公平價值之相關證明資料**。

三、**權屬狀況、面積及使用情形**。

前項鑑價機構及物業管理機構應符合下列規定：

一、鑑價機構以在經濟合作暨發展組織國家（OECD）主管機關成我國合法設立登記，並已於預定投資之國外不動產或特定目的不動產投資事業設立登記之**所在地及我國設有營業據點**者為限。

二、物業管理機構應符合下列條件之一，但所投資之不動產已存在既有物業管理機構且合約未到期，或所投資不動產須經同一標的其他所有權人共同決定物業管理機構者，不在此限：

　(一)已有公開資料可茲證明該物業管理機構於保險業預定投資不動產所在地設立達**3年以上**且具商業大樓物業管理面積達**35,000平方公尺**以上之經驗及管理資產價值達**新臺幣100億元**或等值外幣。

　(二)有公開具體事證證明該物業管理機構最近一年營業收入為當地**前五大之物業管理機構**。保險業依第一項規定投資國外及大陸地區不動產，應於內部控制制度中增列投資國外及大陸地區不動產之處理程序，報經董事會決議通過，修正時亦同。其處理程序，至少應包括下列內容：

一、 **投資方針、策略及權責單位**。

二、 **評估、交易、管理及作業處理程序**。

三、 **風險監控管理措施**。

前項第三款所列之風險監控管理措施，其風險控管範圍應包括就國外及大陸地區不動產所在國家，參考國外信用評等機構之國家風險評等資訊制定分級控管機制，並依各級別及個別國家訂定風險限額之管理規範。

保險業從事國外不動產投資，應指派具有相關從業經驗或專業訓練人員負責，並提出投資評估報告，**逐案**提報董事會通過後依授權辦理。

產險業及壽險業應分別於資訊公開網頁之說明文件應記載事項項下公開揭露下列資訊：

經會計師覆核之從事國外及大陸地區不動產投資之**投資地區**、**金額**及**損益情形**，並**每年更新1次**。

第11-2條 大陸地區不動產每一標的物於**事前逐筆**檢送相關書件向主管機關申請核准。

一、 **營運計畫書**。

二、 投資國外及大陸地區不動產所在地之資訊透明度之說明文件。

三、 可能投入資本或出資額之階段分析。

四、 預定負責人名單。

五、 已投資國外及大陸地區不動產之經營概況。

六、 已合法利用並產生利用效益之證明文件。

七、 經董事會通過之核決程序及決議內容與貸款條件之合理性說明。

八、 其他經主管機關要求提報之文件。

保險業投資大陸地區特定目的不動產投資事業，應向**經濟部**申請。

第12條 **國外投資種類**

保險業從事大陸地區投資得依本辦法從事以人民幣計價之各項資金運用，但其於從事**大陸地區**政府、公司相關有價證券之運用，以下列項目為限：

一、 大陸地區政府**公債及國庫券**，包括於銀行間債券市場交易之標的。

二、 大陸地區集中市場上市前首次**公開募集股票**。

三、 大陸地區集中市場或銀行間債券市場交易之**公司價及金融債**。

四、 大陸地區掛牌上市之證券投資基金及**指數股票型基金**（ETF）。

五、 基於**避險**目的，從事**衍生性金融商品**交易。

保險業依前項規定從事大陸地區政府、公司相關有價證券之投資，應符合下列規定：

一、 自有資本與風險資本比率**未達**200%者，從事**公債**為限。

二、 投資總額，不得超過該保險業經核定**國外投資額度**5%。

保險業資金投資第1項第3款所列公司債及金融價券，其發行公司或保證公司之信用評等等級應符合下列規定：★★★

一、 **公司債**且非屬次順位者，其發行或保證公司須達A－級以上。

二、 **次順位公司債**及金融債券者，其發行或保證公司須A＋級以上。

大陸地區投資項目併入各項商品限額，並應符合下列規定：

一、 投資於**大陸地區政府公債及國庫券**之投資總額，不得超過該保險業經核定國外投資額度5%。

二、 投資於第1項第3款之公司債及金融債券且屬**次順位者**之投資總額，不得超過該保險業經核定國外投資額度1%。

三、 投資於**同一公司**所發行之有價證券投資總額，不得超過該保險業經核定國外投資額度1%及發行公司股東權益10%。

四、 投資於大陸地區掛牌上市證券投資基金及**指數股票型基金**之每一基金投資總額，不得超過該保險業經核定國外投資額度1%及該基金已發行總額10%。

五、 投資於第1項第1款至第4款之有價證券及指數股票型基金之投資總額，合計不得超過該保險業經核定**國外投資額度**10%。

保險業辦理資訊公開管理辦法第11條於資訊公開網頁之說明文件應記戴公開揭露國外投資各款資金運用之投資情形與投資總額，並**每季**更新1次。

第15條 **申請提高國外投資額度應符合之條件**

一、 符合以下規定得在該保險業資金10%額度內辦理國外投資：

(一) 保險業已訂定國外投資**相關交易處理程序**及風險監控管理指施，並經董事會同意者。

(二) **國外投資相關交易處理程序**應包括**書面分析報告**、**交付執行**與**檢討報告**，並至少**保存**5年。

(三) **國外投資風險監控管理措施**，應包括有效執行之**風險管理政策**、**風險管理架構及風險管理制度**，其中風險管理制度應涵蓋國外投資相關風險之**識別**、**衡量**、**監控**及**限額控管**之執行及變更程序。

（共三點）

二、 保險業申請提高國外投資額度，應檢附申請表依下列規定辦理：

符合下列規定者，其國外投資總額可提至其資金25%：

(一) 符合第1項至第3項之規定。

(二) 最近**一年**執行資金運用作業無重大缺失，或缺失已改正經認可。

(三) 經簽證**精算人員**或外部投資機構評估國外投資有利經營。

(四) 檢具含風險管理制度相關說明之**完整投資手冊**。

（共四點）

三、 符合下列規定者，其國外投資總額得提高至其資金30%：

(一) 符合前款規定。

(二) 最近**一年**無受主管機關**重大處分情事**，或已改正經認可。

（共二點）

四、 符合下列規定者，其國外投資總額得提高至其35%：

(一) 符合前款規定。

(二) 國外投資分類已用**計算風險值評估風險**，並**每週**至少**控管1次**。

(三) **無活絡市場及持有到期部位**，須**建置適當模型分析**、辨識或量化其相關風險，並至少**每半年**向董事會報告風險評估情形。

(四) 最近**二年**無受主管機關罰鍰處分情事。

(五) 董事會下設**風險管理委員會**、風險管理部門及置風控長1人。

（共五點）

五、申請提高國外投資**超過**其資金35%者，符合下列規定：

(一)符合前款規定。

(二)取得國外投資總額提高至資金35%之核准**已逾**1年。

(三)由**董事會每年訂定風險限額**，並由風險管理委員會定期控管。

(四)最近一期資本適足率達250%以上或信評最近一年為AA－以上。

(五)當年度未取得其他提高國外投資總額核准。

（共五點）

六、申請提高國外投資總額**超過**其資金40%者，應符合下列規定：

(一)符合前款規定。

(二)資本適足率**最近一年**度及近3年平均達250%以上，且信評最近一年為AA＋以上。

(三)設有**內部風險模型**以量化公司整體風險。

(四)當年度未取得其他提高國外投資總額核准。

（共四點）

知識補給站

國外投資上限	需要符合條件
10%	程序、措施：政策、架構、制度
25%	1年資金運用、精算人員、完整投資手冊
30%	1年無主管機關重大懲罰
35%	周風險值控管（VaR）、2年無重大懲處、半年風險評估、風控長
＞35%	達35%1年、董事會每年訂限額、250%資本適足率AA－信評、已達35%、未取得其他核准
＞40%	3年平均250%資本適足率、未取得其他核准

重大處分情事指經主管機關核處罰緩新臺幣100萬元以上者。

主管機關視情況提高國外投資比例但以保險業資金5%為限。

人身保險業近一年之商品結構綜合評分值符合標準者、得擇一適用：

(一)在國外投資最高上限不得超過45%內，核定額度加計資金1%。

(二)非投資型人身保險業務各種準備金之25%，得提高為27%。

名師教學

立即看私房講解

第16條　保管機構應符合之條件

國外投資資產除依照有價證券集中保管帳簿劃撥作業辦法辦理外，其保管機構應為**臺灣集中保管結算所**，或符合下列標準之金融機構：

一、成立滿**3年**，在國內設有分公司或核准辦理保管業務之子公司。

二、近一年國內外信評等級為**A－**以上。

三、近一年資產或淨值居世界**前500名**內之銀行或保管資產達**5,000億美元**以上之機構。但本國機構不在此限。

近1期自有資本與風險資本之比率**未達200%者**、應於本辦法修正施行後半年內，將國外資產**委由臺灣集中保管結算所**股份有限公司。

國外投資額度達資金**35%或達美金10億元以上者**，除經特定金錢信託投資國有價證券外，集中由保管機構負責保管，且臺灣集中保管結算所以外之保管機構不得**超過5家**。

全權委託之受託機構應與保管機構分屬**不同**之金融機構，國外保管契約之簽訂、修正及人員之異動，均須經董事會，並應戴明下列事項：

一、必要時，得查核保管機構之國外資產,相關查核事項不得拒絕。

二、保管帳戶資產不得為他人債務之擔保。

三、未經同意，不得將保險業國外保管帳戶資產移轉予第三人。

四、保管機構就保險業簽證會計師函證帳戶確認後，直接函復會計師。

五、保管契約明確合約最終受益人、資產歸屬僅限該保險業。

六、其他經主管機關指定之事項。

保管機構如未符合第1項第1款或第3款之標準，保險業應於修正施行後**半年**內將國外資產移轉至符合第1項標準之機構保管；另保管契約如未符合前項規定者，保險業應於**1年**內進行。

第17條　下列另類投資總額不得超過該保險業可運用5%： ★★

一、BBB＋級至BB＋級保證之可轉換公司債及附認股權公司債。

二、**對沖基金**、**私募基金**、**基礎建設基金**及**商品基金**。

三、**未達BBB－級**或相當等級之抵押債務債券。

四、資產池採槓桿融資架構或**含次級房貨式**槓桿貸款之抵押債券。

保險業有下列情事之一者，不得投資前項商品： ★

一、**最近一年有國外投資進反本法受重大處分情事**。

二、**近一期資本適足率未達**250%，但達200%～250%且信評近一年為**AA級**以上者不在此限。

三、未設置風險控管委員會或風控部門及風控長。

牛刀小試

(　) 1.「保險業辦理國外投資管理辦法」所稱外國銀行：指　(1)全世界銀行資本排名居前五百名以內　(2)在中華民國境內設有分行　(3)全世界銀行資產排名居前五百名以內　(4)全世界銀行資本或資產排名居前一千名以內之外國銀行　(A)(1)(3)(4)　(B)(1)(2)(3)　(C)(1)(2)(4)　(D)(2)(3)(4)。

(　) 2.依「保險法」第146-4條規定，保險業資金辦理國外投資，以下列何者為限：　(1)國外不動產　(2)國外有價證券　(3)國外基金　(4)投資國外保險公司　(5)外匯存款　(A)(3)(4)(5)　(B)(1)(2)(3)　(C)(1)(2)(4)　(D)(2)(4)(5)。

(　) 3.下列何者為保險業辦理國外投資之項目：　(1)經行政院核定為配合政府經濟發展政策之經建計畫重大投資案　(2)衍生性金融商品　(3)國外不動產　(4)依不動產證券化條例發行之不動產投資信託受益證券　(A)(1)(2)(3)(4)　(B)(1)(3)(4)　(C)(1)(2)(3)　(D)(2)(3)(4)。

(　) 4.保險業資金運用於外匯存款，存放於同一銀行之金額，不得超過該保險業？　(A)業主權益百分之三　(B)業主權益百分之五　(C)資金百分之五　(D)資金百分之三。

( ) 5. 依「保險業辦理國外投資管理辦法」規定，所稱國外表彰基金之有價證券種類包括： (1)不動產資產信託基金 (2)證券投資基金 (3)指數型基金 (4)商品基金 (A)(1)(2)(4) (B)(1)(2)(3) (C)(1)(2)(3)(4) (D)(2)(3)(4)。

( ) 6. 保險業投資於美國聯邦國民抵押貸款協會、聯邦住宅抵押貸款公司及美國政府國民抵押貸款協會等機構發行或保證之住宅不動產抵押貸款債券，不受第二項及第三項規定限制，但其投資總額不得超過保險業經核定之國外投資額度？ (A)35% (B)40% (C)50% (D)60%。

( ) 7. 保險業投資於國外表彰基金之有價證券總額，其投資於對沖基金及私募基金之投資總額不得超過該保險業可運用： (A)資金3% (B)資金1% (C)資金2% (D)資金5%，但保險業已依第15條第4項第5款規定申請並經主管機關核定其國外投資額度超過其資金40%者，其投資總額不得超過資金3%。且其單一基金投資總額不得超過該基金已發行總額10%。

( ) 8. 保險業對國外及大陸地區不動產之投資總額不得超過保險業資金百分之一及保險業業主權益： (A)20% (B)30% (C)40% (D)10%，但報經主管機關核准者不在此限。

( ) 9. 依「保險業辦理國外投資管理辦法」規定，保險業投資於股票、首次公開募集之股票、非本國企業發行之存託憑證，可轉換公司債及附認股權公司債之有價證券總額，不得超過該保險業 (A)業主權益20% (B)保險法第146-4條核定國外投資總額10% (C)保險法第146-4條核定國外投資總額40% (D)業主權益40%。

( ) 10. 保險業資金投資國外對沖基金之基金經理公司須以在主權評等等級經國外信用評等機構評定為A＋級或相當等級以上，且屬國際證券管理機構組織（IOSCO）多邊瞭解備忘錄（MMoU）之簽署國家或地區主管機關註冊者為限，且管理對沖基金歷史須滿二年以上，管理對沖基金之資產不得少於： (A)美金5億元 (B)美金1億元 (C)美金3億元 (D)美金2億元 或等值外幣。

( ) 11. 保險業有下列何種情事者，除經由金融機構辦理特定金錢信託投資國外之有價證券及國外表彰基金之有價證券外，其國外投資有價證券

應集中由保管機構負責保管： (1)經核定國外投資額度達資金百分之三十五 (2)國外投資金額達美金10億元以上 (3)有違背內部控制重大事件？ (A)(1) (B)(2) (C)(1)(2) (D)(2)(3)。

( ) 12. 保險業已訂定： (1)國外投資相關交易處理程序 (2)風險監控管理措施 (3)完整之投資手冊 (4)內部控制制度，並經董事會同意者，得在該保險業資金10%額度內辦理國外投資？ (A)(1)(3) (B)(2)(4) (C)(2)(3) (D)(1)(2)。

( ) 13. 保險業投資於國外證券投資基金之每一國外基金之總額，不得超過該保險業： (A)資金5% (B)資金2% (C)業主權益5% (D)資金3%及該基金已發行總額10%。

( ) 14. 保險業申請提高國外投資總額至其資金35%者，除符合「保險業辦理國外投資管理辦法」第15條第2項第2款規定外，尚須符合下列哪些規定： (1)國外投資分類為透過損益按公允價值衡量之金融資產及透過其他綜合損益公允價值衡量之金融資產之部位已採用計算風險值評估風險，並每週至少控管乙次 (2)最近二年無受主管機關重大處分情事，或違反情事已改正並經主管機關認可 (3)董事會下設有風險控管委員會且於公司內部設置風險控管部門及風控長一人 (4)由董事會每年訂定風險限額，並由風險管理委員會或風險控管部門定期控管 (A)(1)(2)(3) (B)(1)(2)(4) (C)(1)(3)(4) (D)(1)(2)(3)(4)。

( ) 15. 保險業有下列何者情事者，得投資經國外信用評等機構評定為BBB＋級或相當等級之公司所發行之可轉換公司債及附認股權公司債？
(A)最近一年有國外投資違反本法受重大處分情事
(B)最近一期自有資本與風險資本之比率未達250%
(C)董事會未設置風險控管委員會，實際負責公司整體風險控管
(D)最近一期自有資本與風險資本之比率達220%，且經國內外信用評等機構評定信用評等等級達AA級以上者。

( ) 16. 保險業投資於大陸地區集中市場之公司債，其發行公司或保證公司之信用評等等級須經國外信用評等機構評定為 (A)A (B)A－ (C)A＋ (D)BBB＋ 等或相當等級以上。

( ) 17. 依96年7月18日修正之「保險法」第146-4條規定，保險業資金辦理國外投資總額，由主管機關視各保險業之經營情況核定之，最高不得超過各該保險業　(A)業主權益35%　(B)資金45%　(C)資金35%　(D)業主權益45%。

( ) 18. 保險業資金得投資之國外資產證券化商品，其信用評等須經國外信用評等機構評定為A－級或相當等級以上，且其投資總額不得超過保險業經核定之國外投資額度：　(A)5%　(B)20%　(C)30%　(D)40%，對每一資產證券化商品之投資金額，不得超過保險業資金1%。

( ) 19. 依「保險法」第146-3條第1項規定，保險業辦理放款，以下列何者為限：　(1)銀行保證之放款　(2)以動產或不動產為擔保之放款　(3)以合於第146-4條之有價證券為質之放款　(4)人壽保險業以各該保險業所簽發之人壽保險單為質之放款？　(A)(1)(2)(3)　(B)(1)(2)(4)　(C)(1)(3)(4)　(D)(2)(3)(4)。

( ) 20. 保險業及特定目的不動產投資事業取得其投資之國外及大陸地區不動產後，應於公司網站揭露哪些事項：　(1)國外及大陸地區不動產所在地　(2)市場公平價值之相關證明資料　(3)權屬狀況、面積及使用情形　(A)(2)(3)　(B)(1)(2)(3)　(C)(1)(3)　(D)(1)(2)。

解答	1.**B**	2.**D**	3.**C**	4.**D**	5.**D**	6.**C**	7.**C**	8.**D**	9.**C**	10.**D**
	11.**C**	12.**D**	13.**A**	14.**A**	15.**D**	16.**B**	17.**B**	18.**B**	19.**B**	20.**B**

附錄一　保險業辦理國外投資管理辦法

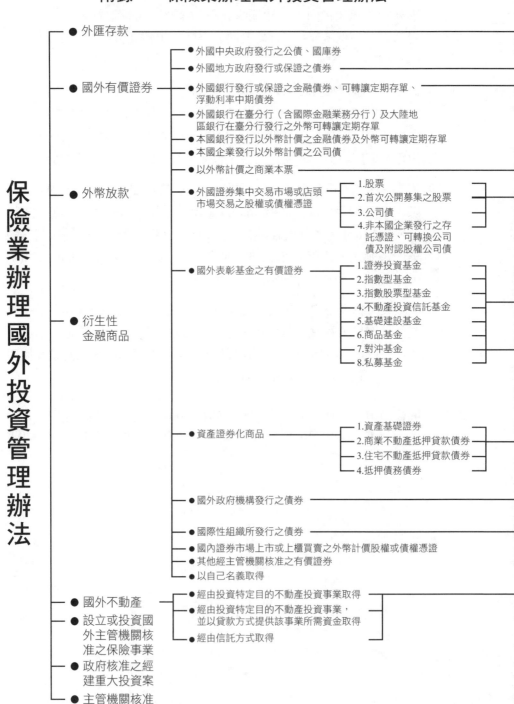

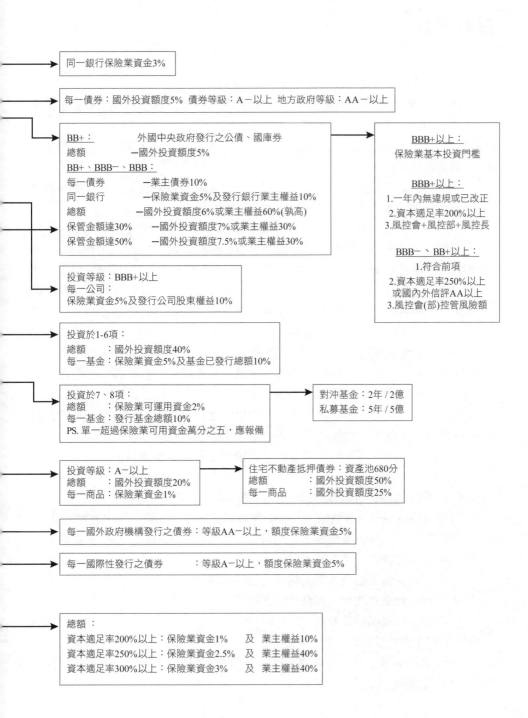

同一銀行保險業資金3%

每一債券：國外投資額度5% 債券等級：A－以上 地方政府等級：AA－以上

BB+： 外國中央政府發行之公債、國庫券
總額 －國外投資額度5%
BB+、BBB－、BBB：
每一債券 －業主債券10%
同一銀行 －保險業資金5%及發行銀行業主權益10%
總額 －國外投資額度6%或業主權益60%(孰高)
保管金額達30% －國外投資額度7%或業主權益30%
保管金額達50% －國外投資額度7.5%或業主權益30%

投資等級：BBB+以上
每一公司：
保險業資金5%及發行公司股東權益10%

投資於1-6項：
總額 ：國外投資額度40%
每一基金：保險業資金5%及基金已發行總額10%

投資於7、8項：
總額 ：保險業可運用資金2%
每一基金：發行基金總額10%
PS. 單一超過保險業可用資金萬分之五，應報備

對沖基金：2年 / 2億
私募基金：5年 / 5億

投資等級：A－以上
總額 ：國外投資額度20%
每一商品：保險業資金1%

住宅不動產抵押債券：資產池680分
總額 ：國外投資額度50%
每一商品 ：國外投資額度25%

每一國外政府機構發行之債券：等級AA－以上，額度保險業資金5%

每一國際性發行之債券 ：等級A－以上，額度保險業資金5%

BBB+以上：
保險業基本投資門檻

BBB+以上：
1.一年內無違規或已改正
2.資本適足率200%以上
3.風控會+風控部+風控長

BBB－、BB+以上：
1.符合前項
2.資本適足率250%以上
或國內外信評AA以上
3.風控會(部)控管風險額

總額：
資本適足率200%以上：保險業資金1% 及 業主權益10%
資本適足率250%以上：保險業資金2.5% 及 業主權益40%
資本適足率300%以上：保險業資金3% 及 業主權益40%

> **重點回顧**

1. 外幣非投資型商品銷售資格應符合下列條件：
   (1) **最近一年**內未有遭主管機關重大裁罰或罰鍰累計達新臺幣**300萬元以上者**。但其違法情事已獲具體改善經主管機關認定者，不在此限。
   (2) 國外投資部分已採用計算**風險值（Value at Risk）評估風險**，並每週至少控管乙次。
   (3) **董事會**中設有風險控管委員會或於公司內部設置風險控管部門及**風控長**或職務相當之人，並實際負責公司整體風險控管。
   (4) 最近一年內主管機關及其指定機構受理保戶申訴案件非理賠申訴率、理賠申訴率及處理天數之綜合評分值為人身保險業**由低而高排名前80%**。
2. 所稱之風險值，條件按**週**為基礎、樣本期間至少**3年**，按**日**為基礎、樣本期間至少**1年**，樣本之資料至少每週更新1次，以至少99%的信賴水準，計算**10個交易日**之風險值，且須**每月**進行回測。（此條件與全權委託業務經營條件相同，每月回測每週更新！）★★★
3. **實際匯出投資之時點**為投資總額之衡量日，則以**最近1期會計師簽證結算之國外投資總額**，加減至衡量日止所有新增減之實際國外投資金額，應以實際入帳時計算。
4. 因跨月交割所產生之**應收及應付款**、**衍生性金融資產與負債淨額**以及**投資國外有價證券所衍生之應收利息**，皆須計入國外投資總額之計算範圍。外幣收付之非投資型人身保險契約**所收取之保費**及**從事之資金運用**。皆須計入國外投資總額之計算範圍。
5. 保險業辦理以保險單為質之外幣放款之規定集整如下：
   (1) 經**中央銀行**許可，保險業可辦理外幣收付之人身保險單為質之外幣放款。
   (2) 僅限於以個別保險業所簽發外幣收付之人身保險單為質。亦即不得以下列保險單為質辦理外幣放款：
      A. **不得以其他保險公司司所簽發之保險單為質**。
      B. **不得以新臺幣收付之人身保險單為質**。
      C. **不得以財產保險單為質**。
6. 保險業辦理國外投資管理辦法：
   (1) 外國銀行：指全世界**資本或資產**排名居**前500名**以內或在中華民國境內設有**分支機構**。

不得超過	保險業資金	業主權益／發行總數	國外投資額度
國外投資上限	45%	—	—
有價證券總額（除公司債）	—	—	40%
表彰基金之有價證券	—	—	40%
同一銀行外匯存底	3%	—	—
資產證券化商品	每一商品1%		20%
股票、公司債、商業本票	5%	10%	—
國外基金	5%	10%	—
對沖基金＋私募基金	2%	10%	—
國外及大陸地區不動產	1%	10%	—
大陸區政府公債及國庫券	—	—	5%
公司債、非本國企業發行可轉債公司債及附認股權公司債之總額	—	—	2%
房地美、房利美抵押貸款（美國抵押貨款協會）	—	—	每一機構25% 總額50%

(2) 不動產投資信託基金，非依照國內不動產證券化條例發行募集的基金，也不是不動產資產信託基金。

(3) 對沖基金之基金，歷史須滿**2年**以上，不得少於**美金2億元**或等值外幣。私募基金，係指投資**私募股權**、**私募債權**及**不動產之私募基金**。且管理私募基金歷史須滿**5年**以上，管理私募基金之資產不得少於美金**5億元**或等值外幣。

(4) 保險業投資於前項之資產證券化商品，其信用評等須經國外信用評等機構評定為A－級或相當等級以上保險業投資於第1須第3款之住宅不動產抵押資款債券，其資產池之債權平均信用評等分數須達**680分以上**。

(5) 保險業從事大陸地區投資得依本辦法從事以人民幣計價之各項質金運用，但其於從事大陸地區政府、公司相關有價證券之運用，以下列項目為限：

A. 大陸地區政府**公債及國庫券**，包括於銀行間債券市場交易之標的。

B. 大集中市場上市前首次**公開募集股票**。

C. 大陸地區集中市場或銀行間債券市場交易之**公司債及金融債**。

D. 大陸地區掛牌上市之證券投資基金及**指數股票型基金**（ETF）。

E. 基於避險目的，從事**衍生性金融商品**交易。

(6) 國外投資上限速記整理表：

國外投資上限	需要符合條件
10%	程序、措施：政策、架構、制度
25%	1年資金運用、精算人員、完整投資手冊
30%	1年無主管機關重大懲罰
35%	周VaR、2年無重大懲處、半年風險評估、風控長
>35%	達35%為期1年、董事會每年訂限額、250%資本適足率AA－信評、已達35%、未取得其他核准
>40%	3年平均250%資本適足率、未取得其他核准

(7) 保管機構應為**臺灣集中保管結算所**，或符合下列標準之金融機構：

A. 成立滿**3年**，在國內設有分公司或核准辦理保管業務之子公司。

B. 近一年國內外信評等級為**A－以上**。

C. 近一年資產或淨值居世界前五百名內之銀行或保管資產達**5,000億美元**以上之機構。但本國機構不在此限。

(8) 國外投資額度達資金**35%或達美金10億元以上**者，除經特定金錢信託投資國有價證券外，集中由保管機構負責保管，且臺灣集中保管結算所以外之保管機構**不得超過5家**。

(9) 下列另類投資總額不得超過該保險業可運用**資金5%**：

A. **BBB＋級至BB＋級**保證之可轉換公司債及附認股權公司債。

B. **對沖基金、私募基金、基礎建設基金**及**商品基金**。

C. **未達BBB－級**或相當等級之抵押債務債券。

D. 資產池採槓桿融資架構或**含次級房貸式槓桿貸款**之抵押債券。

(10) 保險業有下列情事之一者，不得投資前項商品：

A. **最近一年有國外投資違反本法受重大處分情事**。

B. **近一期資本適足率未達250%**，但達200%～250%且信評近一年為**AA級**以上者不在此限。

C. 未設置風險控管委員會或風控部門及風控長。

精選試題

☑ 外幣非投資型保單業務概況

(　)　1. 開放以外幣收付之非投資型人身保險業務有下列那些好處：　(1)降低壽險業之避險成本　(2)降低保戶的匯率風險　(3)有助於保險市場國際化　(4)因應客戶需求　(A)(1)(3)(4)　(B)(2)(3)(4)　(C)(1)(2)(3)(4)　(D)(1)(2)(4)。

(　)　2. 某人壽保險公司申請辦理以外幣收付之非投資型人身保險業務應檢附其資格條件，下列哪項不符合規定？

(A)最近一年內主管機關及其指定機構受理保戶申訴案件非理賠申訴率、理賠申訴率及處理天數之綜合評分值為人身保險業由低而高排名前百分之七十

(B)最近一年內遭主管機關罰鍰累計達新臺幣二百五十萬元

(C)國外投資部分採用計算風險值評估風險，並每月至少控管乙次

(D)最近一年內未有遭主管機關重大裁罰。

(　)　3. 某人壽保險公司申請辦理以外幣收付之非投資型人身保險業務應檢附其資格條件，下列哪項不符合規定？

(A)最近一年內遭主管機關罰鍰累計達新臺幣二百五十萬元

(B)國外投資部分採用計算風險值評估風險，並每週至少控管乙次

(C)最近一年內主管機關及其指定機構受理保戶申訴案件申訴率、理賠申訴率及處理天數之綜合評分值為人身保險業由低而高排名前百分之七十

(D)自有資本與風險資本之比率為一百八十。

(　)　4. 某人壽保險公司向主管機關申請核准以外幣收付之非投資型人身保險業務應檢附其資格條件，下列哪項不符合規定？

(A)最近一年內主管機關及其指定機構受理保戶申訴案件申訴、理賠申訴率及處理天數之綜合評分值為人身保險業由低而高排名前百分之六十

(B)最近一年內遭主管機關罰鍰累計達新臺幣三百五十萬元

(C)最近一年內未遭主管機關重大裁罰

(D)國外投資部分採用計算風險值評估風險，並每週至少控管乙次。

( ) 5. 某人壽保險公司向主管機關申請核准以外幣收付之非投資型人身保險業務應檢附其資格條件，下列哪項不符合規定？　(A)最近一年內未有遭主管機關重大裁罰　(B)最近一年內主管機關及其指定機構受理保戶申訴案件申訴率、理賠申訴率及處理天數之綜合評分值為人身保險業由低而高排名前百分之七十　(C)國外投資部分採用計算風險值評估風險，並每月至少控管乙次　(D)最近一年內遭主管機關罰鍰累計達新臺幣二百五十萬元。

( ) 6. 壽險業辦理歐元計價之非投資型人身保險商品相關業務，請確實依據：　(1)保險業辦理外匯業務管理辦法　(2)人身保險業辦理以外幣收付之非投資型人身保險業務應具備資格條件及注意事項　(3)人身保險業歐元外幣保單新契約責任準備金利率自動調整精算公式　(4)人身保險業美元外幣保單新契約責任準備金利率自動調整精算公式　(A)(1)(2)(3)　(B)(1)(2)　(C)(3)(4)　(D)(1)(2)(3)(4)　等規定辦理，且注意不得涉及外匯匯兌業務。

( ) 7. 人身保險業國外投資部分已採用計算風險值評估風險，所稱之風險值，係指按週為基礎、樣本期間至少三年，或按日為基礎、樣本期間至少一年，樣本之資料至少：　(A)每日　(B)每季　(C)每週　(D)每月　更新一次，以至少百分之九十九的信賴水準，計算十個交易日之風險值，且須每月進行回溯測試。

( ) 8. 以歐元收付之非投資型人身保險契約與：　(A)新臺幣收付之投資型保險契約　(B)新臺幣收付之非投資型保險契約　(C)美元收付之非投資型保險契約　(D)歐元收付之投資型人身保險契約　得辦理契約轉換。

( ) 9. 人身保險業國外投資部分已採用計算風險值評估風險，所稱之風險值，係指按週為基礎、樣本期間至少三年，或按日為基礎、樣本期間至少一年，樣本之資料至少每週更新一次，以：　(A)90%　(B)99%　(C)95%　(D)85%　的信賴水準，計算十個交易日之風險值，且須每月進行回溯測試。

( ) 10. 金融監督管理委員會於98年2月12日同意開放：　(1)美元　(2)澳幣　(3)歐元　(4)加幣　(A)(3)(4)　(B)(1)(3)　(C)(1)(2)　(D)(2)(3)　計價之非投資型人身保險商品。

( ) 11. 人身保險業國外投資部分已採用計算風險值評估風險，所稱之風險值，係指按週為基礎、樣本期間至少三年，或按日為基礎、樣本期間至少一年，樣本之資料至少每週更新一次，以至少百分之九十九的信賴水準，計算 (A)七個 (B)三十個 (C)十個 (D)二十個 交易日之風險值，且須每月進行回溯測試。

( ) 12. 人身保險業國外投資部分已採用計算風險值評估風險，所稱之風險值，係指按週為基礎、樣本期間至少三年，或按日為基礎、樣本期間至少一年，樣本之資料至少每週更新一次，以至少百分之九十九的信賴水準，計算十個交易日之風險值，且須 (A)每季 (B)每週 (C)每年 (D)每月進行回溯測試。

( ) 13. 人身保險業國外投資部分已採用計算風險值評估風險，所稱之風險值，係指按週為基礎、樣本期間更少三年，或按日為基礎、樣本期間至少一年，樣本之資料至少每週更新一次，以至少百分之九十九的信賴水準，計算幾個交易日之風險值，且須每月進行回溯測試？ (A)七個 (B)三十個 (C)十個 (D)二十個。

( ) 14. 人身保險業辦理以外幣收付之非投資型人身保險業務，在國外投資部分應採用計算風險值評估風險，所稱之風險值下列敘述何者為是？ (1)按周為基礎，樣本期間至少兩年 (2)按日為基礎、樣本期間至少一年 (3)樣本之資料至少每周更新一次 (4)至少百分之九十九信賴水準，計算十個交易日之風險值，且須每月進行回溯測試。 (A)(1)(2)(3) (B)(2)(3)(4) (C)(1)(3)(4) (D)(1)(2)(3)(4)。

( ) 15. 人身保險業國外投資部份已採用計算風險值評估風險，所稱之風險值，係指： (1)按週為基礎、樣本期間至少三年 (2)按日為基礎、樣本期間至少一年 (3)按月為基礎、樣本期間至少一年 (4)按月為基礎、樣本期間至少三年，樣本之資料至少每週更新一次，以至少百分之九十九的信賴水準，計算十個交易日之風險值，且須每月進行回溯測試 (A)(1)(3) (B)(3)(4) (C)(2)(3) (D)(1)(2)。

( ) 16. 人身保險業申請辦理以外幣收付之非投資型人身保險業務，應符合資格條件之國外投資部份已採用計算風險值（Value at Risk）評估風險，所稱之風險值下列敘述何者正確： (1)係指按月為基礎、樣本期間至少三年，或按週為基礎、樣本期間至少一年 (2)係指

按週為基礎、樣本期間至少三年，或按日為基礎、樣本期間至少
一年 (3)樣本之資料至少每週更新一次，已至少百分之九十九的
信賴水準，計算七個交易日之風險值 (4)須每月進行回溯測試
(A)(1)(3)(4) (B)(2)(3)(4) (C)(1)(4) (D)(2)(4)。

( ) 17. 人身保險業取得金管會核准辦理以外幣收付之非投資型人身保險業
務之證明文件後，應檢附哪些規定之書件，向中央銀行申請許可
後，始得辦理： (1)金管會核發之營業執照影本 (2)董事會議事錄
(3)營業計畫書 (4)重要事項告知書 (A)(1)(2)(3)(4) (B)(1)(2)(3)
(C)(1)(3)(4) (D)(2)(3)(4)。

( ) 18. 人身保險業經營以外幣收付之非投資型人身保險業務，險種以人壽保
險、年金保險、健康保險為限，並須經何者許可 (A)中華民國人壽
保險商業同業公會 (B)金管會 (C)中央銀行 (D)財政部。

( ) 19. 人身保險業經營以外幣收付之非投資型人身保險業務，險種以下列何
者為限，並須經中央銀行許可： (1)人壽保險 (2)年金保險 (3)健
康保險 (4)傷害保險 (A)(1)(2) (B)(1)(2)(3)(4) (C)(1)(2)(3)
(D)(1)。

( ) 20. 以被保險人於保險期間內仍然生存時保險公司依照契約所約定金額給
付保險，稱為？ (A)死亡保險 (B)終身保險 (C)生存保險 (D)生
死合險。

( ) 21. 依「保險法」第135條之1規定， (A)生存保險人 (B)定期保險人
(C)生死合險人 (D)年金保險人於被保險人生存期間或特定期間內，
依照契約給付一次或分期給付一定金額之責任。

( ) 22. 養老保險就是將： (A)定期保險及生存保險 (B)定期保險及死亡
保險 (C)終身保險及死亡保險 (D)終身保險及生存保險 結合在
一起的保險。

( ) 23. 以外幣收付之非投資型人壽保險，依保險事故區分，分為？ (A)生
存保險及生死合險 (B)死亡保險及生死合險 (C)死亡保險、生存保
險及生死合險 (D)死亡保險及生存保險。

( ) 24. 保險契約約定，以被保險人於保險期間內死亡或於保險期間屆滿仍生
存時，保險公司依照契約所約定金額給付保險金者稱為？ (A)生存
保險 (B)生死合險 (C)終身保險 (D)死亡保險。

( ) 25. 年金保險，以交付保費方式分類，分為： (1)限期繳費年金保險 (2)躉繳年金保險 (3)分期繳費年金保險 (4)遞增繳費年金保險 (A)(2)(3) (B)(3)(4) (C)(1)(2) (D)(1)(3)。

( ) 26. 年金保險，以年金給付方式分類，分為： (1)終身年金保險 (2)附保證期間之終身年金保險 (3)附保證金額之終身年金保險 (4)定期生存年金 (A)(1)(2)(3) (B)(2)(3) (C)(1)(4) (D)(1)(2)(3)(4)。

( ) 27. 年金保險，以年金給付始期分類，分為： (1)即期年金保險 (2)遞延年金保險 (3)終期年金保險 (A)(1)(2)(3) (B)(1)(3) (C)(1)(2) (D)(2)(3)。

( ) 28. 年金保險，以年金給付額是否固定分類，分為： (1)定額年金保險 (2)確定年金保險 (3)變額年金保險 (4)不確定年金保險 (A)(1)(4) (B)(2)(4) (C)(2)(3) (D)(1)(3)。

( ) 29. 年金保險以年金受領人數分類，分為： (1)個人年金保險 (2)多數受領人年金保險 (3)團體年金保險 (A)(2) (B)(1)(2) (C)(1)(2)(3) (D)(1)(3)。

( ) 30. 年金保險以年金給付方式分類，分為： (1)終身年金保險 (2)附保證期間之終身年金保險 (3)附保證金額之終身年金保險 (4)定期生存年金 (A)(2)(3) (B)(1)(2)(3)(4) (C)(1)(2)(3) (D)(1)(4)。

( ) 31. 年金保險以年金給付始期分類，分為： (1)即期年金保險 (2)遞延年金保險 (3)終期年金保險 (A)(1)(2)(3) (B)(1)(3) (C)(1)(2) (D)(2)(3)。

( ) 32. 人身保險業辦理以外幣收付之非投資型人身保險業務，健康保險之給付項目，以下列何者為限： (1)豁免保險費 (2)一次性給付之癌症疾病 (3)一次性給付之重大疾病或特定疾病 (4)一次性給付之失能 (A)(1) (B)(1)(2)(3)(4) (C)(1)(2) (D)(1)(2)(3)。

( ) 33. 為提供消費者更多元外幣保險商品選擇，以滿足外幣保險保障需求，金管會於103年12月30日修正「人身保險業辦理以外幣收付之非投資型人身保險業務應具備資格條件及注意事項」第4點，開放 (A)人壽保險 (B)傷害保險 (C)年金保險 (D)健康保險 為人身保險業得經營之業務範圍。

( ) 34. 依「人身保險業辦理以外幣收付之非投資型人身保險業務應具備資格條件及注意事項」規定，人身保險業可辦理： (1)美元 (2)歐元 (3)日幣 (4)澳幣 (5)人民幣 之非投資型健康保險業務 (A)(1)(2)(3)(4)(5) (B)(1)(2)(4)(5) (C)(1)(2)(3)(4) (D)(1)(2)(3)(5)。

( ) 35. 金融監督管理委員會已開放哪幾種外幣計價之非投資型人身保險商品？ (1)美元 (2)澳幣 (3)歐元 (4)加幣 (A)(1)(2)(3) (B)(1) (C)(1)(3) (D)(1)(3)(4)。

☑ 保險公司國外投資相關規定

( ) 1. 以外幣收付之非投資型人身保險契約，其對應之一般帳簿資產？ (A)不得兌換為新臺幣，且其資金運用仍應依保險法第146條之4規定辦理 (B)不得兌換為新臺幣，且其資金運用不受保險法第146條之4規定限制 (C)得兌換為新臺幣，且其資金運用不受保險法第146條之4規定限制 (D)得兌換為新臺幣，且其資金運用仍應依保險法第146條之4規定辦理。

( ) 2. 以美元收付之非投資型人身保險契約與： (A)美元收付之投資型人身保險契約 (B)歐元收付之非投資型人身保險契約 (C)新臺幣收付之投資型人身保險契約 (D)新臺幣收付之非投資型人身保險契約 得辦理契約轉換。

( ) 3. 以美元收付之非投資型保險，其對應之國外投資資產不得進行下列何者兌換？ (A)將美元國外投資資產兌換為新臺幣資產 (B)將美元國外投資資產兌換為歐元資產 (C)將英鎊國外投資資產兌換為美元資產 (D)將歐元國外投資資產兌換為英鎊。

( ) 4. 下列何者不計入其國外投資限額？ (1)保險業經主管機關核准銷售以外幣收付之非投資型人身保險商品，並經核准不計入國外投資之金額 (2)保險業依本法規定投資於國內上市或上櫃之外幣計價股權或債券憑證之投資金額 (3)保險業經主管機關核准設立成投資國外保險相關事業，並經核准不計入國外投資之金額 (4)外幣投資型人身保險商品之投資項目及金額 (A)(2)(3)(4) (B)(1)(2)(3) (C)(1)(2)(3)(4) (D)(1)(2)。

( )　5. 外幣收付之非投資型人身保險契約：　(1)所收取之保費　(2)兌換損益　(3)從事之資金運用　(4)提存的各項責任準備金，除相關法令有明確規範排除外，應併入國外投資限額計算　(A)(1)(2)　(B)(2)(4)　(C)(1)(3)　(D)(2)(3)。

( )　6.「保險法」第146條之3規定，保險業辦理放款項目不包括？　(A)以動產或不動產為擔保之放款　(B)公司保證之放款　(C)人壽保險業以各該保險業所簽發之人壽保險單為質之放款　(D)以合於保險法第146條之1之有價證券為質之放款。

( )　7. 依「保險法」第146條之3第1項規定，保險業辦理放款，以下列何者為限：　(1)銀行保證之放款　(2)以動產或不動產為擔保之放款　(3)以合於第146條之4之有價證券為質之放款　(4)人壽保險業以各該保險業所簽發之人壽保險單為質之放款　(A)(1)(2)(3)　(B)(1)(2)(4)　(C)(1)(3)(4)　(D)(2)(3)(4)。

( )　8. 保險業辦理以外幣收付之人身保險單為質的外幣放款，應向：　(A)中央銀行　(B)財政部　(C)金管會　(D)財團法人保險事業發展中心申請許可後，始得辦理。

( )　9. 針對保險業辦理以保險單為質之外幣放款規定，以下何者正確？　(1)以人身保險單為質之外幣放款，應併入國外投資總額　(2)外幣放款業務之資金以外幣保單保費為限　(3)得以財產保險單為質　(4)不得以外幣投資型保險為質　(A)(1)　(B)(1)(2)　(C)(1)(2)(4)　(D)(1)(2)(3)(4)。

( )　10. 國外投資總額之計算，以最近一期會計師簽證或核閱之決（結）算之國外投資總額，加減至衡量日止所有新增減之實際國外投資金額，且新增減投資部分應以？　(A)中央銀行結帳　(B)實際入帳時　(C)各銀行結帳　(D)衡量日之匯率計算。

( )　11. 國外投資總額之計算範圍，除法令所載國外投資項目外，仍應計入：　(1)國外有價證券因跨月交割所產生之應收及應付款　(2)衍生性金融資產與負債淨額　(3)因投資國外有價證券所衍生之應收利息等與國外投資相關之項目　(4)國外有價證券所產生之匯兌利益或損失　(A)(2)(4)　(B)(1)(3)　(C)(1)(2)　(D)(1)(2)(3)　等與國外投資相關之項目。

( ) 12. 保險業於： (1)實際匯出外幣 (2)以外幣購買國外投資標的 (3)實際入帳 (4)簽約 (A)(3)(4) (B)(1) (C)(2) (D)(1)(2) 之時點，均屬國外投資總額之衡量日，應評估有無逾限之虞。

( ) 13. 保險業於何時之時點，均屬國外投資總額之衡量日，應評估有無逾限之虞？ (1)實際匯出外幣 (2)以外幣購買國外投資標的 (3)實際入帳 (4)簽約 (A)(3)(4) (B)(1) (C)(2) (D)(1)(2)。

☑ 保險業辦理國外投資管理辦法

( ) 1. 「保險業辦理國外投資管理辦法」所稱外國銀行：指 (1)全世界銀行資本排名居前五百名以內 (2)在中華民國境內設有分行 (3)全世界銀行資產排名居前五百名以內 (4)全世界銀行資本或資產排名居前一千名以內之外國銀行 (A)(1)(3)(4) (B)(1)(2)(3) (C)(1)(2)(4) (D)(2)(3)(4)。

( ) 2. 保險業資金運用於外匯存款，得存放之銀行包括： (1)中華民國境內之銀行 (2)在中華民國境內設有分行之外國銀行 (3)全世界銀行資本排名居前五百名以內之外國銀行 (4)全世界銀行資產排名居前五百名以內之外國銀行 (A)(1)(3)(4) (B)(1)(2) (C)(3)(4) (D)(1)(2)(3)(4)。

( ) 3. 保險業辦理國外投資管理辦法」所稱外國銀行：指 (1)全世界銀行資本排名居前五百名以內 (2)在中華民國境內設有分行 (3)世界銀行資產排名居前五百名以內 (4)全世界銀行資本或資產排名居前一千名以內之外國銀行 (A)(1)(3)(4) (B)(1)(2)(3) (C)(1)(2)(4) (D)(2)(3)(4)。

( ) 4. 「保險業辦理國外投資管理辦法」所稱國內信用評等機構，指： (1)中華信用評等股份有限公司臺灣分公司 (2)穆迪信用評等股份有限公司臺灣分公司 (3)英商惠譽國際信用評等股份有限公司臺灣分公司 (4)標準普爾信用評等股份有限公司臺灣分公司 (A)(1)(3) (B)(1)(2)(4) (C)(1)(3)(4) (D)(2)(3)(4)。

( ) 5. 保險法第146條之4規定，保險業資金辦理國外投資，以下列何者為限？ (1)國外不動產 (2)國外有價證券 (3)國外基金 (4)投資國

外保險公司　(5)外匯存款　(A)(3)(4)(5)　(B)(1)(2)(3)　(C)(1)(2)(4)
(D)(2)(4)(5)。

( )　6. 依「保險法」第146條之4規定，保險業資金辦理國外投資，以下列何
者為限：　(1)國外不動產　(2)國外有價證券　(3)國外基金　(4)投資
國外保險公司　(5)外匯存款　(A)(3)(4)(5)　(B)(1)(2)(3)　(C)(1)(2)(4)
(D)(2)(4)(5)。

( )　7. 保險業辦理下列何項之國外投資，須經主管機關核准後始得辦理？
(A)經中央銀行許可辦理以各該保險業所簽發外幣收付之人身保險單
為質之外幣放款　(B)國外不動產　(C)經行政院核定為配合政府經濟
發展政策之經建計畫重大投資案　(D)以上皆是。

( )　8. 保險業辦理國外投資？　(A)得因避險需要，從事衍生性商品交易
(B)得從事避險目的及增加投資收益之衍生性商品交易　(C)得從事增
加投資收益之衍生性商品交易　(D)不得從事衍生性商品交易。

( )　9. 下列何者不是保險業辦理國外投資之項目？　(A)設立或投資國外保
險公司、保險代理人公司、保險經紀人公司或其他經主管機關核准之
保險相關事業　(B)國外不動產　(C)依不動產證券化條例發行之不動
產資產信託受益證券　(D)衍生性金融商品。

( )　10. 下列何者為保險業辦理國外投資之項目：　(1)經行政院核定為配合政
府經濟發展政策之經建計畫重大投資案　(2)衍生性金融商品　(3)國
外不動產　(4)依不動產證券化條例發行之不動產投資信託受益證券
(A)(1)(2)(3)(4)　(B)(1)(3)(4)　(C)(1)(2)(3)　(D)(2)(3)(4)。

( )　11. 依「保險業辦理國外投資範圍及內容準則」規定，以外幣收付之非投
資型人身保險契約，對應之一般帳簿資產，其資金辦理國外投資之項
目，以下列何者為限：　(1)外匯存款　(2)國外有價證券　(3)設立或
投資國外保險公司、保險代理人公司、保險經紀人公司或其他經主
管機關核准之保險相關事業　(4)不動產　(A)(2)(3)(4)　(B)(1)(2)(4)
(C)(1)(3)(4)　(D)(1)(2)(3)。

( )　12. 金管會核准人身保險業不得辦理國外投資之項目？　(A)政府經濟發
展政策之經建計劃重大投資案　(B)設立或投資國外保險公司　(C)投
資不動產　(D)經中央銀行許可辦理以各該保險業所簽發外幣收付之
投資型保險單為質之外幣放款。

( ) 13. 保險業辦理國外投資之項目，下列哪些不包含在內： (1)國外不動產 (2)經行政院核定為配合政府經濟發展政策之經建計畫重大投資案 (3)經金管會許可辦理以各該保險業所簽發外幣收付之財產保險單為質之外幣放款 (4)辦理經主管機關核准之專案運用、公共及社會福利事業投資 (A)(3)(4) (B)(2)(3) (C)(1)(4) (D)(1)(2)。

( ) 14. 保險業辦理國外投資之項目，以下列哪些為限？ (1)外匯存款 (2)國外有價證券 (3)設立或投資國外保險公司、保險代理人公司、保險經紀人公司或其他經主管機關核准之保險相關事業 (4)辦理經主管機關核准之專案運用、公共及社會福利事業投資 (A)(2)(3)(4) (B)(1)(2)(3) (C)(1)(2)(4) (D)(1)(3)(4)。

( ) 15. 保險業資金運用於外匯存款，存放於同一銀行之金額，不得超過該保險業？ (A)業主權益百分之三 (B)業主權益百分之五 (C)資金百分之五 (D)資金百分之三。

( ) 16. 保險業資金運用於外匯存款，存放之銀行？ (A)限中華民國境內之銀行 (B)限中華民國境外之銀行 (C)除中華民國境內之銀行外，並得存放於外國銀行 (D)限存放於外國銀行。

( ) 17. 下列何者不是保險業資金得投資國外有價證券之種類？ (A)國內證券市場上市或上櫃買賣之外幣計價股權憑證 (B)國外未上市股票 (C)國外表彰基金之有價證券 (D)資產證券化商品。

( ) 18. 下列何者不是保險業資金得投資國外有價證券之種類？ (A)結構型商品 (B)外國政府發行之公債、國庫券及該政府所屬機構發行之債券 (C)本國企業或銀行發行以外幣計價之公司債、金融債券 (D)外國銀行發行或保證之金融債券、可轉讓定期存單、浮動利率中期債券。

( ) 19. 下列何者不是保險業資金得投資國外有價證券之種類： (A)本國企業或銀行發行以外幣計價之公司債、金融債券 (B)外國銀行發行或保證之金融債券、可轉讓定存單、浮動利率中期債券 (C)結構型商品 (D)外國政府發行之公債、國庫券。

( ) 20. 下列何者為保險業資金得投資國外有價證券之種類： (1)結構型商品 (2)資產證券化商品 (3)國外政府機構發行之債券 (4)國際性組織所發行之債券 (A)(1)(2)(3) (B)(2)(3)(4) (C)(1)(3)(4) (D)(1)(2)(3)(4)。

( ) 21. 保險業資金得投資「外國地方政府發行或保證之債券」之規定，債券發行評等須經國外信用評等機構評定為： (A)A－級 (B)A級 (C)AA－級 (D)BBB＋ 或相當等級以上，地方政府所屬國家之主權評等等級並需經國外信用評等機構評定為AA－級或相當等級以上且為經濟合作暨發展組織。

( ) 22. 保險業辦理國外投資，投資於外國證券集中交易市場或店頭市場交易之公司債、非本國企業發行之可轉換公司債及附認股權公司債，其發行公司之信用評等等級須經國外信用評等機構評定為何種等級或相當等級以上？ (A)AA－級 (B)BBB＋級 (C)A＋級 (D)A－級。

( ) 23. 保險業有下列何者情事者，得投資經國外信用評等機構評定為BBB＋級或相當等級之公司所發行之可轉換公司債及附認股權公司債？ (A)最近一年有國外投資違反本法受重大處分情事 (B)最近一期自有資本與風險資本之比率未達250% (C)董事會未設置風險控管委員會，實際負責公司整體風險控管 (D)最近一期自有資本與風險資本之比率達220%，且經國內外信用評等機構評定信用評等等級達AA級以上者。

( ) 24. 依保險業辦理國外投資管理辦法規定，保險業投資於股票、首次公開募集之股票、非本國企業發行之存託憑證、可轉換公司債及附認股權公司債總額，不得超過該保險業？ (A)業主權益百分之四十 (B)依保險法第146條之4核定國外投資總額之百分之二十 (C)依保險法第146條之4核定國外投資總額之百分之四十 (D)業主權益百分之二十。

( ) 25. 依保險業辦理國外投資管理辦法規定，保險業投資經國外信用評等機構評定為BBB級至BB＋級或相當等級之公司債、非本國企業發行可轉換公司債及附認股權公司債之總額，合計？ (A)該保險業經核定之國外投資額度百分之十二或業主權益百分之六十孰高者 (B)該保險業經核定之國外投資額度百分之十二 (C)該保險業經核定之國外投資額度百分之六或業主權益百分之三十孰高者 (D)業主權益百分之三十。

( ) 26. 保險業資金投資以外幣計價之商業本票，具發行或保證公司之信用評等等級須經國外信用評等機構評定為？ (A)BBB－級 (B)A－級 (C)BBB級 (D)BBB＋級 或相當等級以上。

( ) 27. 依「保險業辦理國外投資管理辦法」規定，保險業投資於股票、首次公開募集之股票、非本國企業發行之存託憑證，可轉換公司債及附認股權公司債之有價證券總額，不得超過該保險業？　(A)業主權益百分之二十　(B)保險法第146條之4核定國外投資總額百分之十　(C)保險法第146條之4核定國外投資總額百分之四十　(D)業主權益百分之四十。

( ) 28. 依「保險業辦理國外投資管理辦法」規定，保險業投資經國外信用評等機構評定為BBB級至BB＋級或相當等級之公司債、非本國企業發行可轉換公司債及附認股權公司債之總額，合計以？　(A)該保險業經核定之國外投資額度百分之六或業主權益百分之三十孰高者　(B)該保險業經核定之國外投資額度百分之六　(C)該保險業經核定之國外投資額度百分之六或業主權益百分之三十孰低者　(D)業主權益百分之三十為限。

( ) 29. 依「保險業辦理國外投資管理辦法」規定，保險業投資經國外信用評等機構評定為BBB級或相當等級每一公司發行或保證之公司債、非本國企業發行可轉換公司債及附認股權公司債之總額，不得超過該保險業？　(A)業主權益百分之十　(B)業主權益百分之二十　(C)經核定國外投資總額之百分之十　(D)經核定國外投資總額之百分之二十。

( ) 30. 保險業有下列何者情事者，不得投資經國外信用評等機構評定為BBB以下之公司所發行之可轉換公司債：　(1)最近一年有國外投資違反保險法受重大處分情事　(2)最近一期自有資本與風險資本之比率未達百分之二百五十　(3)董事會未設置風險管理委員會，實際負責公司整體風險控管　(4)最近一期自有資本與風險資本之比率達百分之二百二十未達百分之二百五十，且經國內外信用評等機構評定最近一年信用評等等級達AA級　(A)(1)(3)(4)　(B)(1)(3)　(C)(1)(2)(3)　(D)(2)(3)(4)。

( ) 31. 依「保險業辦理國外投資管理辦法」規定，所稱國外表彰基金之有價證券種類包括？　(1)不動產資產信託基金　(2)指數型基金　(3)證券投資基金　(4)商品基金　(A)(1)(2)(4)　(B)(2)(3)(4)　(C)(1)(2)(3)　(D)(1)(2)(3)(4)。

( )│32. 保險業投資於國外表彰基金之有價證券，其投資於： (1)指數型基金 (2)不動產投資信託基金 (3)私募股權基金 (4)指數股票型基金 之每一國外指數型基金之總額，不得超過保險業資金百分之五及該基金已發行總額百分之十 (A)(1)(2)(4) (B)(2)(3)(4) (C)(1)(3)(4) (D)(1)(2)(3)。

( )│33. 依保險業辦理國外投資管理辦法規定，所稱國外表彰基金之有價證券種類包括： (1)不動產資產信託基金 (2)證券投資基金 (3)指數型基金 (4)商品基金 (A)(1)(2)(4) (B)(1)(2)(3) (C)(1)(2)(3)(4) (D)(2)(3)(4)。

( )│34. 保險業投資於國外表彰基金之有價證券總額，不得超過其依保險法第146條之4核定國外投資總額之多少比例？ (A)20% (B)40% (C)50% (D)30%。

( )│35. 保險業投資於國外證券投資基金之每一國外基金之總額，不得超過該保險業 (A)資金5% (B)資金2% (C)業主權益5% (D)資金3% 該基金已發行總額百分之十。

( )│36. 保險業投資於國外表彰基金之有價證券，其投資於： (1)對沖基金 (2)私募股權基金 (3)基礎建設基金 (4)商品基金，之投資總額不得超過該保險業可運用資金之百分之二，且其單一基金投資總額不得超過該基金已發行總額百分之十 (A)(1)(3) (B)(3)(4) (C)(2)(3) (D)(1)(2)。

( )│37. 保險業投資於國外表彰基金之有價證券總額，其投資於對沖基金及私募股權基金之投資總額不得超過該保險業可運用資金多少比例，且其單一基金投資總額不得超過該基金已發行總額百分之十？ (A)3% (B)1% (C)2% (D)5%。

( )│38. 保險業投資於國外表彰基金之有價證券總額，其投資於對沖基金及私募基金之投資總額不得超過該保險業可運用： (A)資金百分之三 (B)資金百分之一 (C)資金百分之二 (D)資金百分之五 ，但保險業已依第15條第4項第5款規定申請並經主管機關核定其國外投資額度超過其資金百分之四十者，其投資總額不得超過資金百分之三。且其單一基金投資總額不得超過該基金已發行總額百分之十。

( ) 39. 保險業投資於國外表彰基金之有價證券總額,其投資對沖基金及私募股權基金,單一基金投資總額超過該保險業? (A)可運用資金百分之二 (B)可運用資金萬分之五 (C)業主權益萬分之五 (D)可運用資金百分之一 以上者應提報該保險業董事會通過後始得投資。

( ) 40. 保險業辦理國外投資項目,所稱國外表彰基金之有價證券種類不包括? (A)對沖基金 (B)避險基金 (C)私募股權基金 (D)不動產投資信託基金。

( ) 41. 國外表彰基金之有價證券種類有: (1)對沖基金 (2)不動產投資信託基金 (3)指數型基金 (4)境外基金 (5)商品基金 (A)(1)(2)(3)(4) (B)(1)(2)(3)(5) (C)(1)(3)(4)(5) (D)(2)(3)(4)(5)。

( ) 42. 保險業辦理國外投資之項目,所稱外國證券集中交易市場或店頭市場交易之股權或債權憑證之種類包括: (1)股票 (2)首次公開募集之股票 (3)公司債 (4)本國企業發行之存託憑證、可轉換公司債及附認股權公司債 (A)(1)(3)(4) (B)(2)(3)(4) (C)(1)(2)(3) (D)(1)(2)(3)(4)。

( ) 43. 保險業投資於國外表彰基金之有價證券,其投資於對沖基金及私募股權基金之投資總額不得超過該保險業可運用: (A)資金3% (B)資金1% (C)資金2% (D)資金5% 且其單一基金投資總額不得超過該基金已發行總額百分之十。

( ) 44. 保險業資金得投資國外私募股權基金之基金經理公司須以在經濟合作暨發展組織國家主管機關合法註冊者為限,且管理私募股權基金歷史須多久以上,管理私募股權基金之資產不得少於美金五億元或等值外幣? (A)滿二年 (B)滿三年 (C)滿五年 (D)滿一年。

( ) 45. 保險業資金得投資國外私募股權基金之基金經理公司須以在經濟合作暨發展組織國家主管機關合法註冊者為限,且管理私募股權基金歷史須滿五年以上,管理私募股權基金之資產不得少於多少美元或等值外幣? (A)美金二億元 (B)美金五億元 (C)美金三億元 (D)美金一億元。

( ) 46. 保險業資金投資國外對沖基金之基金經理公司須以在主權評等等級經國外信用評等機構評定為A＋級或相當等級以上,且屬國際證券管理

機構組織（IOSCO）多邊瞭解備忘錄（MMoU）之簽署國家或地區主管機關註冊者為限，且管理對沖基金歷史須滿二年以上，管理對沖基金之資產不得少於： (A)美金五億元 (B)美金一億元 (C)美金三億元 (D)美金二億元 或等值外幣。

( ) 47. 保險業資金投資國外對沖基金之基金經理公司須以在主權評等等級經國外信用評等機構評定為A＋級或相當等級以上，且屬國際證券管理機構組織（IOSCO）多邊瞭解備忘錄（MMoU）之簽署國家或地區主管機關註冊者為限，且管理對沖基金歷史須： (A)滿一年 (B)滿三年 (C)滿五年 (D)滿兩年 以上，管理對沖基金之資產不得少於美金二億元或等值外幣。

( ) 48. 保險業資金得投資之國外資產證券化商品，其信用評等須經國外信用評等機構評定為哪一個等級或相當等級以上，且其投資總額不得超過保險業經核定之國外投資額度百分之二十，對每一資產證券化商品之投資金額，不得超過保險業資金百分之一？ (A)BBB－級 (B)A－級 (C)BBB級 (D)BBB＋級。

( ) 49. 保險業資金得投資之國外資產證券化商品，其信用評等須經國外信用評等機構評定為A－級或相當等級以上，且其投資總額不得超過保險業經核定之國外投資額度： (A)百分之五 (B)百分之二十 (C)百分之三十 (D)百分之四十 ，對每一資產證券化商品之投資金額，不得超過保險業資金百分之一。

( ) 50. 保險業資金得投資之國外資產證券化商品，其信用評等須經國外信用評等機構評定為A－級或相當等級以上，且投資總額不得超過保險業經核定之國外投資額度20%，對每一資產證券化商品之投資金額，不得超過保險業資金？ (A)1% (B)2% (C)4% (D)5%。

( ) 51. 保險業資金得投資之國外資產證券化商品，其信用評等須經國外信用評等機構評定為A－級或相當等級以上，且其投資總額不得超過保險業經核定之國外投資額度多少比例，對每一資產證券化商品之投資金額，不得超過保險業資金百分之一？ (A)10% (B)20% (C)40% (D)30%。

( ) 52. 保險業資金得投資之國外資產證券化商品，其信用評等須經國外信用評等機構評定為A－級或相當等級以上，且其投資總額不得超過保險

業經核定之國外投資額度20%，對每一資產證券化商品之投資金額，不得超過保險業資金？　(A)2%　(B)5%　(C)3%　(D)1%。

(　)　53. 保險業辦理國外投資之項目，所稱資產證券化商品之種類不包括？(A)信用卡應收帳款債券　(B)商業不動產抵押貸款債券　(C)抵押債務債券　(D)住宅不動產抵押貸款債券。

(　)　54. 保險業辦理國外投資之項目，所稱資產證券化商品之種類包括：(1)資產基礎證券　(2)商業不動產抵押貸款債券　(3)住宅不動產抵押貸款債券　(4)抵押債務債券　(A)(1)(3)(4)　(B)(1)(2)(3)(4)(C)(1)(2)(4)　(D)(1)(2)(3)。

(　)　55. 保險業資金得投資之國外住宅不動產抵押貸款債券，其資產池之債權平均信用評等分數須達：　(A)八百分　(B)五百分　(C)五百五十分(D)六百八十分　以上。

(　)　56. 保險業投資於美國聯邦國民抵押貸款協會、聯邦住宅抵押貸款公司及美國政府國民抵押貸款協會等機構發行或保證之住宅不動產抵押貸款債券，不受第二項及第三項規定限制，但其投資總額不得超過保險業經核定之國外投資額度？　(A)百分之三十五　(B)百分之四十(C)百分之五十　(D)百分之六十。

(　)　57. 保險業投資於美國聯邦國民抵押貸款協會、聯邦住宅抵押貸款公司及美國政府國民抵押貸款協會等機構發行或保證之住宅不動產抵押貸款債券，但每一機構之債券投資金額，不得超過保險業經核定之國外投資額度？　(A)百分之二十五　(B)百分之三十五　(C)百分之四十五(D)百分之五十。

(　)　58. 保險業資金得投資之國外資產證券化商品，其信用評等須經國外信用評等機構評定為：　(A)BBB　(B)BBB－　(C)A－　(D)BBB＋　或相當等級以上，且其投資總額不得超過保險業經核定之國外投資額度百分之二十，對每一資產證券化商品之投資金額，不得超過保險業資金百分之一。

(　)　59. 保險業辦理國外投資之項目，所稱國外政府機構發行之債券，須經國外信用評等機構認定政府支援程度在中級或相當等級以上，且其發行

機構或保證機構之信用評等等級或該債券之信用評等等級須經國外信用評等機構評定為何種等級或相當等級以上？ (A)BBB＋ (B)AA (C)AA－ (D)A。

( ) 60. 保險業投資於國際性組織發行之債券，其對每一國際性組織所發行債券之投資總額，不得超過該保險業資金？ (A)百分之五 (B)百分之十 (C)百分之三 (D)百分之一。

( ) 61. 保險業辦理國外投資，投資於國外政府機構發行之債券，其對每一國外政府機構所發行債券之投資總額，不得超過該保險業資金？ (A)百分之一 (B)百分之三 (C)百分之十 (D)百分之五。

( ) 62. 保險業辦理國外投資，投資於國際性組織發行之債券，其發行機構之信用評等等級，須經國外信用評等機構評定為： (A)BBB＋ (B)A－ (C)A (D)AA－ 或相當等級以上。

( ) 63. 「保險業辦理國外投資管理辦法」第11條保險業對國外及大陸地區不動產之投資，以投資時已合法利用並產生利用效益者為限，並應符合下列規定？ (1)最近一期自有資本與風險資本之比率達百分之二百 (2)最近一年國外投資無受主管機關依本法重大處份情事 (3)最近兩年執行各項資金運用作業內部控制程序無重大違規，或違反情事及缺失事項已改正並經主管機關認可 (4)董事會設置風險管理委員會，或公司內部設置風險管理部門及風控長，實際負責公司整體風險控管。 (A)(1)(3)(4) (B)(2)(3)(4) (C)(1)(2)(3) (D)(1)(2)(3)(4)。

( ) 64. 保險業對國外及大陸地區不動產之投資總額不得超過保險業資金百分之一及業主權益 (A)百分之四十 (B)百分之二十 (C)百分之十 (D)百分之三十。

( ) 65. 保險業對國外不動產之投資？ (A)以所投資之不動產即時利用並有收益者為限 (B)以所投資之不動產有收益者為限 (C)以自用不動產為限 (D)以所投資之不動產即時利用者為限。

( ) 66. 保險業對國外及大陸地區不動產之投資？ (A)以所投資之不動產有收益者為限 (B)以投資時已合法利用並產生利用效益者為限 (C)以投資時已合法利用者為限 (D)以投資時已合法利用或產生利用效益者為限。

( ) 67. 保險業及特定目的不動產投資事業取得其投資之國外及大陸地區不動產後，應於公司網站揭露哪些事項： (1)國外及大陸地區不動產所在地 (2)市場公平價值之相關證明資料 (3)權屬狀況、面積及使用情形 (A)(2)(3) (B)(1)(2)(3) (C)(1)(3) (D)(1)(2)。

( ) 68. 依保險業辦理國外投資管理辦法11-1條所稱特定目的不動產投資事業，係指保險業經主管機關核准 _____ 直接出資設立並專以購置供大陸地區分支機構及參股投資保險業使用之不動產為設立之目的 (A)百分之百 (B)百分之五十 (C)百分之六十 (D)百分之八十。

( ) 69. 「保險業辦理國外投資管理辦法」第12條但書規定，已訂定經董事會通過之從事大陸地區投資相關交易處理程序及風險監控管理措施，且無該辦法第17條第2項第1款及第3款所列情事者，其資金得從事下列投資項目運用： (1)大陸地區政府公債或國庫券 (2)大陸地區集中市場交易股票及集中市場上市前首次公開募集股票 (3)大陸地區之公司債 (4)大陸地區之證券投資基金 (A)(1)(2) (B)(2)(3) (C)(3)(4) (D)(1)(4)。

( ) 70. 「保險業辦理國外投資管理辦法」第12條規定，人身保險業應依人身保險業辦理資訊公開管理辦法第11條規定，於資訊公開網頁之說明文件應記載內容事項下公開揭露從事本條第1項各款資金運用之 (A)損益情形 (B)信用評等等級 (C)投資總額及損益情形 (D)投資總額 ，並於每季更新一次。

( ) 71. 依「保險業辦理國外投資管理辦法」第12條規定，保險業者須符合下列哪些條件，方得依本辦法從事以人民幣計價之各項資金運用： (1)已訂定經董事會通過之從事大陸地區投資相關交易處理程序及風險監控管理措施 (2)由董事會每年訂定外匯風險管理限額 (3)由風險管理委員會或風險管理部門定期控管者 (A)(1)(3) (B)(1)(2) (C)(1)(2)(3) (D)(2)(3)。

( ) 72. 依保險業辦理國外投資投資管理辦法第12條從事大陸地區政府、公司相關也價證券之運用，以下列項目為限，何者正確？ (1)大陸地區政府公債及國庫券包括於銀行間債券市場交易之標的 (2)大陸地區集中市場交易股票集中市場上市前首次公開募集股票 (3)大陸地區集中市場或銀行間債券市場之公司債及金融債券 (4)大陸地區掛牌

上櫃之證券投資基金及指數股票型基金　(A)(1)(2)(4)　(B)(2)(3)(4)　(C)(1)(3)(4)　(D)(1)(2)(3)。

( )　73. 依「保險業辦理國外投資管理辦法」第12條第3項規定，保險業資金投資大陸地區集中市場或銀行間債券市場交易之公司債，其發行公司或保證公司之信用評等等級須經國外信用評等機構評等為　(A)BBB＋　(B)A－　(C)A　(D)BBB　或相當等級以上。

( )　74. 依「保險業辦理國外投資管理辦法」第12條第1項所列之投資項目，除應符合本辦法各項商品之投資條件及限額規定外並應符合下列規定？投資於大陸地區政府公債及國庫券之投資總額，不得超過該保險業經核定國外投資額度　(A)百分之二十　(B)百分之十五　(C)百分之十　(D)百分之五。

( )　75. 依保險業辦理國外投資管理辦法第11-2條第4項規定，特定目的不動產投資事業不得向外借款、為保證人或以其財產提供為他人債務之擔保，且其資金用途以下列何者為限：　(1)支付經營業務所發生之相關成本及費用　(2)存於金融機構　(3)投資政府所發行之公債、國庫券　(A)(1)(2)　(B)(1)(2)(3)　(C)(1)(3)　(D)(1)。

( )　76. 依保險業辦理國外投資管理辦法第12條規定，保險業資金投資大陸地區集中市場或銀行間債券市場交易之公司債且非屬次順位者，其發行公司或保證公司之信用評等等級需經國外信用評等機構評定為(A)BBB＋　(B)A－　(C)A　(D)BBB　或相當等級以上。

( )　77. 保險業得以下列哪種方式從事國外及大陸地區不動產之投資：　(1)以自己名義取得國外及大陸地區不動產　(2)經由投資特定目的不動產投資事業取得國外及大陸地區不動產　(A)(2)　(B)以上皆非　(C)(1)(2)　(D)(1)。

( )　78. 保險業從事國外不動產投資，應指派具有相當從事經驗或專業訓練人員負責，並提出投資評估報告　(A)個案　(B)逐案　(C)分案　(D)視案件大小　提報董事會通過後依授權辦理。

( )　79. 保險業符合「保險業辦理國外投資管理辦法」第12條第1項前段規定者，得依本辦法從事以人民幣計價之各項資金運用，但其於從事大陸地區政府、公司相關有價證券之運用，不得投資下列哪些項目：

(A)大陸地區政府公債及國庫券，包括於銀行間債券市場交易之標的 (B)大陸地區掛牌上市之證券投資基金及指數股票型基金 (C)大陸地區集中市場或銀行間債券市場交易之公司債及金融債券 (D)大陸地區店頭市場交易股票。

( ) 80. 依「保險業辦理國外投資管理辦法」第12條規定，保險業者須符合下列哪些條件，方得依本辦法從事以人民幣計價之各項資金運用：(1)已訂定經董事會通過之從事大陸地區投資相關交易處理程序及風險監控管理措施 (2)由董事會每年訂定外匯風險管理限額 (3)由風險管理委員會或風險管理部門定期控管者 (A)(1)(2)(3) (B)(1)(2) (C)(2)(3) (D)(1)(3)。

( ) 81. 保險業投資於大陸地區集中市場之公司債，其發行公司或保證公司之信用評等等級須經國外信用評等機構評定為： (A)A (B)A－ (C)A＋ (D)BBB＋ 等或相當等級以上。

( ) 82. 保險業及特定目的不動產投資事業取得其投資之國外不動產後，應於公司網站揭露哪些事項？ (1)國外及大陸地區不動產所在地 (2)市場公平價值之相關證明資料 (3)權屬狀況、面積及使用情形 (A)(2)(3) (B)(1)(2)(3) (C)(1)(3) (D)(1)(2)。

( ) 83. 保險業投資大陸地區特定目的不動產投資事業，應依臺灣地區與大陸地區人民關係條例規定向： (A)行政院大陸委員會 (B)中央銀行 (C)經濟部 (D)金融監督管理委員會 申請許可。

( ) 84. 保險業經由信託方式取得國外及大陸地區不動產，受託機構應為經當地主管機關核准經營信託事業者，且最近1年內經國內外信用評等機構評定為何等級或相當等級以上之金融機構，並不得為保險法第146條之7第3項所稱之利害關係人？ (A)A (B)BBB (C)BBB＋ (D)AA－。

( ) 85. 保險業投資特定目的不動產投資事業，應就擬投資取得之國外及大陸地區不動產每一標的物於事前逐筆檢送書件向哪個單位申請核准？ (A)中央銀行 (B)經濟部 (C)主管機關 (D)行政院大陸委員會。

( ) 86. 依96年7月18日修正之「保險法」第146條之4規定，保險業資金辦理國外投資總額，由主管機關視各保險業之經營情況核定之，最高不

得超過各該保險業？　(A)業主權益百分之三十五　(B)資金百分之四十五　(C)資金百分之三十五　(D)業主權益百分之四十五。

( )　87.依「保險業辦理國外投資管理辦法」第15條規定，所稱重大處分情事，指經主管機關核處罰鍰新臺幣多少元？　(A)二百萬元　(B)一百萬元　(C)五十萬元　(D)三百萬元　以上者。

( )　88.保險業已訂定：　(1)國外投資相關交易處理程序　(2)風險監控管理措施　(3)完整之投資手冊　(4)內部控制制度　，並經董事會同意者，得在該保險業資金百分之十額度內辦理國外投資　(A)(1)(3)　(B)(2)(4)　(C)(2)(3)　(D)(1)(2)。

( )　89.保險業資金得投資之國外資產證券化商品，其信用評等需經國外信用評等機構評定為？　(A)BBB　(B)BBB－　(C)A－　(D)BBB＋或相當等級以上，且投資總額不得超過保險業經核定之國外投資額度百分之二十，對每一資產證券化商品之投資金額，不得超過保險業資金百分之一。

( )　90.依保險業辦理國外投資管理辦法規定，保險業投資於外國證券交易市場或店頭市場之公司債、非本國企業發行之可轉換公司債及附認股權公司債，其發行或保證公司之信用評等等級須經國外信用評等機構評定為：　(A)AA－　(B)A＋　(C)A－　(D)BBB＋　或相當等級以上。

( )　91.「保險業辦理國外投資管理辦法」第15條第2項規定，保險業訂定國外投資相關交易處理程序應包括：　(1)制定整體性投資政策　(2)書面分析報告之製作　(3)交付執行之紀錄　(4)檢討報告之提交　(A)(1)(2)(3)　(B)(1)(3)(4)　(C)(2)(3)(4)　(D)(1)(2)(3)(4)　等，其相關資料應至少保存五年。

( )　92.「保險業辦理國外投資管理辦法」第15條第2項規定，保險業訂定國外投資相關交易處理程序應包括書面分析報告之製作、交付執行之紀錄與檢討報告之提交等，其相關資料應至少保存？　(A)一年　(B)二年　(C)三年　(D)五年。

( )　93.依「保險業辦理國外投資管理辦法」第15條第3項規定，保險業訂定國外投資風險監控管理措施，應包括有效執行之：　(1)風險管

理政策　(2)風險管理架構　(3)風險管理制度　(4)風險管理程序
(A)(2)(3)(4)　(B)(1)(2)(3)　(C)(1)(2)(3)(4)　(D)(1)(3)(4)。

(　)　94. 依「保險業辦理國外投資管理辦法」第15條第3項規定，保險業訂定
國外投資風險監控管理措施，應包括有效執行之風險管理政策、風險
管理架構及風險管理制度，其中風險管理制度應涵蓋國外投資相關
風險類別之：　(1)識別　(2)衡量　(3)監控　(4)報告　(5)限額控管
(A)(2)(3)(4)　(B)(1)(2)(3)　(C)(1)(2)(3)(4)　(D)(1)(2)(3)(5)　之執行
及變更程序。

(　)　95. 保險業投資之國外資產得委由保管機構保管或自行保管，其保管機構
應為最近一年經國內外信用評等機構評定信用評等等級為：　(A)AA
＋級　(B)A－級　(C)AA－級　(D)BBB＋級　或相當等級以上之金
融機構。

(　)　96. 保險業已訂定：　(1)國外投資相關交易處理程序　(2)風險監控管
理措施　(3)完整之投資手冊　(4)內部控制制度，並經董事會同意
者，得在該保險業資金百分之十額度內辦理國外投資　(A)(1)(3)
(B)(2)(4)　(C)(2)(3)　(D)(1)(2)。

(　)　97. 保險業已訂定國外投資相關交易處理程序及風險監控管理措施，並經
董事會同意者，得在該保險業資金：　(A)20%　(B)25%　(C)10%
(D)15%　額度內辦理國外投資。

(　)　98. 保險業訂定「國外投資相關交易處理程序及風險監控管理措施」，第
一項所稱國外投資風險監控管理措施，應包括有效執行之：　(1)風
險管理政策　(2)風險管理架構　(3)風險管理制度　(4)風險管理程
序　，其中風險管理制度應涵蓋國外投資相關風險類別之識別、衡
量、監控、限額控管之執行及變更程序　(A)(1)(2)(3)　(B)(2)(3)(4)
(C)(1)(2)　(D)(3)(4)。

(　)　99. 保險業申請提高國外投資總額至其資金25%，須符合下列哪些規
定？　(1)最近一年無受主管機關重大處分情事　(2)最近一年執行
各種資金運用作業內部控制處理程序無重大缺失　(3)經所屬簽證精
算人員或外部投資機構評估辦理國外投資有利其經營　(4)檢具含風
險管理制度相關說明之完整之投資手冊　(A)(1)(3)(4)　(B)(2)(3)(4)
(C)(1)(2)(4)　(D)(1)(2)(3)。

( )｜100. 保險業申請提高國外投資總額至其資金30%，除應依「保險業辦理國外投資管理辦法」規定外，尚須符合下列哪項規定？　(A)最近一年無受主管機關重大處分情事　(B)董事會中設有財務管理委員會，並實際負責公司整體風險控管　(C)國外投資部分已採用計算風險值評估風險，並每週至少控管乙次　(D)最近一期自有資本與風險資本之比率達250%以上。

( )｜101. 保險業申請提高國外投資總額至其資金35%，除應依「保險業辦理國外投資管理辦法」規定外，尚須符合下列哪項規定？　(A)最近三年無受主管機關重大處分情事　(B)董事會中設有財務管理委員會　(C)國外投資分類為透過損益按公允價值衡量之金融資產及透過其他綜合損益公允價值衡量之金融資產之部位已採用計算風險值評估風險，並每週至少控管乙次　(D)最近一期自有資本與風險資本之比率達250%以上。

( )｜102. 保險業申請提高國外投資總額至其資金35%，除應依「保險業辦理國外投資管理辦法」規定外，尚須符合下列哪項規定？　(A)最近三年無受主管機關重大處分情事　(B)董事會中設有財務管理委員會　(C)國外投資部分已採用計算風險值評估風險，並每週至少控管乙次　(D)最近一期自有資本與風險資本之比率達250%以上。

( )｜103. 保險業申請提高國外投資總額至其資金35%者，除符合「保險業辦理國外投資管理辦法」第15條第2項第3款規定外，尚須符合下列哪些規定？　(1)國外投資部分已採用計算風險值評估風險，並每週至少控管乙次　(2)最近二年無受主管機關罰鍰處分情事，或違反情事已改正並經主管機關認可　(3)董事會中設有風險控管委員會或於公司內部設置風險控管部門及風控長，並實際負責公司整體風險控管　(4)由董事會每年訂定風險限額，並由風險管理委員會或風險控管部門定期控管　(A)(1)(2)(4)　(B)(1)(2)(3)(4)　(C)(1)(3)(4)　(D)(1)(2)(3)。

( )｜104. 保險業申請提高國外投資總額至其資金百分之三十五，除符合「保險業辦理國外投資管理辦法」第15條第2項第2款規定外，尚須符合下列哪些規定？　(1)國外投資部分已採用計算風險值評估風險，並每周至少控管乙次　(2)最近二年無受主管機關罰鍰處分情事，

或違反情事已改正並經主管機關認可　(3)董事會下設風險管理委員會且於公司內部設風險管理部門及置風控長一人　(4)由董事會每年訂定風險限額，並由風險管理委員會或風險控管部門定期控管　(A)(1)(3)(4)　(B)(1)(2)(3)　(C)(1)(2)(3)(4)　(D)(1)(2)(4)。

( )　105. 保險業申請提高國外投資總額至其資金百分之三十五者，除符合「保險業辦理國外投資管理辦法」第15條第2項第2款規定外，尚須符合下列哪些規定？　(1)國外投資部份已採用計算風險值評估風險，並每週至少控管乙次　(2)最近二年無受主管機關重大處分情事，或違反情事已改正並經主管機關認可　(3)董事會下設有風險控管委員會且於公司內部設置風險控管部門及風控長一人　(4)由董事會每年訂定風險限額，並由風險管理委員會或風險控管部門定期控管　(A)(1)(2)(3)　(B)(1)(2)(4)　(C)(1)(3)(4)　(D)(1)(2)(3)(4)。

( )　106. 保險業申請提高國外投資總額超過其資金35%者，除符合「保險業辦理國外投資管理辦法」第15條第2項第3款規定外，尚須符合下列哪些規定？　(1)取得國外投資總額提高至資金百分之三十五之核准已逾一年　(2)由董事會每年訂定風險限額，並由風險管理委員會或風險控管部門定期控管　(3)最近一期自有資本與風險資本之比率達百分之二百五十以上或經國內信用評等機構評定最近一年信用評等等級為AA－級或相當等級以上　(4)當年度未取得其他提高國外投資總額核准　(A)(1)(2)(3)　(B)(1)(2)(3)(4)　(C)(1)(3)(4)　(D)(1)(2)(4)。

( )　107. 保險業申請提高國外投資總額超過其資金40%者，除應依「保險業辦理國外投資管理辦法」規定外，尚須符合下列哪些規定？　(1)經國內外信用評等機構評定最近一年信用評等等級為AA＋級或相當等級以上　(2)最近三年度自有資本與風險資本之比率均達百分之二百五十以上　(3)當年度取得其他提高國外投資總額核准　(4)未設有內部風險模型以量化公司整體風險　(A)(1)(3)　(B)(2)(4)　(C)(1)(2)　(D)(2)(3)。

( )　108. 保險業申請提高國外投資總額超過其資金40%者，須符合下列哪些規定？　(1)經國內外信用評等機構評定最近一年信用評等等級為AA＋級或相當等級以上　(2)最近一年度自有資本與風險資本之比

率達百分之二百五十以上　(3)當年度未取得其他提高國外投資總額核准　(4)設有內部風險模型以量化公司整體風險　(A)(2)(3)(4)　(B)(1)(2)(3)　(C)(1)(2)(3)(4)　(D)(1)(3)(4)。

( )　109. 保險業申請提高國外投資總額超過其資金百分之三十五者，應除符合下列哪些規定？　(1)取得國外投資總額提高至資金百分之三十五之核准已逾一年　(2)由董事會每年訂定風險限額，並由風險管理委員會或風險控管部門定期控管　(3)最近一期自有資本與風險資本之比率達百分之二百五十以上或經國內外信用評等機構評定最近一年信用評等級為AA－級或相當等級以上　(4)當年度未取得其他提高國外投資總額核准　(A)(1)(2)(4)　(B)(1)(2)(3)(4)　(C)(1)(3)(4)　(D)(1)(2)(3)。

( )　110. 保險業訂定「國外投資相關交易處理程序及風險監控管理措施」，第一項所稱國外投資風險監控管理措施，應包括有效執行之風險管理政策、風險管理架構、風險管理制度其中風險管理制度應涵蓋國外投資相關風險類別之：　(1)識別　(2)衡量　(3)監控　(4)限額控管　(5)控管之執行及變更程序　(A)(1)(2)(3)(4)　(B)(1)(2)(3)(5)　(C)(1)(2)(4)(5)　(D)(2)(3)(4)。

( )　111. 保險業辦理國外投資管理辦法第15-1條規定，保險業符合下列哪些規定者，得於報經主管機關核准後，於不逾越保險法第146條之4第2項所定最高額度內，依彈性調整公式計算國外投資額度：　(1)經主管機關核准經營以外幣收付之非投資型人身保險業務　(2)經主管機關核准經營以外幣收付之投資型人身保險業務　(3)符合保險業辦理國外投資管理辦法第15條第1項至第3項規定　(4)經營該業務依保險法相關規定辦理提列之各種準備金全部運用於與該業務收付同一幣別之保險業辦理國外投資管理辦法所定資金運用項目　(A)(1)(2)(3)　(B)(1)(3)(4)　(C)(2)(3)(4)　(D)(1)(2)。

( )　112. 保險業辦理國外投資管理辦法第15條第2項規定，保險業訂定國外投資相關交易處理程序應包括：　(1)制定整體性投資政策　(2)書面分析報告之制作　(3)交付執行之紀錄　(4)檢討報告之提交　(A)(1)(2)(3)　(B)(1)(3)(4)　(C)(2)(3)(4)　(D)(1)(2)(3)(4)　等，其相關資料應至少保存五年。

( ) 113. 保險業辦理國外投資管理辦法第15條第2項規定,保險業訂定國外投資相關交易處理程序應包括書面分析報告之製作、交付執行之紀錄與檢討報告之提交等,其相關資料應至少保存? (A)一年 (B)三年 (C)二年 (D)五年。

( ) 114. 保險業辦理國外投資管理辦法第15條第3項規定,保險業訂定國外投資風險監控管理措施,應包括有效執行之風險管理政策、風險管理架構及風險管理制度,其中風險管理制度應涵蓋國外投資相關風險類別之: (1)識別 (2)衡量 (3)監控 (4)報告 (5)限額控管 (A)(2)(3)(4) (B)(1)(2)(3) (C)(1)(2)(3)(4) (D)(1)(2)(3)(5) 之執行及變更程序。

( ) 115. 保險業辦理國外投資管理辦法第15條規定,保險業訂定國外投資風險監控管理措施,應包括有效執行之: (1)風險管理政策 (2)風險管理架構 (3)風險管理制度 (4)風險管理程序 (A)(2)(3)(4) (B)(1)(3)(4) (C)(1)(2)(3) (D)(1)(2)(3)(4)。

( ) 116. 保險業申請投資國外銀行業,應符合之資格條件,下列何者不正確? (A)最近一期業主權益除以含分離帳戶總資產比率達百分之六以上 (B)保險業應具備可健全經營管理銀行業之專業能力及經驗 (C)保險業前一年度各種準備金之提存符合法令規定 (D)保險業董事會設置風險管理委員會,實際負責公司整體風險控管。

( ) 117. 保險業有下列何種情事者,除經由金融機構辦理特定金錢信託投資國外之有價證券及國外表彰基金之有價證券外,其國外投資有價證券應集中由保管機構負責保管: (1)經核定國外投資額度達資金百分之三十五 (2)國外投資金額達美金10億元以上 (3)有違背內部控制重大事件 (A)(1) (B)(2) (C)(1)(2) (D)(2)(3)。

( ) 118. 保險業投資之國外資產得委由保管機構保管或自行保管: (1)保管機構為臺灣集中保管結算所股份有限公司 (2)國內外信用評等機構評定信用評等等級為A－級或相當以上 (3)銀行法第20條所稱之銀行 (A)(1) (B)(2) (C)(3) (D)(1)(2)。

( ) 119. 保險業投資之國外資產得委由保管機構保管或自行保管,其保管機構應為最近一年經國內外信用評等機構評定信用評等等級為:

(A)AA＋　(B)A－　(C)BBB＋　(D)AA－　或相當等級以上之金融機構。

( )　120. 保險業投資於下列何款之投資總額，合計不得超過該保險業可運用資金5%：　(1)經國外信用評等機構評定為BBB＋級至BB＋級或相當等級之公司所發行或保證之可轉換公司債及附認股權公司債　(2)對沖基金、私募股權基金、基礎建設基金及商品基金　(3)資產池個別資產之信用評等等級經國外信用評等機構評定未達BBB－級之抵押債務債券　(4)資產池採槓桿融資架構　(A)(1)(3)(4)　(B)(1)(2)(3)(4)　(C)(2)(3)(4)　(D)(3)(4)。

( )　121. 保險業國外投資金額達美金10億以上者，除經由金融機構辦理特定金錢信託投資國外之有價證券及國外表彰基金之有價證券外，期外投資有價證券應集中保管機構負責保管，且？　(A)保管機構不得超過5家　(B)保管機構不得超過2家　(C)臺灣集中保管結算所股份有限公司以外之保管機構不得超過5家　(D)保管機構限臺灣集中保管結算所股份有限公司。

( )　122. 保險業投資特定目的不動產投資事業之經營，該事業之各項收入，除預留必要之營運資金外，應於每年結算並經會計師簽證後幾個月內匯回母公司？　(A)12個月　(B)2個月　(C)6個月　(D)3個月。

( )　123. 保險業業主權益，超過保險法第139條規定最低資本或基金最低額者，經主管機關核准，得為？　(A)保險相關事業所發行之股票　(B)衍生性金融商品　(C)經中央銀行許可辦理以各該保險業所簽發外幣收付之人身保險單為質之外幣放款　(D)國外不動產之國外投資。

( )　124. 保險業經核定國外投資額度達：　(1)資金百分之三十　(2)資金百分之三十五　(3)國外投資金額達美金五億元　(4)國外投資金額達美金十億元以上者　，除經由金融機構辦理特定金錢信託投資國外之有價證券及國外表彰基金之有價證券外，其國外投資有價證券應集中由保管機構負責保管，且保管機構不得超過五家　(A)(2)(4)　(B)(1)(2)　(C)(1)(3)　(D)(2)(3)。

( )　125. 保險業憑依其規模、業務性質及組織特性，由董事會授權高階主管人員負責投資政策之？　(A)管理　(B)規劃　(C)規劃、管理及執行　(D)執行。

( ) 126. 保險業有下列何者情事者，不得投資資產池之個別資產含次級房貸：　(1)最近一年有國外投資違反保險法受重大處分情事　(2)最近一期自有資本與風險資本之比率未達百分之二百五十　(3)董事會未設置風險控管委員會，實際負責公司整體風險控管　(4)經國外信用評等機構評定信用評等等級達BB級或相當等級以上者　(A)(1)(3)(4)　(B)(2)(3)(4)　(C)(1)(3)　(D)(1)(2)(3)。

( ) 127. 保險業有下列何者情事者，得投資對沖基金、私募股權基金、基礎建設基金及商品基金？
　　(A)最近一期自有資本與風險資本之比率未達250%
　　(B)最近一年有國外投資違反本法受重大處分情事
　　(C)最近一期自有資本與風險資本之比率達220%，且經國內外信用評等機構評定信用評等等級達AA級以上者
　　(D)董事會未設置風險控管委員會，實際負責公司整體風險擔管。

( ) 128. 保險業最近一期自有資本與風險資本之比率達百分之二百以上，且董事會下設風險管理委員會，並於公司內部設風險管理部門及風控長一人，實際負責公司整體風險控管者，投資於前項公司債，其發行或保證公司之信用評等等級得為經國外信用評等機構評定為多少級或相當等級以上者？　(A)BBB＋　(B)BBB　(C)BB＋　(D)BBB－。

( ) 129. 保險業經主管機關核准投資國外保險相關事業者，應於每年幾月底前彙整前一年度所投資所有國外保險相關事業之業務報告並提報主管機關？　(A)3月　(B)4月　(C)6月　(D)2月。

解答與解析

■ 外幣非投資型保單業務概況

1.**A**	
2.**C**	(C)每週至少控管一次，每月做回溯測試。
3.**D**　4.**B**　5.**C**　6.**A**　7.**C**	
8.**D**	
9.**B**	背起來！

10.**D**	
11.**C**	必考！
12.**D**　13.**C**　14.**B**　15.**D**　16.**D**	
17.**A**	申請文件如同Day 02保險業辦理外匯管理辦法第3條。
18.**C**　19.**C**　20.**C**　21.**D**　22.**A**	
23.**C**　24.**B**　25.**A**　26.**D**　27.**C**	

28.**D**　29.**C**　30.**B**　31.**C**　32.**D**

33.**D**　34.**B**　35.**A**

■ 保險公司國外投資相關規定

1.**A**

2.**A**　外幣之間投資型與非投資形同幣別可以轉換。

3.**A**　外幣間國外投資資產可進行兌換。

4.**C**　5.**C**　6.**B**　7.**B**　8.**A**

9.**A**　(2)以國外投資之自有外幣資金。(3)不得以財產保險單為質。(4)是可以的。

10.**B**　11.**D**　12.**D**　13.**D**

■ 保險業辦理國外投資管理辦法

1.**B**　2.**D**　3.**B**　4.**A**　5.**D**

6.**D**　7.**C**　8.**A**

9.**C**　是國外已經發行之不動產資產信託受益證券，而非國內新募集之不動產證券化商品。

10.**C**　11.**D**

12.**C**　注意可以投資的是「國外」不動產。

13.**A**　(D)是經建重大投資案才對。

14.**B**　15.**D**　16.**C**　17.**B**　18.**A**

19.**C**　20.**B**　21.**A**　22.**B**　23.**D**

24.**C**　25.**C**　26.**D**　27.**C**　28.**A**

29.**A**

30.**C**　(4)自有資本與風險資本比率達250%以上才對！

31.**B**　(1)不動產投資信託基金。

32.**A**

33.**D**　「不動產投資信託」，是先有資金再以證券化方式，投資不動產與相關權利，也就是法人機構募集不動產投資基金進場投資與經營不動產，其運作模式，是指由受託機構尋找具有穩定收益之標的，經向財政部申請核准或申報生效後，透過向不特定人募集（俗稱公開招募）或向特定人私募的方式，將募集資金轉化成受益證券的形式，交付給投資人（委託人），並分配信託財產之收益、孳息或其他利益予投資人。

34.**B**

35.**A**　必考題！

36.**D**　37.**C**　38.**C**　39.**B**　40.**B**

41.**B**

42.**C**　本國企業發行之外幣計價公司債、股權。

43.**C**　對沖基金＋避險基金因為風險高2%。

44.**C**　45.**B**　46.**D**　47.**D**　48.**B**

49.**B**　50.**A**　51.**B**　52.**D**　53.**A**

54.**B**

55.**D**　背起來！

56.**C**　57.**A**　58.**C**　59.**C**　60.**A**

61.**D**　62.**B**

63.**A**　(2)正確應為：最近二年國外投資無受主管機關依本法重大處份情事。

64.**C**　65.**A**　66.**B**　67.**B**　68.**A**

69.**A**　(C)必須為銀行間債券市場交易之公司債。

70.**C**   71.**C**

72.**D**   只有公開募集IPO，沒有集中
市場交易的股票！

73.**B**   74.**D**   75.**A**

76.**B**   背起來！

77.**C**   78.**B**

79.**D**   會考喔！

80.**A**   81.**B**   82.**B**   83.**C**   84.**C**

85.**C**   86.**B**   87.**B**   88.**D**

89.**C**   資產證券化A－1%。

90.**D**   一定要有速記的方法！
(1)AA－國家公債。
(2)A＋大陸次順位債及發行或
保證機構。
(3)A－地方政府債、資產證券
化、大陸公司債發行或保證
機構。
(4)BBB＋公司債、不動產之受
託機構。

91.**C**   92.**D**   93.**B**   94.**D**   95.**B**

96.**D**

97.**C**   一開始是百分之10%，再依照
資本適足率增加。

98.**A**   99.**B**   100.**A**   101.**C**   102.**C**

103.**D**   每半年。

104.**C**   10%程序、措施：政策、架
構、制度。
25%1年資金運用、精算人員、
完整投資手冊。
30%1年無主管機關重大懲罰。
35%周VaR 2年無重大懲處、半
年風險評估、風控長。
＞35％250％資本適足率、
AA－信評、已達35%、董事會
每年訂限額。
＞40% 3年250%資本適足率。

105.**A**   (D)是超過35%才需要的。

106.**B** 107.**C**   108.**C**   109.**B**   110.**A**

111.**B** 112.**C**   113.**D**   114.**D**

115.**C**   記住是交易處理程序與風險管
理措施：政策、架構與制度。

116.**A** 117.**C**   118.**D**   119.**B**   120.**B**

121.**C** 122.**C**   123.**A**   124.**A**   125.**C**

126.**D** 127.**C**   128.**B**   129.**B**

學習地圖

保險業資產
負債管理

- 重點一：「保險業辦理業資產管理自律規範」
- 重點二：費率與準備金計算
- 重點三：業務核准程序與
  業務員規範
  - 核准程序與檢送文件
  - 內部控制與稽核
  - 「辦理以外幣收付非投資型人身
    保險業務自律管理規範」

課前導讀

名師教學

立即看私房講解

Day 04主要討論保險公司投資面的部分，接著Day 05便是要針對保險公司資產面與負債面要做一個好的搭配管理，因為保險公司的負債，也就是指保單未來的理賠、生存金、滿期金的支付是非常長期的，因此負債與資產面的搭配很重要，避免到時候需要支付理賠金滿期金，保險公司一時支付不出來，另外，每張保單都有預定利率，因此資產面牽涉到投資決策流程，負債面牽涉到各種商品責任準備金的提列方式，兩者彼此必須要搭配得宜，除了長期風險要求報酬，也要有現金流量模型去避免，突然之間大量的理賠解約的發生。在進入Day 05前，你應該要注意：

1.首先，是接續銷售外幣保單後對應產生的資產負債管理，介紹了「保險業資產管理自律規範」，其中要注意的負債與風險的控管，從投資的決策到內部控制的流程。

2.接著要理解的是負債面的部分，就是保險公司因不同險種的保費與責任準備金計算，保費與責任準備金所適用的生命表、利率、責任準備金的提存方式不同。

3.最後，要清楚的熟記外幣非投資型保單業務的申請核准程序及檢送文件，與業務端的內部稽核與業務員的「辦理以外幣收付非投資型人身保險業務自律規範」。

重點一 資產負債管理

Day 04的內容著重在保險業的國外投資辦法，Day 05牽涉到保險公司的資產負債管理。外幣收付之非投資型保險業務應將其資產予以區隔，建立獨立管理之區隔資產帳戶，不包括投資型保險之專設帳簿。區隔資產帳戶應記載其**交易**、**持有價值**、**投資收益**、**直接與間接費用**及**資本損益**等。

外幣資產區隔依中華民國精算學會所訂外幣保險商品精算實務處理準則辦理。

以外幣收付之非投資型保險業務之資產負債管理與以新臺幣收付之保險業務並無不同，應依「保險業資產管理自律規範」辦理，重要條文如下：

保險業資產管理自律規範（節錄）

第3條 **資產管理原則**
管理資產時應考量負債及風險，確保足夠之**清償能力**。並注意：
一、 分析持有**資產之到期日**、**流動性**及與**負債之適當性**。
二、 建立適當**現金流量預測模型**，以測試公司是否能承受市場情境與投資條件之變化，清償能力受到負面影響時，能否作適當調整。

第4條 **辨識、衡量、報告及監控風險**
對資產所產生之**市場風險**、**信用風險**、**流動性風險**、**作業風險**及**法律風險**加以辨識、衡量、報告及監控。

第5條 **建立資產管理制度**
保險業建立資產管理制度，訂立**投資管理流程**，以有效執行相關業務。

第6條 **訂立投資管理流程與內容**
保險業訂立之投資管理流程，其內容應包括：
一、 制定**整體性投資政策**。
二、 設置並授權相關單位執行投資政策。
三、 分析、衡量及控制投資結果與風險，其內容應包括：
(一) 建立風險管理機制。
(二) 建立完善之**內部控制**及**稽核制度**。

> **觀念理解**
> 此處看起來都是敘述，但是要背好！第3條如何確保清償能力的兩點、第4條有哪些風險？第5條投資管理流程包括那四大項：制定整體投資政策、設置授權單位執行投資政策、分析衡量控制投資結果與內部利益衝突防範機制等。把關鍵字背熟！

(三)建立投資**有價證券分析**、**決定**、**執行**及**檢討**之四大流程
(四)建立適當之**投資績效評估流程**。
(五)建立相關人員適當且**即時之投資溝通機制**。
(六)建立投資政策與流程合理性之內部檢視機制。
四、建立內部股權投資人員**利益衝突防範機制**，其內容應至少包括意圖獲取利益，為自己或他人從事國內股權商品交易之禁止。

第7條 **整體性之投資政策應考量之項目與內容，及其檢討之頻率**投資政策時需考量**資產與負債關係**、**風險承受程度**、**長期風險報酬要求**、**流動性與清償能力**及**責任投資原則**後訂之，內容至少應包括：

一、**資產配置**之決策依據。
二、建立投資項目（含衍生性金融商品）之規範或限制，如市場種類限制、最低信評或品質要求、分散投資成相關數量之限制等。
三、操作衍生性金融商品與購買結構型商品時，應特別詳細揭露。

> **觀念理解**
> 投資政策須考量什麼？會考複選題！包括資產與負債關係、風險承受程度、長期風險報酬要求、流動性與清償能力及責任投資原則，此處是長期風險報酬要求而非投資報酬！

四、投資決策授權層級。
前項投資政策至少**每年**應重新依照資產與負債關係，風險承受程度、長期風險報酬要求、流動性與清償能力狀況**檢討1次**。

第16-1條 保險業自行投資有價證券，應依據其分析作成決定，交付執行應作成紀錄，並**按月提出檢討**。前項分析報告、投資決定、執行紀錄及檢討報告，應留存紀錄並至少**保存5年**。

牛刀小試

( ) 1.「保險業資產管理自律規範」第3條規定，保險業管理資產時，分析資產與負債之關係考慮哪些事項： (1)分析持有資產到期日 (2)分析資產配置 (3)建立適當現金流量預測模型 (4)建立風險控管機制 (A)(1)(3)(4) (B)(1)(2)(3)(4) (C)(1)(3) (D)(2)(4)。

( ) 2.保險業訂立之投資管理流程，其內容應包括： (1)制定整體性投資政策 (2)設置並授權相關單位執行投資政策 (3)分析、衡量及

控制投資結果與風險 (4)投資執行報告 (5)建立內部股權投資人員利益衝突防範機制 (A)(1)(2) (B)(3)(4)(5) (C)(1)(2)(3)(5) (D)(1)(2)(3)(4)。

( ) 3. 依「保險業資產管理自律規範」第6條規定，保險業訂立之投資管理流程，在分析、衡量及控制投資結果與風險，其內容應包括：(1)建立風險管理機制 (2)建立相關與適當之投資溝通機制 (3)建立長期風險報酬 (4)建立投資政策與流程合理性之內部檢視機制。(A)(2)(3) (B)(1)(4) (C)(1)(2)(4) (D)(1)(3)(4)。

( ) 4. 保險業應對各項資產所產生之各種風險（至少應包括市場、信用、流動性、作業及法律等風險）加以： (1)辨識 (2)衡量 (3)報告 (4)監控 (A)(1)(3) (B)(1)(2)(3)(4) (C)(2)(4) (D)(1)(2)。

( ) 5. 保險業應對各項資產所產生之各種風險加以辨識、衡量、報告及監控；前項所稱各種風險至少應包括： (1)市場風險 (2)信用風險 (3)流動性風險 (4)作業風險 (5)法律風險 (A)(1)(2)(3) (B)(1)(4)(5) (C)(2)(3)(4) (D)(1)(2)(3)(4)(5)。

解答 1.**C** 2.**C** 3.**B** 4.**B** 5.**D**

重點二 費率與準備金提存

國外投資創造資產面的收益，負債面就是商品費率與提列的責任準備金，商品費率之預定利率應考量該保單對應國外投資之資金運用報酬率；責任準備金提存利率參考以該幣別國家公債利率。

以下分別就以外幣收付之非投資型人壽保險、年金保險及利率變動型年金之費率與責任準備金等相關規範：

一、外幣收付之非投資型人壽保險費率及責任準備金等相關規範

(一)種類

1. 分紅保險：是以保險公司每年經營與投資所產生的利差益、死差益與費差益，由精算人員建議年度之「可分配紅利盈餘」分配予要保人，分紅回饋給保戶比例**不得低於70%**，其**費率標準由各公司自由訂定**。由於費率計算

是採取自由化，一般情形保費會高於比不分紅保單。

2. **不分紅保單**：不分紅保險單則不具此紅利分配機制。

3. **利率變動型壽險**：附有「利率變動調整值」之調整機制、「利率變動調整值」由宣告利率與預定利率的差額所計算而產生，該調整值可以減額繳清保險、抵繳保費、儲蓄生息、現金給付呈現。

4. **萬能保險**：本保險係以要保人交付之保險費、扣除附加費用後，依保險費所適用之**宣告利率**計算保單價值之壽險商品。

(二) **保險費的計算基礎**

純保費由**預定死亡率**、**預定利率**、**預定營業費用率**構成，再加上附加費用構成保險費。★★

1. **預定死亡率**

由生命表可知每一年齡之死亡率。死亡率為計算將來要支付死亡保險金的保險費此種計算保險費的死亡率稱為預定死亡率。生命表有內政部以全國國民或地區居民為對象，依人口普查之統計為基礎作成的「**國民生命表**」與壽險公司僅以參加人壽保險之被保人為對象的「**人壽保險業經驗生命表**」。人壽保險業經驗生命表，乃壽險業釐訂保險費率之準繩，自92年1月1日起新銷售之人壽保險單，**計算保險費率之生命表得自行決**定。★★

2. **預定利率**

保險費之一部份是準備將來支付保險金而積存於公司，公司可將此積存的保險費，做最有利於投保人的運用。因此預定利率為保險費因預先收取並加以運用獲利，故給予一定比率之折扣。各公司依險種特性、資金運用績效、未來投資規劃等訂定折扣的利率。

觀念理解

· 保單價值準備金是要保人計算有價證券的內涵價值，用以計算解約金、保單貸款的機算基礎，與保費計算所用到的預定利率、預定死亡率、預定營業費用率相同。

· 責任準備金是保險公司在會計上負債每年需提列的金額，用以支付未來理賠金、生存金、滿期金，保險公司為了更穩健的經營，因此會用較低的預定利率、較高的死亡率，並且依照不同商品會訂立最低提列責任準備金的制度。

· 此處會考壽險、年金運用計算保費的死亡率、預定利率、費用率各是用哪一個表，預定利率有哪些規範，預定營業費用率與預訂附加費用率。另外要注意計算保費與保單價值準備金的利率、死亡率是一樣的。責任準備金使用的死亡率跟利率會比計算保費來得更加嚴格，所以提列準備金的利率會來的較低，如果是壽險的部分會用較高的死亡率，如果是年金的話會用較低的死亡率。

3. **預定營業費用率**

推銷新契約、收取保險費、維護契約等保險公司為了營運保險事業所需的經費都包括在保險費內、這些管運費用占保險費之比率就是預定營業費用率。（注意！**壽險是預定營業費用率、年金是預定附加費用率！**）

(三) **責任準備金的提存方式**

依「保險法」第145條規定：「**保險種類**，計算其應提存之各種責任準備金，記載於特設之帳簿。」保險業於營業年度屆滿時，應分別保險公司收取保險費，就負擔了給付保險金的責任，所以保險公司必須平日就有所準備。準備的方法就是將純保險費部份，扣除應給付的保險金後的大部份資金提存保管；通常還必須分別按照**保險種類**，計算出各種保險的準備金，記載於特設的帳簿，以備將來發生保險事故或約定情況，能夠完全履行給付保險金的責任。為確保保險公司之償付能力，因此有設定最低責任準備金之提存規定如下：

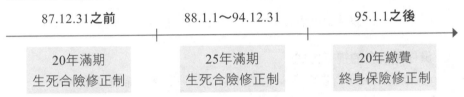

1. **提存利率**

係依「**人身保險業新契約責任準備金利率採自動調整精算公式**」辦理。

2. **死亡率基礎**

93年1月1日後以「**臺灣壽險業第四回經驗生命表**」為基礎，
101年7月1日之後以「**臺灣壽險業第五回經驗生命表**」為基礎。

(四) **解約金**⭐⭐

責任準備金採取穩健的作法，採用**較低的預定利率**或**較高的預定死亡率**，保單價值準備金為保單的內涵價值，依據**簽單保費之利率**及**危險發生率**為基礎計算。

保戶於投保壽險後已付足**1年以上**的保險費或繳費累積達有保單價值準備金時，依保險法規定、保險公司應於接到通知後**1個月內**償付解約金，然而由於提前解約會對保險公司造成**逆選擇**、資金運用不利故會酌收費用作為補償。

但保險費已付足1年以上者，保險公司所償付之解約金額不得低於要保人應得保單價值準備之**3／4**。

二、外幣收付之傳統型年金保險費率及責任準備金等相關規範

除計價幣別不同外，以外幣收付之非投資型年金保險之商品特性與以新臺幣收付之傳統型年金保險並無不同，以下就以外幣收付之非投資型年金保險之保費計算基礎與責任準備金等相關規範摘要說明如下：

1. **保險費的計算基礎**
   (1)預定危險發生率：以「**臺灣壽險業第二回年金生命表**」為基礎各公司訂定。（注意保費計算壽險用的是死亡率，年金是用預定危險發生率。）
   (2)預定利率：各公司自行依險種特性、過去資金運用績效等因素自行訂立。
   (3)預定附加費用率：

躉繳者	費用率不得超過總保費之5%
繳費期間未滿10年者	費用率不得超過總保費之8.5%
微費期間未滿15年者	費用率不得超過總保費之9.5%
繳費期間滿15年者	費用率不得超過總保費之11%

2. **責任準備金的提存方式**
   (1)年金保險最低責任準備金之提存，以**平衡準備金制**為原則。
   (2)預定危險發生率：★★★
   　　A. 93.12.21發布以86.6.30財政部頒布之**年金生命表死亡率90%為基礎**。
   　　B. 101.7.1起以「**臺灣壽險業第二回年金生命表**」為基礎，並以不超計算保險費（年金金額）之預定危險發生率為準。
   (3)預定利率：採**自動調整精算公式辦理**。

3. **保單價值準備金**
   (1)計算方式：採**平衡準備金制**。
   (2)預定危險發生率：採計算保費相同之死亡率。
   (3)預定利率：採計算保費之預定利率。

三、外幣收付之利率變動型年金保險費率及責任準備金等相關規範

利變型年金與傳統年金最大的不同是，保險公司依據要保人交付之保險費減去附加費用後依**宣告利率**計算年金保單價值準備；年金給付開始，依年金保單價值準備金，計算年金金額。

甲型	乙型
年金給付開始時，以當時之年齡、預定利率及年金生命表換算定額年金。	第2年以後以**宣告利率**及上述之預定利率調整各年度之年金金額。

(一)保險費的計算基礎

1.**預定危險發生率**：以「**臺灣壽險業第二回年金生命表**」為基礎由各公司自行訂定。

2.**宣告利率**：應考量公司相關資產配置計畫可能之投資報酬率及公司合理利潤率等因素，惟該宣告利率應有合理之依據並以明確的公式計算。宣告利率之訂定應考量實際資產配置及投資準則，且**不得低於最低保證利率**，亦**不得高於**商品區隔資產前12個月（不含宣告當月）**移動平均投資報酬率加計2碼**，但區隔資產帳戶成立未逾1年者，改以公司整體報酬率取代區隔資產報酬率。

3.**預定利率**：年金給付期間：**預定利率不得高於年金給付開始日當月之宣告利率，不得為負數。** ★★★

4.**預定附加費用率**：由公司自行訂定，並明定於契約條款中。（記住此處名稱是預定附加費用率，不是預定營業費用率。）

(二)責任準備金的提存方式

1.**年金累積期間**：以**年金保單價值準備金全額提存**。

2.**年金給付期間**：甲型：**以平衡準備金制提存**。（乙型：因會浮動依當時宣告利率調整）

3.**預定利率**：

年金給付期間：

(1)甲型：預定利率與採自動調整精算公式計算之利率，兩者之最小值。

(2)乙型：依換算當時預定利率為標準。

4.若利率變動型年金保險於**年金累積期間內附有保證利率者**或宣告利率適用期間超過1年者，於保證期間內應比照**萬能保險業務**各項責任準備金計算方式計提，其他非利率保證期間，則依前項方式計提責任準備金。 ★★★

整理成下列表格

險種	保單價值準備金	責任準備金	最低提存準備金	備註
壽險	・預定利率 ・預定死亡率 ・預定營業費用率	・第四回經驗生命表 ・第五回經驗生命表	・～87年：20年滿期生死合險修正制 ・88～94年：25年滿期生死合險修正制 ・95年～：20年繳費終身保險修正制	・保費使用的生命表 ・保險公司自行決定
傳統型年金	・預定利率 ・預定危險發生率 ・預定附加費用率	・年金生命表90% ・第二回年金生命表	平衡準備金制	
利變型年金			・累積期：保單價值準備金全額 ・給付期：平衡準備金	・累積期有保證者 ・用萬能壽險提存

名師教學

立即看私房講解

(三) 解約金

1. 由公司自行訂定，但需符合保費付足一年以上，保險人應予接到通知**1個月**內償付解約金，金額不得少於**保單價值準備金的3／4**。 ★★★

2. 為避免保險公司以銷售繳費期間較短之類定存人民幣傳統型保險商品，此類商品開放初期將限制以繳費年期應**至少4年（含）以上**。 ★★★

牛刀小試

( )　1. 保險期間超過一年之人壽保險契約，其最低責任準備金之提存，95年1月1日起訂定之契約，其純保險費較20年繳費終身保險為大者？
(A)採20年滿期生死合險修正制
(B)採20年繳費終身保險修正制
(C)採1年定期修正制
(D)採25年滿期生死合險修正制。

( )　2. 利率變動型年金保險於年金累積期間內附有保證利率者，於利率保證期間內應比照何種保險的責任準備金計算方式計提？　(A)傳統年金　(B)變額萬能保險　(C)變額保險　(D)萬能保險。

( )　3. 依「保險法」第119條規定，要保人終止保險契約、而保險費已付足一年以上者，保險人應於接到通知後一個月內償付解約金，其金額不得少於要保人應得？
(A)保單現金價值四分之三
(B)保單帳戶價值二分之一
(C)保單價值準備金之四分之三
(D)保單價值準備金之四分之一。

( )　4. 利率變動型年金保險契約，其責任準備金提存之預定危險發生率，以86年6月30日臺財保第862397037號函頒佈之年金生命表：　(A)死亡率之70%　(B)死亡率之100%～120%　(C)死亡率之90%　(D)死亡率之60%　為基礎計算，並以不超過計算年金金額之預定危險發生率為準。

( )　5. 人身保險業自92年1月1日起新銷售之人壽保險單，其計提責任準備金之生命表，自93年1月1日起改以：
(A)得自行決定
(B)以國民生命表為基礎
(C)以臺灣壽險業第四回經驗生命表為基礎
(D)以臺灣壽險業第三回經驗生命表為基礎。

( )　6. 人身保險業自92年1月1日起新銷售之人壽保險單，計算保險費率之生命表？　(A)以國民生命表為基礎　(B)得自行決定　(C)以臺灣壽險業第四回經驗生命表為基礎　(D)以臺灣壽險業第三回經驗生命表為基礎。

( )　7. 以外幣收付之非投資型年金保險，保險費的計算基礎為：　(1)預定危險發生率　(2)預定利率　(3)預定營業費用率　(4)預定附加費用率
(A)(2)(3)(4)　(B)(1)(2)(4)　(C)(1)(2)(3)　(D)(1)(3)(4)。

( )　8. 以外幣收付之非投資型人壽保險，保險費的計算基礎為：　(1)預定死亡率　(2)預定利率　(3)預定危險發生率　(4)預定營業費用率
(A)(1)(3)(4)　(B)(2)(3)(4)　(C)(1)(2)(3)　(D)(1)(2)(4)。

( )　9. 利率變動型年金保險契約，其責任準備金提存方式，年金累積期間？
(A)依「保險業各種準備金提存辦法」第10條規定提存
(B)以年金保單價值準備金全額提存
(C)以計算公式提存
(D)以平衡準備金制提存。

( ) 10. 以外幣收付之非投資型年金保險，責任準備金提存方式，年金保險最低責任準備金之提存？
(A)計算方法由公司自行訂定
(B)自動調整精算公式
(C)以平衡準備金制為原則
(D)以年金保單價值準備金全額提存。

( ) 11. 利率變動型年金保險契約，年金給付期間之預定利率？
(A)不得低於年金給付開始日當月之宣告利率
(B)不得高於年金給付開始日當月之宣告利率，但得為負數
(C)應高於年金給付開始日當月之宣告利率
(D)不得高於年金給付開始日當月之宣告利率，且不得為負數。

( ) 12. 壽險業之分紅人壽保險業務，該年度由董事會核定之可分配紅利盈餘，其分配予要保人之比例不得低於？　(A)80%　(B)70%　(C)60%　(D)50%。

( ) 13. 人身保險業辦理以人民幣收付之非投資型人身保險商品，其繳費年期應至少幾年以上？　(A)5年　(B)4年　(C)3年　(D)6年。

解答　1.**B**　2.**D**　3.**C**　4.**C**　5.**C**　6.**B**　7.**B**　8.**D**　9.**B** 10.**C**
11.**D** 12.**B** 13.**B**

重點三　業務核准程序與業務員規範

一、申請核准程序及檢送文件 ★★★

(一)「新型態人身保險商品認定標準」第2點規定

1. 新型態人身保險商品，指國內保險市場尚未有同類型，或其他特殊事項之保險商品。符合下列條件之一者：

   (1) 各公司第一張**非約定以新臺幣為收付幣別之傳統型**保險商品。

   (2) 各公司第一張**非約定以新臺幣為收付幣別之投資型**保險商品。

   (3) 殘廢程度與保險金給付表未依示範內容規範辦理。

   (4) 各公司第一張優體件。

   (5) 各公司第一張弱體件。

   > **觀念理解**
   >
   > 「新型態人身保險商品認定標準」的內容會考「下列哪些是新型態人身保險商品？」答案就是「外幣第一張投資型與非投資型都算！」但人民幣、全委、實物給付（例如給付是生前契約、塔位等等）一年內核准達3張及核准超過1年就不算了！

   (6) 財產保險業各公司第一張健康保險商品。

   (7) 各公司第一張由保險人**全權決定運用標的**之投資型保險商品。

   (8) 各公司第一張以**人民幣**為收付幣別之傳統型保險商品。

   (9) 各公司第一張連結**國內結構型商品**屬新種財務工程。

   (10) 各公司第一張**實物給付型**保險商品。

   (11) 非屬殯葬服務實物給付項保險期間與保險給付期間合計超過10年。

   (12) 其他經主管機關認定有特殊事項情形者商品。

2. 符合下列條件**不屬**新型態保險商品：

   (1) 新型態保險商品經主管機關核准**時間逾1年**。

   (2) 同類型新型態保險商品經主管機關核准時間雖**未逾1年**，惟已核准達3張。

(二) 申請新型態保險商品，辦理人身保險業以核准或備查方式應檢附文件及送
審文件應載明資訊，依「**保險商品銷售前程序作業準則**」等規定檢附相關
送審文件，包括：⭐⭐
　1. 保險商品各項交易之**會計處理方式**說明。
　2. 外幣**資產負債配置具體計畫**及執行方法。
　3. **外幣資產區隔**之方式。
　4. **要保書**及**保單條款**載明**保險費收取方式**、**匯款費用之負擔**及**匯率風險揭露**
　　 等（重要！記得送審文件**不包括內部稽核文件。**）
(三) 負債配置具體計畫及執行方式應至少包含下列項目：
　1. **資產負債配置執行之相關規劃**。
　2. 應載明預期**新錢投資組合報酬率**並說明該數假設之合理性及關聯性。
　3. **相關風險控管措施及機制**，包括投資人民幣資產評估、銷售相關機制限額。
　4. **精算人員應提供可執行之專業評估意見**，由風控部門追蹤執行。

牛刀小試

(　) 　1. 人身保險業送審以外幣收付之非投資型人身保險商品時，除應依「保
　　　　 險商品銷售前程序作業準則」等規定檢附相關送審文件外，應併檢
　　　　 附下列哪些文件： 　(1)以外幣收付之非投資型人身保險商品各項交
　　　　 易之會計處理方式說明 　(2)外幣收付之非投資型人身保險內部控制
　　　　 執行方法與稽核原則 　(3)外幣資產負債配置具體計畫及執行方法
　　　　 (4)外幣資產區隔之方式 　(A)(1)(3)(4) 　(B)(1)(2)(3)(4) 　(C)(2)(3)(4)
　　　　 (D)(1)(2)(3)。

( ) 2. 依「新型態人身保險商品認定標準」第2點規定所指定之新型態人身
保險商品？
(A)同類型新型態保險商品經主管機關核准時間雖未逾一年，惟已核
准達三張
(B)新型態保險商品經主管機關核准時間逾一年
(C)各公司第一張以人民幣為收付幣別之傳統型保險商品
(D)各公司第一張約定以新臺幣為收付幣別之傳統型保險商品。

( ) 3. 以下哪個不屬「新型態人身保險商品認定標準」第2點所指之新型態
人身保險商品？
(A)各公司第一張由保險人全權決定運用標的之投資型保險商品
(B)各公司第一張以外幣收付之傳統型保險商品
(C)各公司第一張以外幣收付之投資型保險商品
(D)各公司第一張約定以新臺幣為收付幣別之投資型保險商品。

( ) 4. 「人身保險業辦理以外幣收付之非投資型人身保險業務應具備資格條
件及注意事項」第7點，有關送審以外幣收付之非投資型人身保險商
品之規定，何者正確：　(1)依人身保險商品審查應注意事項檢附相
關送審文件　(2)應於保單條款載明匯款費用負擔　(3)應於要保書載
明各項交易之會計處理方式說明　(4)應檢附外幣資產負債配置具體
計畫及執行方式　(A)(1)(2)　(B)(2)(3)　(C)(2)(4)　(D)(3)(4)。

( ) 5. 人身保險業送審以外幣收付之非投資型人身保險商品時，除應依規
檢附相關送審文件外，並應於要保書及保單條款載明：　(1)保險費
收取方式　(2)外幣資產負債配置具體計畫及執行方法　(3)匯率風
險揭露　(4)匯款費用之負擔等相關事宜　(A)(1)(3)(4)　(B)(2)(3)(4)
(C)(1)(2)(3)　(D)(1)(2)(4)。

解答 1.**A**　2.**C**　3.**D**　4.**C**　5.**A**

二、內部控制與內部稽核

為提升送審品質及減少該等保險商品招攬不實等申訴案件，規範人身保險業應
按時辦理本業務相關自行查核，內部稽核單位應按時辦理本業務之專案查核，
並於查核結束日起**2個月內**函送主管機關備查。

「人身保險業辦理以外幣收付之非投資型人身保險業務應具備資格條件及注意事項」第10點規定：

> (一)「人身保險業辦理本業務，除應落實風險管理與內部控制及稽核制度外，並應遵循下列事項：
>
> 　1. **業務單位每季**辦理專案自行查核保險商品**招攬**、**核保**、**理賠**、**精算**、**保全**、**法務**及**投資**。（沒有包括商品開發）
>
> 　2. **內部稽核單位每半年**查核保險商品**招攬**、**核保**、**理賠**、**精算**、**保全**、**法務**及**投資**，並於查核結束起**2個月內**函送主管機關備查（不得晚於每年2月及8月）。
>
> (二)內部稽核單位每半年辦理查核作業之原則如下：
>
> 　1. 查核業務單位對**商品開發**、**銷售**、**資訊揭露**、**風險告知**、**資金運用**及**外匯管理**等規範之遵循情形，以及該等保險商品銷售作業處理程序落實情形。（查核中**開發**、**銷售**是業務單位自行查核沒有的。）★★
>
> 　2. 查核內部控制措施時，應包括**內部牽制**及**勾稽功能**。
>
> 　3. 評估各項內部控制處理程序，並提出修正建議，確保制度能持續執行。
>
> 　4. 評估各業務單位**每季**自行查核辦理績效。
>
> 　　金管會請壽險公會應按季彙整所屬會員將上季金管會發布之保險法令或重要函釋（示）納入內部控制作業，並納為內部查核項目且辦理查核之具體落實執行情形函報金管會備查，並副知**金管會檢查局**。

人身保險業辦理以外幣收付之非投資型人身保險業務統計資料、應按月向主管機關或財團法人**保險事業發展中心**申報，再由金管會提供中央銀行參考。

牛刀小試

( )　1. 由內部稽核單位按每半年辦理以外幣收付之非投資型人身保險商品招攬、核保、理賠、精算、保全、法務及投資作業之專案查核，並於查核結束日起：　(A)1個月內　(B)2個月內　(C)3個月內　(D)4個月內　函送主管機關備查。

( )　2. 人身保險業辦理以外幣收付之非投資型人身保險業務，應依規定由內部稽核單位按半年辦理哪些專案查核：　(1)開發　(2)招攬、核保

(3)理賠、精算 (4)保全、法務、投資 (A)(2)(3)(4) (B)(1)(2)(4)
(C)(1)(2)(3)(4) (D)(1)(2)(3)。

( ) 3. 人身保險業辦理以外幣收付之非投資型人身保險業務,依內部稽
核單位按半年辦理查核作業之原則,應查核各業務單位對外幣收
付之非投資型保險商品: (1)開發、銷售 (2)資訊揭露、風險告
知 (3)資金運用 (4)外匯管理等相關法令及自律規範之遵循情形,
以及該等保險商品銷售作業處理程序(含招攬人員資格及教育訓
練、商品適合度政策)落實情形 (A)(1)(2)(3) (B)(1)(2) (C)(3)(4)
(D)(1)(2)(3)(4)。

( ) 4. 人身保險業辦理以外幣收付之非投資型人身保險業務,應由從事該
等保險商品招攬、核保、理賠、精算、保全、法務及投資之業務單
位: (A)按月 (B)每年 (C)每季 (D)每半年辦理專案自行查核。

( ) 5. 依「人身保險業辦理以外幣收付之非投資型人身保險業務應具備資格
條件及注意事項」第11點規定,人身保險業應依主管機關規定之格
式、內容及期限,將以外幣收付之非投資型人身保險業務相關統計
報表向: (A)中央銀行 (B)主管機關或財團法人保險事業發展中
心 (C)中華民國人壽保險商業同業公會 (D)金管會銀行局申報,
以供主管機關監理之用。

解答 1.B 2.A 3.D 4.C 5.B

三、辦理以外幣收付非投資型人身保險業務自律規範(節錄)

由壽險公會制定自律規範,並自報主管機關備查後6個月實施。

第2條 不得有虛偽不實、誇大、誤導、不當比較成其他足致他人誤信之招
攬行為。

第3條 銷售本保險時,應確保其業務員受有完整教育訓練、具備銷售本保
險之專業知識並通過本會舉辦之特別測驗。
應揭露本保險所涉之**匯率風險**,不得僅標榜本**保險費率較新臺幣保
險商品費率低**而為招攬手段,且**不**得將本保險與**同業**、**銀行存款**或
其他金融商品之報酬作比較性廣告以此為銷售訴求。
各會員不得以誤導或不當行銷方式勸誘要保人終止原契約轉而投保
本保險契約。

第4條 各會員銷售本保險時，應於要保書及商品簡介明顯處揭露本保險之保險費**收取方式**、**保險給付幣別**、**匯款費用之負擔**及**商品所涉匯率風險**及**商品幣別所屬國家之政治**、**經濟變動風險**等，並由要保人與業務員於要保書共同具簽確認業務員已充分說明前揭事項。

第5條 各會員之核保人員進行本保險核保作業時，應基於核保專業，考量各會員自身之風險承擔能力，就要保人及被保險人的基本資料、商品適合度事項、財務及健康狀況等各項核保因素綜合加以評估，並注意保件有無道德危險或不當節稅等情形，以公正超然的立場進行核保。

各會員辦理本保險業務時，在核保作業應遵循之原則如下：

一、訂定核保審查作業程序，及應蒐集、查證與紀錄之資料，其中並應至少包括**投保目的**。

二、針對投保時**匯率風險說明書**，檢視要保人及業務員是否已共同具簽確認業務員已充分說明相關事項，確認要保人所涉之匯率風險等。

三、根據要保人填具之客戶**適合度調查評估表**，評估要保人之外幣需求及匯率風險承受能力。

第6條 本保險契約與**新臺幣收付**之人身保險契約間，**不得辦理契約轉換**。

第7條 要保人終止本保險契約時，應於解約書詢問要保人是否係終止，並增列相關警語，以提醒要保人對其權益之影響。

前項情形，要保人告知為終止本保險契約轉而投保新契約，且為3**年內解約**之保件，各會員應**電訪或訪視**要保人確認對其權益之影響若經電話**聯繫**3**次**未成或拒前者，應**補寄掛號**提醒相關風險。

前項錄音或其他可資證明方式紀錄之保存期限**不得低於解約後2年**，以**錄音檔方式**保存者自作成之日起並**不得低於**5年。

電訪或訪視後發現業務員係以不當行銷方式勸誘要保人終止本保險契約轉而投保新契約之情形者，應依業務員管理規則懲處。

執行電訪或訪視要保人之人，**不宜**與招攬之業務員為同一人。

第8條 在保全作業應遵循之原則如下：

一、收付之外幣幣別經約定後，不得與新臺幣或其他外幣間變換。

二、應與要保人事先**約定外幣之收付以外匯存款戶存撥之**。

三、契約轉換應依自律規範辦理。

四、**每年至少1次**向要保人揭露本年度**解約金**、**死亡保險金額**及**生存保險金額**等給付項目折合新臺幣計算後之參考價值。

第**9**條　各會員於設計本保險時，各項精算假設應符合保險法令規範外，並應參考所屬公司類似商品之實際經驗、業界經驗以確保本合理性。

第**10**條　應於開始銷售本保險後，建立相關經驗資料及各種精算假設，以控管各種因素成環境變遷導致實際經驗與預估候設有落差所衍生之風險。

第**11**條　外幣投資資產應與其他一般帳簿投資資產加以區隔，以便控管本保險資產與負債因幣別所可能產生的匯率風險，並應留意其投資上限。

第**12**條　要求其往來保險代理人、保險經紀人、合作推廣對象遵守合約內容加強管理，如有違反依情節輕重限期改善、暫停或終止合作契約等。

第**13**條　**按月**辦理專案由保險商品招攬、核保、理賠、精算、保全、法務及投資之業務，自行查核納入內部控制及內部稽核項目。
前頂情形、各會員應依據保險業內部控制及稽核制度實施辦法規定、由內部稽核單位就本自律規範規定項目**按季**辦理專案查核。

第**14**條　對於辦理本業務之保戶申訴案件，應建立內部處理程序、並秉持迅速、有效及考量保戶權益的處理原則，以提升保戶滿意度。

第**15**條　違反本自律規範者，得經本會理監事會決議後視情節輕重要求提出書面改善計畫、予以書面糾正，或處以**新臺幣20萬元以上60萬元**以下之罰款，並呈報主管機關。
本會未依前項規定申報或處理者，主管機關得為必要之處置。各該公司應視情節輕重、依據保險業務員管理規則或相關法令規定予以懲處，並函報本會備查。

第**16**條　本自律規範經本會理監事會決議通過，報主管機關同意備查後6個月施行，修正時亦同。

牛刀小試

( )　1. 壽險業辦理澳幣及歐元計價之非投資型人身保險商品相關業務時，銷售該等商品時，仍應確實瞭解保戶未來有外幣需求與承受匯率風險能力，充分向保戶揭露：　(1)該等商品所涉匯率風險　(2)商品幣別所屬國家之政治及經濟變動風險　(3)保險費收取方式　(4)匯款費用之負擔及其他攸關保戶權益之重要事項，並應建立商品適合度政策，俾依保戶風險之承受度提供適當商品　(A)(1)(3)　(B)(2)(4)　(C)(2)(3)　(D)(1)(2)(3)(4)。

( )　2. 壽險公會所屬會員及業務員應揭露外幣收付非投資型人身保險所涉及之下列何種風險，不得僅標榜本保險費率較新臺幣計價之保險商品費率低而為招攬手段，且不得將本保險與同業、銀行存款或其他金融商品之報酬率比較性廣告或以此為銷售訴求？　(A)利率風險　(B)信用風險　(C)匯率風險　(D)流動性風險。

( )　3. 人身保險業辦理以外幣收付之非投資型人身保險業務，應於要保書及保單條款載明下列哪個事項：　(1)客戶適合度　(2)匯款費用之負擔　(3)保險費收取方式　(4)匯率風險揭露　(A)(1)(3)(4)　(B)(1)(2)(4)　(C)(1)(2)(3)　(D)(2)(3)(4)。

( )　4. 以外幣收付之非投資型人身保險之保險給付及滿期給付等相關款項將由保險公司以外幣支付？　(A)由受益人至保險公司領取　(B)匯入受益人之新臺幣存款戶　(C)送交給受益人　(D)匯入受益人之外匯存款戶。

( )　5. 有關「人身保險業辦理以外幣收付之非投資型人身保險業務應具備資格條件及注意事項」第8點規定之敘述，以下何者正確：　(1)應瞭解要保人之需求與承受匯率風險能力　(2)應將投資風險及外匯相關法規納入業務員之教育訓練　(3)銷售該等保險商品時，應於要保書明顯處揭露保險費收取方式　(4)至少每半年向要保人揭露該等保險商品當年度解約金等給付項目折合臺幣計算　(A)(2)(4)　(B)(1)(2)(3)(4)　(C)(2)(3)(4)　(D)(1)(3)。

　　解答 1.**D**　2.**C**　3.**D**　4.**D**
　　5.**D**。(2)是匯率風險與外匯相關法律。

重點回顧

保險業資產管理自律規範

1. 投資政策時需考量**資產與負債關係**、**風險承受程度**、**長期風險報酬要求**、**流動性與清償能力**及責任投資原則後訂之，（**長期風險報酬要求**，而非資產要求報酬純保費由**預定死亡率**、**預定利率**、**預定營業費用率**構成，再加上**附加費用**構成保險費。 ★★

2. 生命表有內政部以全國國民或地區居民為對象，依人口普查之統計為基礎作成的「**國民生命表**」與壽險公司僅以參加人壽保險之被保人為對象的「**人壽保險業經驗生命表**」。人壽保險業經驗生命表，乃壽險業釐訂保險費率之準繩，自92年1月1日起新銷售之人壽保險單，**計算保險費率之生命表得自行決定**。

3. 依**保險種類**，計算其應提存之各種責任準備金，記載於特設之帳簿。
   壽險設定最低責任準備金之提存規定如下：

87.12.31之前	20年滿期生死合險修正制
88.1.1～94.12.31	25年滿期生死合險修正制
95.1.1之後	後採用20年繳費終身保險修正制

   死亡率基礎：
   93年1月1日後以「**臺灣壽險業第四回經驗生命表**」為基礎，
   101年7月1日之後以「**臺灣壽險業第五回經驗生命表**」為基礎。

4. 壽險之保單價值準備金：責任準備金採取穩健的作法，採用**較低的預定利率或較高的預定死亡率**，保單價值準備金為保單的內涵價值，依簽單保費之利率及危險發生率為基礎計算。

5. 壽險之解約金：保戶於投保壽險後已付足**1年以上**的保險費或繳費累積達有保單價值準備金時，依保險法規定、保險公司應於接到通知後**1個月內**償付解約金，然而由於提前解約會對保險公司造成**逆選擇**、資金運用不利故會酌收費用作為補償。但保險費已付足1年以上者，保險公司所償付之解約金額不得低於要保人應得保單價值準備金之**四分之三**。（與年金險的解約金一樣）

6. 傳統年金保險之保險費的計算基礎
   預定危險發生率以「**臺灣壽險業第二回年金生命表**」為基礎各公司訂定。
   （年金是用危險發生率、壽險是叫做死亡率）

7. 傳統年金之責任準備金的提存方式：年金保險最低責任準備金之提存，以**平衡準備金制**為原則，93.12.21發布以86.6.30財政部頒布之年金生命表死亡率90%為基礎101.7.1起以「**臺灣壽險業第二回年金生命表**」為基礎，並以不超計算保險費（年金金額）之預定危險發生率為準。

8. 利率變動型年金之年金給付：
   (1) **甲型**：年金給付開始時，以當時之**年齡**、**預定利率**及**年金生命表**換算**定額年金**。
   (2) **乙型**：第2年以後以**宣告利率**及上述之預定利率調整各年度之年金金額。

9. 利率變動型年金之預定利率
   年金給付期間：**預定利率不得高於年金給付開始日當月之宣告利率，不得為負數**。

10. 若利率變動型年金保險於年金累積期間內**附有保證利率者**或宣告利率適用期間超過1年者，於保證期間內應比照經營**萬能保險**業務各項責任準備金計算方式計提，其他非利率保證期間，則依前項方式計提責任準備金。 ★★★

11. 利率變動型解約金
    由公司自行訂定，但需符合保費付足一年以上，保險人應予接到通知**1個月**內償付解約金，金額不得少於**保單價值準備金的**3／4。 ★★★

12. 為避免保險公司以銷售繳費期間較短之類定存人民幣傳統型保險商品，此類商品開放初期將限制以繳費年期應**至少4年（含）以上**。 ★★★

13. **新型態人身保險商品認定標準**：
    (1) 各公司第一張非約定以新臺幣為收付幣別之傳統型保險商品。
    (2) 各公司第一張非約定以新臺幣為收付幣別之投資型保險商品。
    (3) 殘廢程度與保險金給付表未依示範內容規範辦理。
    (4) 各公司第一張優體件。
    (5) 各公司第一張弱體件。
    (6) 財產保險業各公司第一張健康保險商品。
    (7) 各公司第一張由保險人全權決定運用標的之投資型保險商品。
    (8) 各公司第一張以人民幣為收付幣別之傳統型保險商品。
    (9) 各公司第一張連結國內結構型商品屬新種財務工程。
    (10) 各公司第一張實物給付型保險商品。
    (11) 非屬殯葬服務實物給付項保險期間與保險給付期間合計超過10年。
    (12) 其他經主管機關認定有特殊事項情形者商品。

14. 符合下列條件不屬新型態保險商品：
    (1) 新型態保險商品經主管機關核准時間**逾1年**。
    (2) 同類型新型態保險商品經主管機關核准時間雖未逾1年，惟**已核准達3張**。

15. 「**保險商品銷售前程序作業準則**」
    (1) 保險商品各項交易之**會計處理方式**說明。
    (2) 外幣**資產負債配置具體計畫**及執行方法。
    (3) **外幣資產區隔**之方式。
    (4) **要保書及保單條款**載明**保險費收取方式**、**匯款費用之負擔**及**匯率風險揭露**等。
16. 負債配置具體計畫及執行方式應至少包含下列項目：
    (1) **資產負債配置執行之相關規劃**。
    (2) 應載明預期**新錢投資組合報酬率**並說明該數假設之合理性及關聯性。
    (3) **相關風險控管措施及機制**，包括投資人民幣資產評估、銷售相關機制限額。
    (4) **精算人員應提供可執行之專業評估意見**，由風控部門追蹤執行。
17. 「人身保險業辦理本業務，除應落實風險管理與內部控制及稽核制度外，並應遵循下列事項：
    (1) **業務單位每季辦理專案自行查核**保險商品招攬、核保、理賠、精算、保全、法務及投資。（沒有包括商品開發）
    (2) **內部稽核單位每半年**查核保險商品招攬、核保、理賠、精算、保全、法務及投資，並於查核結束起**2個月內**函送主管機關備查（不得晚於每年2月及8月）。
18. 內部稽核單位每半年辦理查核作業之原則如下：查核業務單位對**商品開發**、**銷售**、**資訊揭露**、**風險告知**、**資金運用**及**外匯管理**等規範之遵循情形，以及該等保險商品銷售作業處理程序落實情形。（**從開發、銷售、銷售後**）★★
19. 金管會請壽險公會應按季彙整所屬會員將上季金管會發布之保險法令或重要函釋（示）納入內部控制作業，並納為內部查核項目且辦理查核之具體落實執行情形函報金管會備查，並副知**金管會檢查局**。
20. 人身保險業辦理以外幣收付之非投資型人身保險業務統計資料、應按月向主管機關或財團法人**保險事業發展中心**申報，再由金管會提供**中央銀行**參考。
21. 違反本自律規範者，得經本會理監事會決議後視情節輕重要求提出書面改善計畫、予以書面糾正，或**處以新臺幣20萬元以上60萬元**以下之罰款，並呈報主管機關。（違反申報3萬到60萬，保險業重大懲處100萬）
22. 應揭露本保險所涉之**匯率風險**，不得僅標榜本保險**費率較新臺幣保險商品費率低**而為招攬手段，且不得將本保險與同業、**銀行存款**或其他金融商品之報酬作比較性廣告式以此為銷售訴求。
23. 每年**至少1次**向要保人揭露本年度**解約金**、**死亡保險金額**及**生存保險金額**等給付項目折合新臺幣計算後之參考價值。

精選試題

☑ 保險業資產管理自律規範

( ) 1. 人身保險業經營以外幣收付之非投資型保險業務時,應將以外幣收付之非投資型保險單之資產予以區隔,至區隔資產帳戶應記載? (A)資本損益 (B)直接與間接費用 (C)以上皆是 (D)持有價值。

( ) 2. 保險業制定整體性投資政策時需考量下列哪些項目後訂之,並報經董事會通過: (1)資產與負債關係 (2)風險承受程度 (3)資產報酬要求 (4)流動性與清償能力 (A)(1)(2)(3) (B)(1)(2)(4) (C)(1)(3)(4) (D)(2)(3)(4)。

( ) 3. 保險業管理資產時,應考量: (A)負債及風險 (B)成本與收益 (C)資產與負債 (D)風險及報酬 ,並分析資產與負債之關係,確保有足夠之清償能力。

( ) 4. 保險業資產管理自律規範第3條規定,保險業管理資產時,分析資產與負債之關係應考慮哪些事項? (1)分析持有資產之到期日 (2)分析資產配置 (3)建立適當現金流量預測模型 (4)建立風險控管機制 (A)(1)(3)(4) (B)(1)(2)(3)(4) (C)(1)(3) (D)(2)(4)。

( ) 5. 整體性投資政策應至少? (A)每季 (B)每年 (C)每二年 (D)每半年 應重新依照資產與負債關係、風險承受程度、長期風險報酬要求、流動性與清償能力狀況檢討一次,並報經董事會通過。

( ) 6. 保險業應對各項資產所產生之各種風險加以辨識、衡量、報告及監控;前項所稱各種風險至少應包括: (1)市場風險 (2)信用風險 (3)流動性風險 (4)作業風險 (5)法律風險 (A)(1)(2)(3) (B)(1)(4)(5) (C)(2)(3)(4) (D)(1)(2)(3)(4)(5)。

( ) 7. 保險業自行投資有價證券,應依據其分析作成決定,交付執行應作成紀錄併按: (A)季 (B)半年 (C)月 (D)年 提出檢討。

( ) 8. 依「保險業資產管理自律規範」第6條規定,保險業訂立之投資管理流程,在分析、衡量及控制投資結果與風險,其內容應包括: (1)建立風險管理機制 (2)建立相關人員適當之投資溝通機制 (3)建立長期風險報酬 (4)建立投資政策與流程合理性之內部檢視機制。 (A)(2)(3) (B)(1)(4) (C)(1)(2)(4) (D)(1)(3)(4)。

( ) 9. 保險業訂立之投資管理流程，其內容應包含： (1)制訂整體性投資政策 (2)設置並授權相關單位執行投資政策 (3)分析、衡量及控制投資結果與風險 (4)投資執行報告 (A)(3)(4) (B)(1)(2)(3) (C)(1)(2) (D)(1)(2)(3)(4)。

( ) 10. 保險業訂立之投資管理流程，其內容應包括： (1)制定整體性投資政策 (2)設置並授權相關單位執行投資政策 (3)分析、衡量及控制投資結果與風險 (4)投資執行報告 (5)建立內部股權投資人員利益衝突防範機制 (A)(1)(2) (B)(3)(4)(5) (C)(1)(2)(3)(5) (D)(1)(2)(3)(4)。

☑ 費率與準備金計算

( ) 1. 壽險業之分紅人壽保險業務，該年度由董事會核定之可分配紅利盈餘，其分配予要保人之比例不得低於？ (A)百分之八十 (B)百分之六十 (C)百分之五十 (D)百分之七十。

( ) 2. 「保險法施行細則」第11條規定，人身保險業以計算保險契約簽單保險費之利率及危險發生率為基礎，並依主管機關規定方式計算之準備金，稱為？ (A)保單價值準備金 (B)危險發生準備金 (C)解約價值準備金 (D)責任準備金。

( ) 3. 下列何者不是以外幣收付之非投資型人壽保險，保險費的計算基礎？ (A)預定危險發生率 (B)預定附加費用率 (C)預定利率 (D)預定死亡率。

( ) 4. 人身保險業自92年1月1日起新銷售之人壽保險單，其計提責任準備金之生命表，自93年1月1日起改以？ (A)得自行決定 (B)以國民生命表為基礎 (C)以臺灣壽險業第四回經驗生命表為基礎 (D)以臺灣壽險業第五回經驗生命表為基礎。

( ) 5. 人身保險業自92年1月1日起新銷售之人壽保險單，計算保險費率之生命表？ (A)以國民生命表為基礎 (B)得自行決定 (C)以臺灣壽險業第四回經驗生命表為基礎 (D)以臺灣壽險業第三回經驗生命表為基礎。

( )　6. 人身保險業自106年7月1日起新銷售之人壽保險單，其計提責任準備金之生命表，自101年7月1日起改以？　(A)得自行決定　(B)以國民生命表為基礎　(C)以臺灣壽險業第四回經驗生命表為基礎　(D)以臺灣壽險業第五回經驗生命表為基礎。

( )　7. 以外幣收付之非投資型人壽保險，保險費的計算基礎為：　(1)預定死亡率　(2)預定利率　(3)預定危險發生率　(4)預定營業費用率　(A)(1)(3)(4)　(B)(2)(3)(4)　(C)(1)(2)(3)　(D)(1)(2)(4)。

( )　8. 若利率變動型年金保險於年金累積期間內附有保證利率，於利率保證期間內應比照：　(A)利率變動型人壽保險最低責任準備金計算方式　(B)利率變動型年金保險費率相關規範所定方式　(C)年金保險費率相關規範所定方式　(D)人身保險業就其經營萬能保險業務應提存之各種準備金規範之附保證利率的萬能保險責任準備金計算方式　計提責任準備金。

( )　9. 以下那個並非以外幣收付之非投資型年金保險，保險費的計算基礎？　(A)預定死亡率　(B)預定危險發生率　(C)預定利率　(D)預定附加費用率。

( )　10. 萬能保險係以要保人交付之保險費，扣除附加費用後，依該保險費所適用之：　(A)宣告利率　(B)預定利率　(C)預定營業費用率　(D)預定死亡率　計算保單價值之壽險商品。

( )　11. 依「保險法」第145條規定，保險業於營業年度屆滿時，應分別依　(A)保險期間　(B)繳費期間　(C)保險種類　(D)所繳保費　，計算其應提存之各種責任準備金，記載於特設之帳簿。

( )　12. 依「保險法」第145條規定，保險業於營業年度屆滿時，應分別保險種類，計算其應提存之各種：　(A)責任準備金　(B)保險給付　(C)解約金　(D)保單價值準備金　，記載於特設之帳簿。

( )　13. 保險期間超過一年之人壽保險契約，其最低責任準備金之提存，88年1月1日起訂立之契約，其純保險費較25年繳費25年滿期生死合險為大者：　(A)採20年滿期生死合險修正制　(B)採20年繳費終身保險修正制　(C)採25年滿期生死合險修正制　(D)採1年定期修正制。

(　)　14. 保險期間超過一年之人壽保險契約。其最低責任準備金之提存，95
年1月1日起訂定之契約，其純保險費較20年繳費終身保險為大者？
(A)採20年滿期生死合險修正制　(B)採20年繳費終身保險修正制
(C)採1年定期修正制　(D)採25年滿期生死合險修正制。

(　)　15. 依保險法119條規定，要保人終止保險契約、而保險費已付足一年以
上者，保險人應於接到通知後一個月內償付解約金，其金額不得少於
要保人應得？　(A)全部的保單價值準備金　(B)保單價值準備金的四
分之三　(C)保單現金價值的四分之三　(D)責任準備金的四分之三。

(　)　16. 依保險法第119條規定，要保人終止保險契約，而保險費已付足1年
以上者，保險人應於接到通知後：　(A)半個月內　(B)二個月內
(C)三個月內　(D)一個月內　償付解約金。

(　)　17. 針對外幣收付之非投資型人壽保險解約金的敘述下列何者正確？
(1)採用較高的預定利率或較低的預定死亡率　(2)採用較低的預定利
率或較高的預訂死亡率　(3)保費交足1年以上者，保險公司償付之解
約金額不得低於要保人應得保單價值準備金之二分之一　(4)提前解
約對保險公司造成道德風險　(A)(1)(3)　(B)(2)　(C)(2)(4)　(D)(1)。

(　)　18. 有關「保險業各種準備金提存辦法」第12條之規定，何者正確？
(1)生存保險附有按一定期間（含滿期）給付之生存保險金部分，最
低責任準備金之提存，採平衡準備金制為原則　(2)年金保險最低責
任準備金之提存，採平衡準備金制為原則　(3)利率變動型人壽保險
最低責任準備金由壽險公會另定之　(4)人身保險業變更責任準備金
之提存時，應事先經主管機關核准　(A)(3)(4)　(B)(1)(2)　(C)(2)(4)
(D)(2)(3)。

(　)　19. 有關以外幣收付之非投資型人身保險商品之敘述，何者正確：　(1)比
照以新臺幣收付之非投資型人身保險商品之費率與準備金提存
(2)該商品費率之預定利率不須考量該保單對應資產之國外投資之
資金運用報酬率　(3)責任準備金提存利率計算公式之公司債利率部
分，將參考以該幣別國家之公債利率為主　(A)(1)(2)　(B)(1)(2)(3)
(C)(1)(3)　(D)(2)(3)。

(　)　20. 有關以外幣收付之非投資型人壽保險之責任準備金之敘述，何者不正
確？　(A)必須分別按照保險期間，計算出各種保險的準備金，記載

於特設之帳簿　(B)保險公司必須平日有所準備　(C)責任準備金的計算，牽涉到相當複雜的精算技術　(D)準備方法是將純保險費扣除應給付的保險金後的大部份資金提存保管。

( )　21. 有關保險業各種準備金提存辦法第12條之規定，何者正確？　(1)生存保險附有按一定期間（含滿期）給付之生存保險金部分，最低責任準備金之提存，採平衡準備金制為原則　(2)年金保險最低責任準備金之提存，採平衡準備金制為原則　(3)利率變動型人壽保險最低責任準備金由壽險公會另定之　(4)人身保險業變更責任準備金之提存時，應事先經主管經關核准　(A)(2)(4)　(B)(1)(2)　(C)(1)(3)　(D)(3)(4)。

( )　22. 以外幣收付之非投資型年金保險，責任準備金提存方式，年金保險最低責任準備金之提存　(A)計算方法由公司自行訂定　(B)自動調整精算公式　(C)以平衡準備金制為原則　(D)以年金保單價值準備金全額提存。

( )　23. 自94年6月1日起簽發之利率變動型年金保險契約，年金給付期間之預定利率　(A)應高於年金給付開始日當月之宣告利率　(B)不得高於年金給付開始日當月之宣告利率，且不得為負數　(C)不得高於年金給付開始日當月之宣告利率，但得為負數　(D)不得低於年金給付開始日當月之宣告利率。

( )　24. 自94年6月1日起簽發之利率變動型年金保險契約，其責任準備金提存之預定危險發生率，以86年6月30日臺財保第862397037號函頒佈之年金生命表死亡率之多少為基礎計算，並以不超過計算年金金額之預定危險發生率為準？　(A)死亡率之70%　(B)死亡率之100%～120%　(C)死亡率之90%　(D)死亡率之60%。

( )　25. 自94年6月2日起簽發之利率變動型年金保險契約，其責任準備金提存方式，年金累積期間？　(A)以平衡準備金制提存　(B)以計算公式提存　(C)依「保險業各種準備金提存辦法」第10條規定提存　(D)以年金保單價值準備金全額提存。

( )　26. 自94年6月2日起簽發之利率變動型年金保險契約，其責任準備金提存方式，年金累積期間　(A)以平衡準備金制提存　(B)以計算公式提存　(C)依「保險業各種準備金提存辦法」第10條規定提存　(D)以年金保單價值準備金全額提存。

( ) 27. 利率變動型年金乙型於給付期間，保戶可領取的年金金額與： (1)預定附加費用率 (2)宣告利率 (3)年金生命表 (4)預定利率 有關 (A)(1)(2)(3) (B)(1)(3)(4) (C)(2)(3)(4) (D)(1)(2)(4)。

( ) 28. 利率變動型年金保險於年金累積期間內附有保證利率者，於利率保證期間內應比照何種保險的責任準備金計算方式計提？ (A)傳統年金 (B)變額萬能保險 (C)變額保險 (D)萬能保險。

( ) 29. 利率變動型年金保險契約，年金給付期間之預定利率： (A)不得低於年金給付開始日當月之宣告利率 (B)不得高於年金給付開始日當月之宣告利率，但得為負數 (C)應高於年金給付開始日當月之宣告利率 (D)不得高於年金給付開始日當月之宣告利率，且不得為負數。

( ) 30. 若利率變動型年金保險於年金累積期間附有保證利率者，於利率保證期間內應比照？ (A)利率變動型人壽保險最低責任準備金計算方式 (B)利率變動型年金保險費率相關規範所定方式 (C)年金保險費率相關規範（傳統型）所定方式 (D)人身保險業就其經營萬能保險業務應提存之各種準備金規範之附保證利率的萬能保險責任準備金計算方式 計提責任準備金。

( ) 31. 利率變動型年金保險契約，其責任準備金提存之預定危險發生率，以86年6月30日台財保第862397037號函頒佈之年金生命表 (A)死亡率之100%～120% (B)死亡率之60% (C)死亡率之70% (D)死亡率之0.9為基礎計算，並以不超過計算年金金額之預定危險發生率為準。

( ) 32. 利率變動型年金保險契約，其責任準備金提存之預定危險發生率，由101年7月1日起採用？ (A)死亡率之100%～120% (B)死亡率之90% (C)臺灣壽險業第二回年金生命表 (D)臺灣壽險業第五回經驗生命表 ，並以不超過計算年金金額之預定危險發生率為準。

( ) 33. 利率變動型年金保險契約，其責任準備金提存方式，年金累積期間？
(A)以平衡準備金制提存
(B)以計算公式提存
(C)依「保險業各種準備金提存辦法」第10條規定提存
(D)以年金保單價值準備金全額提存。

( ) 34. 若利率變動型年金保險於年金累積期間內附有保證利率者，於利率保證期間內應比照人身保險業就其經營： (A)分紅人壽保險 (B)萬能保險 (C)利率變動型壽險 (D)不分紅人壽保險 業務應提存之各種準備今規範之附保證利率的萬能保險責任準備金計算方式計提。

( ) 35. 依「人身保險業辦理以外幣收付之非投資型人身保險業務應具備資格條件及注意事項」第11點規定，人身保險業應依主管機關規定之格式、內容及期限，將以外幣收付之非投資型人身保險業務相關統計報表向？ (A)中央銀行 (B)向主管機關或財團法人保險事業發展中心 (C)中華民國人壽保險商業同業公會 (D)金管會銀行局 申報，以供主管機關監理之用。

( ) 36. 依「保險法」第119條規定，要保人終止保險契約，而保險費已付足一年以上者： (1)保險人應於接到通知後一個半月內償付解約金 (2)償付解約金之條件及金額，應載明於保險契約 (3)解約金之金額不得少於要保人應得保單價值準備金之四分之三 (4)解約金之金額不得少於受益人應得保單帳戶價值之四分之三，以上敘述何者不正確？ (A)(2)(3) (B)(1)(2)(4) (C)(1)(4) (D)(1)(2)(3)。

( ) 37. 人身保險業辦理以外幣收付之非投資型人身保險業務，應至少多久一次向要保人揭露該等保險商品當年度解約金、死亡保險金額及生存保險金額等給付項目折合新臺幣計算後之參考價值？ (A)每二年 (B)每年 (C)每半年 (D)每季。

( ) 38. 人身保險業銷售以人民幣收付之非投資型人身保險商品 (A)不得超過各公司當年度非投資型人身保險商品總保費收入之0.2 (B)不得超過各公司當年度非投資型人身保險商品總保費收入之0.1 (C)無銷售限額 (D)應依主管機關規定之銷售限額辦理。

( ) 39. 人身保險業辦理以人民幣收付之非投資型人身保險商品，其繳費年期應至少幾年以上？ (A)5年 (B)4年 (C)3年 (D)6年。

( ) 40. 年金累積期間，保險公司依據要保人交付之保險費減去附加費用後，依宣告利率計算年金保單價值準備金；年金給付開始時、依年金保單價值準備金，計算年金金額，稱為？ (A)變額保險 (B)利率變動型年金保險 (C)萬能保險 (D)年金保險。

( ) 41. 若利率變動型年金保險於年金累積期間內附有保證利率者，於： (A)年金累積期間內 (B)其他非利率保證期間 (C)利率保證期間內 (D)累積期間前三年 應比照人身保險業就其經營萬能保險業務應提存之各種準備金規範之附保證利率的萬能保險責任準備金計算方式計提。

( ) 42. 若利率變動型年金保險於年金累積朝間內附有保證利率者，於哪段期間內應比照人身保險業就其經營萬能保險業務應提存之各種準備金規範之附保證利率的萬能保險責任準備金計算方式計提？ (A)累積期間前三年 (B)其他非利率保證期間 (C)年金累積期間內 (D)利率保證期間內。

( ) 43. 若利率變動型年金保險於年金累積期間內附有保證利率，於利率保證期間內應比照？ (A)人身保險業就其經營萬能保險業務應提存之各種準備金規範 (B)人身保險業美元外幣保單新契約責任準備金利率自動調整精算公式 (C)人身保險業新契約責任準備金利率自動調整精算公式 (D)保險業各種準備金提存辦法。

☑ 業務核准程序與業務員規範

( ) 1. 下列那項屬「新型態人身保險商品認定標準」第2點規定所指之新型態人身保險商品： (1)各公司第一張約定以新臺幣為收付幣別之傳統型保險商品 (2)各公司第一張約定以新臺幣為收付幣別之投資型保險商品 (3)各公司第一張非約定以新臺幣為收付幣別之傳統型保險商品 (4)各公司第一張非約定以新臺幣為收付幣別之投資型保險商品 (A)(2)(4) (B)(1)(2) (C)(1)(3) (D)(3)(4)。

( ) 2. 以下哪個不屬「新型態人身保險商品認定標準」第2點所指之新型態人身保險商品？ (A)各公司第一張由保險人全權決定運用標的之投資型保險商品 (B)各公司第一張以外幣收付之傳統型保險商品 (C)各公司第一張以外幣收付之投資型保險商品 (D)各公司第一張約定以新臺幣為收付幣別之投資型保險商品。

( ) 3. 依「新型態人身保險商品認定標準」第2點規定，各公司第一張以人民幣為收付幣別之傳統型保險商品，為？ (A)得免函報主管機關備查之保險商品 (B)以備查方式辦理 (C)需採核准制送審 (D)需事前函報開辦日。

( ) 4. 依「新型態人身保險商品認定標準」第2點規定所指定之新型態人身保險商品？ (A)同類型新型態保險商品經主管機關核准時間雖未逾一年，惟已核准達三張 (B)新型態保險商品經主管機關核准時間逾一年 (C)各公司第一張以人民幣為收付幣別之傳統型保險商品 (D)各公司第一張約定以新臺幣為收付幣別之傳統型保險商品。

( ) 5. 人身保險業辦理第一張以外幣收付之非投資型人身保險商品，下列何者正確？ (A)除應經主管機關核准外，並應向中央銀行申請許可後，始得辦理 (B)應向主管機關或其指定機關備查 (C)無須經過主管機關核准，保險業得逕行銷售 (D)向主管機關申請核准後即可辦理。

( ) 6. 「人身保險商品審查應注意事項」第3點規定，保險業依據「保險商品銷售前程序作業準則」第15條第1項第1款規定，採核准方式辦理之新保險商品應將審查文件送交主管機關，此主管機關是？ (A)經濟部 (B)金管會 (C)中央銀行 (D)外匯局。

( ) 7. 人身保險業送審以外幣收付之非投資型人身保險商品時，除應依保險商品銷售前程序作業準則等規定檢附相關送審文件外，應併檢附下列那些文件？ (1)以外幣收付之非投資型人身保險商品各項交易之會計處理方式說明 (2)外幣收付之非投資型人身保險內部控制執行方法與稽核原則 (3)外幣資產負債配置具體計畫及執行方法 (4)外幣資產區隔之方式 (A)(1)(3)(4) (B)(1)(2)(3)(4) (C)(2)(3)(4) (D)(1)(2)(3)。

( ) 8. 「人身保險業辦理以外幣收付之非投資型人身保險業務應具備資格條件及注意事項」第7點，有關送審以外幣收付之非投資型人身保險商品之規定，何者正確： (1)依人身保險商品審查應注意事項檢附相關送審文件 (2)應於保單條款載明匯款費用負擔 (3)應於要保書載明各項交易之會計處理方式說明 (4)應檢附外幣資產負債配置具體計畫及執行方式 (A)(1)(2) (B)(2)(3) (C)(2)(4) (D)(3)(4)。

( ) 9. 人身保險業辦理以外幣收付之非投資型人身保險業務，應於要保書及保單條款載明下列哪個事項？ (1)客戶適合度 (2)匯款費用之負擔 (3)保險費收取方式 (4)匯率風險揭露 (A)(1)(3)(4) (B)(1)(2)(4) (C)(1)(2)(3) (D)(2)(3)(4)。

( ) 10. 人身保險業送審以外幣收付之非投資型人身保險商品時，除應依規定檢附相關送審文件外，並應於要保書及保單條款載明何者等相關事宜？　(A)會計處理方式說明　(B)外幣資產區隔之方式　(C)外幣資產負債配置具體計畫及執行方法　(D)保險費收取方式。

( ) 11. 人身保險業送審以外幣收付之非投資型人身保險商品時，除應依規檢附相關送審文件外，並應於要保書及保單條款載明？　(1)保險費收取方式　(2)外幣資產負債配置具體計畫及執行方法　(3)匯率風險揭露　(4)匯款費用之負擔等相關事宜　(A)(1)(3)(4)　(B)(2)(3)(4)　(C)(1)(2)(3)　(D)(1)(2)(4)。

( ) 12. 人身保險業辦理以外幣收付之非投資型人身保險業務應具備資格條件及注意事項第7點，有關送審以外幣收付之非投資型人身保險商品之規定，何者正確？　(1)依人身保險商品審查應注意事項檢附相關送審文件　(2)應於保單條款載明匯款費用負擔　(3)應於要保書載明各項交易之會計處理方式說明　(4)應檢附外幣資產負債配置具體計畫及執行方法　(A)(1)(3)　(B)(2)(3)　(C)(3)(4)　(D)(2)(4)。

( ) 13. 依「人身保險業辦理以外幣收付之非投資型人身保險業務應具備資格條件及注意事項」第7點第2項規定：人身保險業送審該等保險商品時，除依保險商品銷售前程序作業準則等規定檢附相關送審文件外，應並檢附該等保險商品：　(1)各項交易會計處理方式說明　(2)外幣資產負債配置具體計畫及執行方法　(3)外幣資產之區隔方式　(4)國外投資管理原則　(A)(1)(2)(3)　(B)(2)(3)(4)　(C)(1)(2)(4)　(D)(1)(3)(4)。

( ) 14. 人身保險業辦理以外幣收付之非投資型人身保險業務，依內部稽核單位按半年辦理查核作業之原則，應查核各業務單位對外幣收付之非投資型保險商品：　(1)開發、銷售　(2)資訊揭露、風險告知　(3)資金運用　(4)外匯管理等相關法令及自律規範之遵循情形　，以及該等保險商品銷售作業處理程序（含招攬人員資格及教育訓練、商品適合度政策）落實情形　(A)(1)(2)(3)　(B)(1)(2)　(C)(3)(4)　(D)(1)(2)(3)(4)。

( ) 15. 「人身保險業辦理以外幣收付之非投資型人身保險業務應具備資格條件及注意事項」第8點規定，人身保險業辦理以外幣收付之非投資型

保險業務，應將哪一個項目及外匯相關法規納入對保險業務員之教育訓練制度？ (A)商品適合度 (B)匯款費用之負擔 (C)保險費收取方式 (D)匯率風險。

( ) 16. 人身保險業辦理以外幣收付之非投資型人身保險業務，應由內部稽核單位何時辦理該等保險商品招攬、核保、理賠、精算、保全、法務及投資作業之專案查核 (A)每半年 (B)按月 (C)每年 (D)按季。

( ) 17. 以外幣收付之非投資型人身保險契約與 (1)新臺幣收付之投資型保險契約 (2)外幣收付之投資型人身保險契約 (3)新臺幣收付之非投資型保險契約 (4)外幣收付之投資型人身保險契約 ，不得辦理契約轉換 (A)(1)(3) (B)(1)(2)(3) (C)(2)(4) (D)(1)(2)。

( ) 18. 人身保險業辦理以外幣收付之非投資型人身保險業務，應由從事該等保險商品下列哪些作業之業務單位，按季辦理專案自行查核： (1)開發 (2)招攬、核保 (3)理賠、精算 (4)保全、法務、投資 (A)(1)(2)(3) (B)(2)(3)(4) (C)(1)(2)(3)(4) (D)(1)(2)(4)。

( ) 19. 人身保險業辦理以外幣收付之非投資型人身保險業務，應由從事該等保險商品招攬、核保、理賠、精算、保全、法務及投資之業務單位 (A)按月 (B)每年 (C)每季 (D)每半年辦理專案自行查核。

( ) 20. 人身保險業辦理以外幣收付之非投資型人身保險業務，應依規定由內部稽核單位每半年辦理哪些專案查核？ (1)開發 (2)招攬、核保 (3)理賠、精算 (4)保全、法務、投資 (A)(1)(2)(4) (B)(1)(2)(3) (C)(1)(2)(3)(4) (D)(3)(4)。

✿ ( ) 21. 人身保險業辦理以外幣收付之非投資型人身保險業務，應依規定由內部稽核單位按季辦理以外幣收付之非投資型人身保險商品下列那些作業之專案查核？ (1)開發 (2)招攬、核保 (3)理賠、精算 (4)保全、法務、投資 (A)(2)(3)(4) (B)(1)(2)(4) (C)(1)(2)(3)(4) (D)(1)(2)(3)。

( ) 22. 由內部稽核單位按每半年辦理以外幣收付之非投資型人身保險商品招攬、核保、理賠、精算、保全、法務及投資作業之專案查核，並於查核結束日起： (A)一個月內 (B)二個月內 (C)三個月內 (D)四個月內 函送主管機關備查。

( ) 23. 依「人身保險業辦理以外幣收付之非投資型人身保險業務應具備資格
條件及注意事項」第11點規定，人身保險業應依主管機關規定之格
式、內容及期限，將以外幣收付之非投資型人身保險業務相關統計
報表向？ (A)中央銀行 (B)主管機關或財團法人保險事業發展中心
(C)中華民國人壽保險商業同業公會 (D)金管會銀行局申報，以供主
管機關監理之用。

( ) 24. 壽險公會所屬各會員對其業務員（含電話行銷人員）在執行本保險招
攬業務時，應要求依社會一般道德、誠實信用原則及保護： (A)要
保人 (B)受益人 (C)要保人、被保險人及受益人 (D)要保人、受
益人 之精神進行招攬，並確實遵守相關法令、自律規範及公司內部
之業務招攬處理制度及程序等規定，不得有虛偽不實、誇大、誤導、
不當比較或其他足致他人誤信之招攬行為。

( ) 25. 壽險業辦理歐元計價之非投資型人身保險商品相關業務，請確實依
據： (1)保險業辦理外匯業務管理辦法 (2)人身保險業辦理以外
幣收付之非投資型人身保險業務應具備資格條件及注意事項 (3)人
身保險業歐元外幣保單新契約責任準備金利率自動調整精算公式
(4)人身保險業美元外幣保單新契約責任準備金利率自動調整精算
公式 等規定辦理，且注意不得涉及外匯匯兌業務。 (A)(1)(2)(3)
(B)(1)(2) (C)(3)(4) (D)(1)(2)(3)(4)。

( ) 26. 壽險業辦理澳幣及歐元計價之非投資型人身保險商品相關業務時，仍
應確實瞭解保戶未來有外幣需求及承受匯率風險能力，充分向保戶揭
露： (1)商品幣別所屬國家之政治、經濟變動風險 (2)商品所涉匯
率風險 (3)保險費收取方式 (4)匯款費用之負擔及其它攸關保戶權
益之重要事項 (A)(1)(3) (B)(2)(4) (C)(3)(4) (D)(1)(2)(3)(4)。

( ) 27. 壽險業辦理澳幣計價之非投資型人身保險商品相關業務，請確實依
據： (1)保險業辦理外匯業務管理辦法 (2)人身保險業辦理以外幣
收付之非投資型人身保險業務應具備資格條件及注意事項 (3)人身
保險業美元外幣保單新契約責任準備金利率自動調整公式 (4)人身
保險業澳幣外幣保單新契約責任準備金利率自動調整公式 (A)(1)(4)
(B)(1)(2) (C)(3)(4) (D)(1)(2)(4) 等規定辦理，且注意不得涉及外
匯匯兌業務。

( ) 28. 壽險公會所屬會員及業務員應揭露外幣收付非投資型人身保險所涉之下列何種風險，不得僅標榜本保險費率較新臺幣計價之保險商品費率低而為招攬手段，且不得將本保險與同業、銀行存款或其他金融商品之報酬作比較性廣告或以此為銷售訴求？ (A)利率風險 (B)信用風險 (C)流動性風險 (D)匯率風險。

( ) 29. 人身保險業辦理以外幣收付之非投資型人身保險業務，應至少每年一次向要保人揭露該等保險商品當年度解約金、死亡保險金額及生存保險金額等給付項目折合新臺幣計算後之參考價值，其提供方式為？ (A)由保險公司以電子郵件通知要保人 (B)由保險人與要保人約定之 (C)由保險公司郵寄通知要保人 (D)由保險公司揭露在網站上。

( ) 30. 以外幣收付之非投資型人身保險，要保人或受益人可能於以下何種情況面臨因外幣與新臺幣兌換之匯率風險？ (A)以外幣現鈔繳納保險費 (B)保險公司將生存保險金匯入外匯存款戶 (C)將保險公司退還之外幣保險費，從外匯存款戶中提領兌換為新臺幣 (D)以外匯存款繳納保險費。

( ) 31. 每年至少向要保人揭露本年度： (1)責任準備金 (2)解約金 (3)死亡保險金 (4)生存保險金 等給付項目折合新臺幣計算後之參考價值。 (A)(1)(2)(3)(4) (B)(2)(3)(4) (C)(1)(3)(4) (D)(1)(2)(3)。

( ) 32. 以美元收付之非投資型人身保險契約與？ (1)新臺幣收付之投資型保險契約 (2)美元收付之投資型人身保險契約 (3)新臺幣收付之非投資型保險契約 (4)歐元收付之投資型人身保險契約 ，不得辦理契約轉換 (A)(2)(3)(4) (B)(1)(2)(4) (C)(1)(3)(4) (D)(1)(2)(3)。

( ) 33. 外幣收付之非投資型人身保險契約與？ (A)外幣收付之人身保險契約，不得辦理契約轉換 (B)新臺幣收付之人身保險契約，不得辦理契約轉換 (C)新臺幣收付之非投資型保險契約，得辦理契約轉換 (D)新臺幣收付之投資型保險契約，得辦理契約轉換。

( ) 34. 違反壽險公會自律規範者，經本會理監事會決議後視情節輕重要求提出書面改善，或處以： (A)3萬到60萬 (B)100萬到300萬 (C)20萬到60萬 (D)3萬到20萬元 之罰鍰。

( ) 35. 針對要保人終止保險契約時，要保人相關權益下列何者為正確？
(1)二年之內解約之保件需電訪或訪視要保人確認對其權益之影響　(2)電訪聯繫2次未成或拒絕者，應補掛號提醒相關風險　(3)前項錄音或可資證明方式之紀錄保存期限不得低於解約後2年　(4)電訪或訪視要保人之人，宜與招攬人員是同一人。　(A)(1)(2)(3)(4)
(B)(1)(2)(3)　(C)(1)(2)　(D)(3)。

( ) 36. 人身保險業辦理以外幣收付之非投資型人身保險業務，應至少每年一次向要保人揭露該等保險商品當年度解約金、死亡保險金額及生存保險金額等給付項目折合新臺幣計算後之參考價值，其提供方式？
(A)由保險公司以電子郵件通知要保人　(B)由保險人與要保人約定之
(C)由保險公司揭露在網站上　(D)由保險公司郵寄通知要保人。

( ) 37. 有關人身保險業辦理以外幣收付之非投資型人身保險業務應具備資格條件及注意事項，第8點規定之敘述，以下何者正確？　(1)應瞭解要保人之需求與承受匯率風險能力　(2)應將投資風險及外匯相關法規納入業務員之教育訓練　(3)銷售該等保險商品時，應於要保書明顯處揭露保險費收取方式　(4)應至少每半年向要保人揭露該等保險商品當年度解約金等給付項目折合新臺幣計算　(A)(2)(3)(4)　(B)(2)(4)
(C)(1)(2)(3)(4)　(D)(1)(3)。

解答與解析

■ 保險業資產管理自律規範

1.**C**

2.**B**　(3)應為長期風險報酬要求。

3.**A**

4.**C**　資產負債之間的動態配合。

5.**B**　6.**D**　7.**C**

8.**C**　(C)沒有包括風險報酬。

9.**B**　10.**C**

■ 費率與準備金計算

1.**D**

2.**A**　用簽單保費計算的是保單價值準備金。

用較高的死亡率、較低的預定利率是責任準備金。

3.**D**　4.**C**　5.**B**　6.**D**

7.**D**　壽險是預定營業費用率，年金險是預定附加費用率。

8.**D**　9.**A**　10.**A**　11.**C**　12.**A**

13.**C**　採取需要提存金額比較高者。

14.**B**　15.**B**　16.**D**

17.**B**　(C)保單價值準備金之四分之三。(D)造成保險公司的逆選擇。

18.**C**　19.**C**

20.A 依照保險種類去計算不同的責任準備金。

21.A (1)不包含滿期才對。(3)最低提存為平衡型責任準備金制。

22.C 23.B

24.C 101.7.1後以臺灣壽險業第二回年金生命表。

25.D	26.D	27.C	28.D	29.D
30.D	31.D	32.C	33.D	34.B
35.B	36.C	37.B	38.D	39.B
40.B	41.C	42.D	43.A	

■ 業務核准程序與業務員規範

1.D	2.D	3.C	4.C	5.A
6.B	7.A			

8.C (1)依照保險商品銷售前程序作業準則。
(3)不需要載明於要保書上。

9.D 適合度分析是另外一張須填寫的表。

10.D	11.A	12.D	13.A	14.D
15.D	16.A			

17.A

18.B 沒有包含開發,開發為每半年內部稽核單位查核。

19.C	20.D	21.A	22.B	23.B
24.C	25.A	26.D	27.D	
28.D	29.B	30.C	31.B	

32.C 需為相同幣別。

33.B 34.C

35.D (1)三年內解約都需要。
(2)電訪三次。
(4)不宜為同一人。

36.B

37.D 每年揭露年度解約金折合臺幣計算。

Day 06 銷售應注意事項

依據出題頻率區分，屬：**B** 頻率中

學習地圖

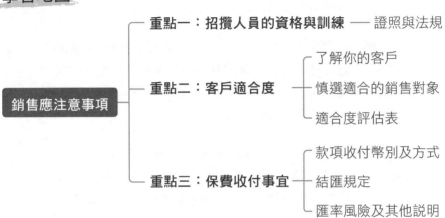

銷售應注意事項
- 重點一：**招攬人員的資格與訓練** —— 證照與法規
- 重點二：**客戶適合度**
  - 了解你的客戶
  - 慎選適合的銷售對象
  - 適合度評估表
- 重點三：**保費收付事宜**
  - 款項收付幣別及方式
  - 結匯規定
  - 匯率風險及其他說明

課前導讀

名師教學

立即看私房講解

6-1課前導讀

外幣保單不僅是一種投資工具，也有它保險的功能，透過保單來做配置，必須要有中長期的觀念，未來長期匯率存在不確定性，因此必須慎重考慮匯率風險。身為業務員的我們，若只訴求一時的保費便宜，而忽略了未來的風險，可能會得不償失。

所以第一線的我們必須注意瞭解客戶的需求與承受匯率風險的能力，依據客戶適合度，提供適當之保險商品。並且定期提供良好的售後服務，向要保人告知該等保險商品當年度解約金、死亡保險金額及生存保險金額等給付項目。

讓業績不會變成業障，保險業務之開放，有賴主管機關健全的法規架構、業者確實遵守執行及稽核單位監督把關，創造主管機關、業者及客戶三贏的局面。在進入Day 06前，你應該要注意：

Day 06容易拿分，出題也相對簡單容易理解，要特別注意：

1.招攬人員應具備證照的資格及熟悉外幣相關的法規。

2.熟悉客戶適合度評估表，了解你的客戶（KYC），客戶的財務狀況與家庭狀況，哪些人是好的銷售對象，依照規劃目的來說，客戶有哪些需求，適合購買外幣保單。

3.以站在第一線業務員來說，保費的收取方式有哪些種類，外匯結匯有哪些要注意的申報事項。匯率風險說明書的內容分為哪些部分，匯率風險、相關費用的告知請詳細熟記。

重點一 招攬人員資格及教育訓練

(一) 外幣非投資型保單與新臺幣計價的保單最大的不同在於客戶必須承擔匯率風險，而這些差異有賴於第一線的業務員向客戶充分的說明，因此，金管會要求將匯率風險及外匯相關法規納入教育訓練制度中，同時應通過壽險公會所辦之特別測驗，才能銷售此保險商品。

(二) 應納入下列法規之認知、瞭解：

1. 保險業辦理外匯業務管理辦法。
2. 管理外匯條例。
3. 外匯收支成交易申報辦法。
4. 中央銀行及其他相關主管機關有關法令規定。

> **觀念理解**
> 此處會考招攬人員需要學習哪些相關法規，這些法規我們在前面幾章都學習過了，答案大多是以上皆是。

重點二 客戶適合度

應瞭解要保人之需求與承受匯率風險能力，銷售前並應建立商品適合度政策。

一、了解你的客戶（Know Your Customer）

(一) 財務背景。
(二) 財富來源。
(三) 就業狀況／專業
(四) 家庭狀況。

二、慎選適合的銷售對象

(一) 準保戶的選擇標準如下：

1. 身體健康的人。
2. 需要保險的人。
3. 付得起保險費的人。
4. 便於拜訪的人。

> **觀念理解**
> 此處題目大多是複選，準保戶選擇的標準有什麼，準備目的有哪些？此處務必得分，另外，也會描述有各種需求與情況是屬於哪項準備目的！

(二)**依準備目的不同分為六項：**

1. **多元資產配置**：這類的人大多是原本就持有外幣資產，或許是外匯存款，也許是海外基金，外幣保單可以提供他們另一種選擇。

2. **教育資金準備**：已經規劃子女出國留學，可透過外幣保單來做準備，運用滿期或年金剛好可以當作學費與生活費。

3. **購屋資金準備**：希望累積財富，預備將來在國外置產者。

4. **養老生活資金準備**：退休後規劃到國外長住、生活或旅遊者。

5. **遺族生活資金準備**：滿期或身故受益人居住國外，要（被）保人與受益人分居於兩地，滿期或身故受益人（大多是子女）居國外，自然以領取當地貨幣最為理想，免於匯率風險。

6. **海外醫療準備**：海外經商、出國留學或遊學、或國外長住、養老等，倘不幸罹患重大疾病、特定傷病或失能，希望在海外進行醫療者。

(三)**以外幣收付之非投資型人身保險客戶適合度調查評估表（參照本章最後附表1。）分為兩大部分：**（此處常考，每一項的內容，內容還是很好理解的！）

1. **第一部分**：調查要保人購買外幣非投資型保險目的，最少須<u>勾1項</u>，可複選以上調查評估結果：

    (1)欲投保以外幣收付之非投資型人壽保險或年金保險者：目的1至目的5任一目的所屬問題選項有勾選「是」或有說明其他購買目的者，表示未來有外幣需求，為本保險適合的銷售對象。

(2) 欲投保以外幣收付之非投資型健康保險者：目的6所屬問題選項有勾選「是」或有說明其他購買目的者，表示未來有外幣健康保險需求，為本保險適合的銷售對象。（**銷售外幣健康保險部分一定要勾選！**）

2. **第二部分**：業務員完成客戶適合度調查後，業務員於銷售本保險商品時，應就下列問題，向要保人充分說明，要保人瞭解後，並由要保人及業務員共同具簽確認。

問題一：確認有外幣需求及**承擔匯率風險**的能力？

問題二：業務員是否向要保人說明於繳納保險費，或領取各種保險金、解約金等款項，以新臺幣兌換外幣、或外幣兌換新臺幣時，可能有**匯率風險**？在要保人以新臺幣兌換成外幣之方式分期繳納保險費時，可能因每期兌換匯率之不同而產生匯兌損益或受益人或要保人如果想將外幣兌換成新臺幣，則可能因匯率之不同而產生匯兌損益。

問題三：是否向要保人說明購買以外幣收付之非投資型人身保險，應由要保人或保險公司所負擔銀行收取之匯率差價、匯款手續費、郵電費及其他費用？凡以外幣收付之非投資型人身保險相關款項應以外匯存款戶存撥之。因存款或匯款所產生之各項費用，應由**要保人**或**保險公司所負擔**，匯款費用應向要保人說明。

問題四：業務員是否已向要保人說明，有關法令規定？業務員應向客戶說明**「保險業辦理外匯業務及管理辦法」**、**「管理外匯條例」**、**「外匯收支或交易申報辦法」**、**「人身保險業辦理以外幣收付之非投資型人身保險業務應具備資格條件及注意事項」**及其他相關主管機關有關法令規定。

問題五：業務員是否已向要保人說明本公司所提供**「以外幣收付之非投資型人身保險匯率風險說明書」**之內容？

除「以外幣收付之非投資型人身保險客戶適合度調查評估表」共同簽名確認並簽署日期外。若在銷售以外幣保單亦須提供「以外幣收付之非投資型人身保險匯率風險說明書」共同簽名確認並簽署日期。如後續說明。

客戶適合度規範由**中華民國人壽保險商業同業公會**所訂立。

牛刀小試

( )　1.「投資型保險投資管理辦法」第18條規定，除但書規定者外，訂立投資型保險契約時，保險人與要保人就保險費、保險給付、費用及其他款項？　(A)不得約定收付幣別　(B)得約定收付幣別，且不得於新臺幣與外幣間約定相互變換收付之幣別　(C)得約定收付幣別，且不得於外幣間約定相互變換收付之幣別　(D)得約定收付幣別，且得於新臺幣與外幣間約定相互變換收付之幣別。

( )　2.以外幣收付之非投資型人身保險，要保人或受益人可能於以下何種情況面臨因外幣與新臺幣兌換之匯率風險？　(A)以外幣現鈔繳納保險費時　(B)以新臺幣兌換外幣繳納保險費時　(C)以外匯存款繳納保險費時　(D)保險公司將各種保險金匯入外匯存款戶時。

( )　3.申報義務人辦理新臺幣結匯申報時，應依據何者，誠實填妥「外匯收支或交易申報書」，經由許可辦理外匯業務之銀行業向中央銀行申報？　(A)外匯收支或交易有關合約等證明文件　(B)保險給付　(C)實際結匯金額　(D)保險契約。

( )　4.人身保險業辦理以外幣收付之非投資型人身保險業務，應至少多久一次向要保人揭露該等保險商品當年度解約金、死亡保險金額及生存保險金額等給付項目折合新臺幣計算後之參考價值？　(A)每二年　(B)每年　(C)每半年　(D)每季。

( ) 5. 新臺幣50萬元以上之等值外匯收支或交易，故意不為申報或申報不實者，依「管理外匯條例」第20條第1項規定？　(A)處新臺幣5萬元以上80萬元以下罰鍰　(B)處新臺幣1萬元以上20萬元以下罰鍰　(C)處新臺幣3萬元以上60萬元以下罰鍰　(D)處新臺幣2萬元以上50萬元以下罰鍰。

( ) 6. 申報義務人利用網際網路辦理新臺幣結匯申報事宜前，應先親赴銀行業櫃臺申請並辦理相關約定事項，銀行業對申報義務人以電子訊息所為之外匯收支或交易申報紀錄及提供之書面、傳真或影像掃描文件，應妥善保存，其保存期限至少為？　(A)1年　(B)2年　(C)3年　(D)5年。

( ) 7. 依「外匯收支或交易申報辦法」第10條第2項規定，申報義務人利用網際網路辦理新臺幣結匯申報事宜前？　(A)應先親赴銀行業櫃臺申請並辦理相關約定事項　(B)得透過網路銀行申請，但應先親赴銀行業櫃檯辦理相關約定事項　(C)應先親赴銀行業櫃檯申請，但得透過網路銀行辦理相關約定事項　(D)得透過網路銀行申請並辦理相關約定事項。

( ) 8. 以外幣收付之非投資型人身保險，要保人或受益人可能於以下何種情況面臨因外幣與新臺幣兌換之匯率風險？　(A)以外幣現鈔繳納保險費時　(B)以新臺幣兌換外幣繳納保險費時　(C)以外匯存款繳納保險費時　(D)保險公司將各種保險金匯入外匯存款戶時。

解答 1.B　2.B　3.A　4.B　5.C　6.D　7.A　8.B

重點三　保險收付事宜

一、款項收付幣別及方式

(一) 相關款項均不得以新臺幣收付。

(二) 不得約定新臺幣與外幣或各幣別間之相互變換。

(三) 保險費、保險給付、費用及其他款項之收付，應事先約定以外匯存款戶存撥之。

(四)要保書及商品簡介明顯處揭露所涉匯率風險及商品幣別所屬國家之政治、經濟風險等，並於要保書簽名確認業務員已充分說明。

(五)要保人支付保險費的方式有：

1. 要保人以**外幣現鈔**，匯入保險公司指定之外匯存款戶。
2. 要保人以**新臺幣結購外幣**，匯入保險公司指定之外匯存款戶。
3. 由要保人之**外匯存款戶**，匯入保險公司指定之外匯存款戶。

二、結匯事宜規定

外匯收支或交易申報辦法重點摘要：

> **觀念理解**
> 結匯事宜規定在Day 03曾經討論過，內容比較複雜，容易忘記，可以回顧一下！增加記憶！

(一)中華民國境內新臺幣50萬元以上等值外匯收支或交易之資金應依法申報。

(二)申報義務人辦理新臺幣結匯申報時，應誠實填妥「**外匯收支或交易申報書**」，經由**銀行業向中央銀行申報**。

(三)公司、行號每年累積結購或結售金額未超過**5000萬美元**之匯款，團體、個人每年累積結購或結售金額未超過**500萬美元**之匯款，申報義務人得於填妥申報書後，逕行辦理新臺幣結匯。

(四)公司、行號每筆結匯金額達**100萬美元**以上之匯款；團體、個人每筆結匯金額達**50萬美元**以上之匯款，申報義務人應檢附與該筆外匯收支或交易有關合約、核准函等證明文件，經銀行業確認與申報書記載事項相符後，始得結匯。

(五)公司、行號每年累積結購或結售全額超過**5,000萬美元**之必要性匯款；團體、個人每年累積結購或結售金額起超過**500萬美元**之必要性匯款，申報義務人應於檢附所填申報書及相關證明文件，中央銀行申請**核准**後，始得結匯。

(六)申報義務人至銀行業櫃檯辦理新臺幣結匯申報者，應**查驗身分文件**。

(七)有申報不實者，中央銀行得查詢申報義務人，受查詢者有說明之義務。

(八)利用網際網路辦理新臺幣結匯申報事宜，應向**銀行業**辦理相關約定事項。

(九)由網際網路辦理新臺幣結匯，應將**正本文件**提供予銀行業；主管機關憑其核准文件辦理之結匯案件，累計結匯金額不得超過核准金額。

(十)利用網路辦理結匯，經查獲有不實情形者，日後辦理結匯申報應至銀行櫃檯。

(十一)申報義務人於辦理新臺幣結匯申報後，不得要求更改申報書內容。

(十二) 申報不實或受查詢而未於限期內提出說明或為虛偽說明者依管理外匯條
例處新臺幣**3萬元以上60萬元**以下罰緩；受查詢而未於限期內提出說明
者亦同。

逕行結匯申報	1.公司、行號未超過5,000萬美元／年。 2.團體、個人未超過500萬美元／年。 3.非居住民未超過10萬美元／筆。
檢附文件申報	1.公司，行號100萬美元以上／筆。 2.團體、個人50萬美元以上／筆。
核准結匯申報	1.公司、行號累積超過5000萬美元／年。 2.團體、個人累積超過500萬美元／年。 3.未滿20歲領有中華民國國民身分證、臺灣地區相關居留證或外僑居留證證載有效期限1年以上之自然人，每筆結匯金額達新臺幣50萬元以上之匯款。

三、匯率風險及其他說明

(一) 匯率風險說明書旨在強化揭露以外幣收付之非投資型人身保險商品所涉匯
率風險及相關匯兌費用，其為要保書的一部分，於要保人審閱並親自簽
章確認瞭解所載內容後，由契約雙方各執一份，作為保險契約構成的一部
分，該範本以粗黑字體劃線標示部分，各公司於實際製作文件時以紅色及
顯著字體列示。（參照本章最後附表2）

(二) 售後服務：為使要保人充分了解匯率波動情況，金管會規範保險業應至少
每年一次提供保戶前述給付項目折合新臺幣價值之相關資訊。當**年度解約
金**、**死亡保險金額**及**生存保險金額**等給付項。

牛刀小試

( ) 1.「投資型保險投資管理辦法」第18條規定，除但書規定者外，訂立投
資型保險契約時，保險人與要保人就保險費、保險給付、費用及其
他款項？ (A)不得約定收付幣別 (B)得約定收付幣別，且不得於
新臺幣與外幣間約定相互變換收付之幣別 (C)得約定收付幣別，且
不得於外幣間約定相互變換收付之幣別 (D)得約定收付幣別，且得
於新臺幣與外幣間約定相互變換收付之幣別。

( ) 2. 以外幣收付之非投資型人身保險，要保人或受益人可能於以下何種情況面臨因外幣與新臺幣兌換之匯率風險？ (A)以外幣現鈔繳納保險費時 (B)以新臺幣兌換外幣繳納保險費時 (C)以外匯存款繳納保險費時 (D)保險公司將各種保險金匯入外匯存款戶時。

( ) 3. 申報義務人辦理新臺幣結匯申報時，應依據何者，誠實填妥「外匯收支或交易申報書」，經由許可辦理外匯業務之銀行業向中央銀行申報？ (A)外匯收支或交易有關合約等證明文件 (B)保險給付 (C)實際結匯金額 (D)保險契約。

( ) 4. 人身保險業辦理以外幣收付之非投資型人身保險業務，應至少多久一次向要保人揭露該等保險商品當年度解約金、死亡保險金額及生存保險金額等給付項目折合新臺幣計算後之參考價值？ (A)每二年 (B)每年 (C)每半年 (D)每季。

( ) 5. 新臺幣50萬元以上之等值外匯收支或交易，故意不為申報或申報不實者，依「管理外匯條例」第20條第1項規定？ (A)處新臺幣5萬元以上80萬元以下罰鍰 (B)處新臺幣1萬元以上20萬元以下罰鍰 (C)處新臺幣3萬元以上60萬元以下罰鍰 (D)處新臺幣2萬元以上50萬元以下罰鍰。

( ) 6. 申報義務人利用網際網路辦理新臺幣結匯申報事宜前，應先親赴銀行業櫃臺申請並辦理相關約定事項，銀行業對申報義務人以電子訊息所為之外匯收支或交易申報紀錄及提供之書面、傳真或影像掃描文件，應妥善保存，其保存期限至少為？ (A)1年 (B)2年 (C)3年 (D)5年。

( ) 7. 依「外匯收支或交易申報辦法」第10條第2項規定，申報義務人利用網際網 辦理新臺幣結匯申報事宜前？ (A)應先親赴銀行業櫃臺申請並辦理相關約定事項 (B)得透過網路銀行申請，但應先親赴銀行業櫃檯辦理相關約定事項 (C)應先親赴銀行業櫃檯申請，但得透過網路銀行辦理相關約定事項 (D)得透過網路銀行申請並辦理相關約定事項。

( ) 8. 以外幣收付之非投資型人身保險，要保人或受益人可能於以下何種情況面臨因外幣與新臺幣兌換之匯率風險？ (A)以外幣現鈔繳納保險費時 (B)以新臺幣兌換外幣繳納保險費時 (C)以外匯存款繳納保險費時 (D)保險公司將各種保險金匯入外匯存款戶時。

解答 1.B 2.B 3.A 4.B 5.C 6.D 7.A 8.B

附錄一　以外幣收付之非投資型人身保險客戶適合度調查評估表

要保人購買以外幣收付之非投資型人身保險的目的（最少需勾選1項，可複選，請打勾）

註：本表各問題選項請以實際目的勾選（每項為獨立目的），評估時選項中有非為您購買本保險目的之選項時，則該項無須勾選。

目的	問題	是	否
1.多元資產配置	目前有外幣資產或投資，如外匯存款、海外基金、國外的股票……等？		
	過去曾購買以外幣計價之保險商品或各類投資工具？		
	未來有規劃持有外幣資產或投資？		
2.教育資金準備	未來子女要出國留學？		
	該國家可流通貨幣與所購買之保單幣別相同？		
3.購屋資金準備	未來要在國外置產？		
	該國家可流通貨幣與所購買之保單幣別相同？		
4.養老生活資金準備	退休後規劃到國外長住、養老、生活或旅遊？		
	該國家可流通貨幣與所購買之保單幣別相同？		
5.遺族生活資金準備	保險金受益人居住於國外？		
	該國家可流通貨幣與所購買之保單幣別相同？		
6.海外醫療準備	未來有海外經商、出國留學或到國外長住、養老、生活之規劃？		
	該國家可流通貨幣與所購買之保單幣別相同？		

7.其他（請說明）

以上調查評估結果：

· 欲投保以外幣收付之非投資型人壽保險或年金保險者：
目的1至目的5任一目的所屬問題選項有勾選「是」或有說明其他購買目的者，表示未來有外幣需求，為本保險適合的銷售對象。若無任一目的所屬問題選項有勾選「是」且未說明其他購買目的者，表示未來無外幣需求，非為本保險適合的銷售對象。

· 欲投保以外幣收付之非投資型健康保險者：
目的6所屬問題選項有勾選「是」或有說明其他購買目的者，表示未來有外幣健康保險需求，為本保險適合的銷售對象。若無任一目的所屬問題選項有勾選「是」且未說明其他購買目的者，表示未來無外幣需求，非為本保險適合的銷售對象。

根據調查結果評估是否為本保險適合的銷售對象？		

適合的銷售對象，請繼續以下問題

問題	是	否
1.請確認有外幣需求及承擔匯率風險的能力？		
2.業務員是否已向要保人說明於繳納保險費，或領取各種保險金、解約金等款項，以新臺幣兌換外幣、或外幣兌換新臺幣時，可能有匯率風險？		
3.業務員是否已向要保人說明購買以外幣收付之非投資型人身保險，應由要保人或保險公司所負擔銀行收取之匯率差價、匯款手續費、郵電費及其他費用？		
4.業務員是否已向要保人說明外匯及其他相關主管機關有關法令規定？		
5.業務員是否已向要保人說明本公司所提供「以外幣收付之非投資型人身保險匯率風險說明書」之內容？		

本人（即要保人）已經了解上列所述各項問題並已確實勾選。

要保人：_____ 簽名　　　法定代理人：_____ 簽名

業務員：_____ 簽名

中華民國　　　　年　　　　月　　　　日

附錄二　以外幣收付之非投資型人身保險匯率風險說明書
（範本）

本保險之保險費及保險給付金額皆以同一外幣別計價，並不得與保險公司約定新臺幣與外幣或各幣別間之相互變換。**凡以外幣收付之非投資型人身保險相關款項之收付均以外幣收付，即本保險之保險費交付係由要保人以外匯存款、結購外幣或外幣現鈔，存入或匯入保險公司指定之外匯存款戶，匯率風險由要保人負擔；另，本保險之保險給付及滿期給付等相關款項將由保險公司以外幣，存入或匯入受益人之外匯存款戶；**此外如要保人辦理各項保險單權益之相關款項收付（例如保險單借款等），亦應與保險公司事先約定收付以外匯存款戶存撥之。

在要保人以新臺幣兌換成外幣之方式分期繳納保險費時，可能因每期兌換匯率之不同而產生匯兌損益；要保人繳交保險費時，因繳費方式不同可能產生匯率差價、匯款手續費、郵電費及其他費用。

另，保險公司以外幣經由外匯存款戶給付予受益人保險金額或給付要保人有關保險單相關款項後，受益人或要保人如果想將外幣兌換成新臺幣，則可能因兌換匯率之不同而產生匯兌損益及匯款手續費、郵電費及其他費用。

因此，要保人應瞭解款項之收付方式，可能產生的匯率差價、匯款手續費、郵電費及其他費用，以及需承擔匯率風險，請於購買本保險前，詳閱商品簡介、要保書及保單條款，仔細了解本保險內容。

【匯率風險】
本保險是以外幣收付非投資型人身保險，保險費的繳交及各項保險給付皆以同一外幣為之，要保人須留意外幣在未來兌換成新臺幣將會因時間、匯率的不同，產生匯兌上的差異，這差異可能使要保人享有匯兌價差的收益，或可能造成損失，以下就新臺幣升值、貶值定義並舉範例說明。

【新臺幣升值】
即相對外幣貶值，例如：新臺幣對美元之匯率由32.00升至30.00，表示原1美元可兌換新臺幣32元，變為1美元僅可兌換新臺幣30元。

【新臺幣貶值】
即相對外幣升值，例如：新臺幣對美元之匯率由32.00貶至33.00，表示原1美元可兌換新臺幣32元，變為1美元可兌換新臺幣33元。

【範例】

某甲投保以美元收付的定期壽險，保險金額為10萬美元，簽約時，新臺幣對美元之匯率為32.00；三年後身故，本公司依規定給付10萬美元；受益人如於此時，將領取之美元保險給付兌換為新臺幣，美元保險金額所能兌換的新臺幣，將因兌換當時之新臺幣匯率與簽約時之新臺幣匯率不同而產生匯兌損益，受益人須自行承擔因匯率變動衍生之匯率風險。

單位：新臺幣元

	【例1】	【例2】
簽約時：美元對新臺幣的匯率	32.00	32.00
簽約時：10萬美元保險金額可兌換新臺幣	3,200,000	3,200,000
保險給付時：美元對新臺幣的匯率	33.00	30.00
保險給付時：10萬美元保險金額可兌換新臺幣	3,300,000	3,000,000
匯兌損益	100,000（匯兌利益）	−200,000（匯兌損失）

【相關費用】

繳納保險費，要保人以外幣現鈔，匯入保險公司指定之外匯存款戶，銀行會收取匯率差價、匯款手續費、郵電費及其他費用。繳納保險費，由要保人之外匯存款戶，匯入保險公司指定之外匯存款戶，銀行會收取匯款手續費、郵電費及其他費用。前述匯款手續費、郵電費及其他費用包括匯款行、收款行及中間行等所收取之匯款相關費用。

以外幣收付之非投資型人身保險，因存款或匯款所產生之各項費用各銀行收費標準不同，各項費用之歸屬由保險公司與要保人於保險契約中約定。

【其他】

除上列說明外，購買以外幣收付之非投資型人身保險，請另考量下列情況：

1.未來有外幣需求。

2.該幣別所屬國家之政治、經濟變動風險。

要保人或受益人可能於以下情況面臨因外幣與新臺幣兌換之匯率風險：

1.繳納保險費：如以新臺幣兌換成外幣繳納首期、續期、申請增加保額、申請復效及年齡錯誤造成短繳等之保險費時，其每次用以兌換之新臺幣金額會有所增減。

2. 領取各種保險金（如身故保險金、生存保險金……等）、解約金、滯納金或因
   年齡錯誤造成溢繳所須退還之保險費時，保險公司均係以外幣經由外匯存款戶
   給付，如要保人或受益人自行將外幣兌換成新臺幣時，每次兌換後所取得的金
   額可能有所增減。

3. 行使契約撤銷權：要保人如自行將保險公司退還之外幣保險費兌換為新臺幣，
   其金額將有可能因匯率變動而有所增減。

4. 因領取各種保險金、解約金等行政作業時間差所產生的匯率風險。

   因以外幣收付之非投資型人身保險持有期間長，匯率風險較高，因此，要保人
   請審慎衡量未來有外幣需求才購買本保險單。

購買以外幣收付之非投資型人身保險，以外幣與新臺幣兌換時，保戶與本公司作
業關係說明圖。

保 戶

【註】要保人繳付保險費方式有：

　1.要保人以外幣現鈔，存入或匯入保險公司指定之外匯存款戶。

　2.由要保人以新臺幣結購外幣，存入或匯入保險公司指定之外匯存款戶。

　3.由要保人之外匯存款戶，匯入保險公司指定之外匯存款戶。

「本說明書係由○○人壽保險股份有限公司（台灣分公司）製作發送，○○人壽對本說明書的發送與內容介紹負完全責任」。

經業務員○○○君解說，我（要保人）已經了解「以外幣收付之非投資型人身保險匯率風險說明書」中所述之匯率風險及相關內容。

要保人：　　　　簽名　　　法定代理人：　　　　　簽名

業務員：　　　　簽名

※本說明書為一式二份，一份由保險公司併同要保書留存備查，一份由要保人存執。

中華民國　　　年　　　月　　　日

重點回顧

1. 了解你的客戶（KYC）：
   (1) 財務背景。 (2) 財富來源。
   (3) 就業狀況／專業。 (4) 家庭狀況。
2. 準保戶的選擇標準如下：
   (1) 身體健康的人。 (2) 需要保險的人。
   (3) 付得起保險費的人。 (4) 便於拜訪的人。
3. 依準備目的不同分為六項：
   (1) 多元資產配置。 (2) 教育資金準備。
   (3) 購屋資金準備。 (4) 養老生活資金準備。
   (5) 遺族生活資金準備。 (6) 海外醫療準備。
4. 業務員完成客戶適合度調查後，業務員於銷售本保險商品時，應就下列問題，向要保人充分說明：
   (1) 確認有外幣需求及**承擔匯率風險**的能力？
   (2) 業務員是否向要保人說明於**繳納保險費**，或**領取各種保險金、解約金**等款項，以新臺幣兌換外幣、或外幣兌換新臺幣時，可能有**匯率風險**？
   (3) 是否向要保人說明購買以外幣收付之非投資型人身保險，應由**要保人或保險公司**所負擔銀行收取之匯率差價、匯款手續費、郵電費及其他費用？凡以外幣收付之非投資型人身保險相關款項應以外匯存款戶存撥之。因存款或匯款所產生之各項費用，應由**要保人**或**保險公司所負擔**，匯款費用應向要保人說明。
   (4) 業務員是否已向要保人說明，有關法令規定？
   (5) 業務員是否已向要保人說明本公司所提供「**以外幣收付之非投資型人身保險匯率風險說明書**」之內容？「以外幣收付之非投資型人身保險客戶適合度調查評估表」及「以外幣收付之非投資型人身保險匯率風險說明書」都需業務員與要保人共同簽名確認並簽署日期。
5. 要保人支付保險費的方式有：
   (1) 外幣現鈔，匯入保險公司指定之外匯存款戶。
   (2) 要保人以新臺幣結購外幣，匯入保險公司指定之外匯存款戶。
   (3) 由要保人之外匯存款戶，匯入保險公司指定之外匯存款戶。
6. 售後服務：為使要保人充分了解匯率波動情況，金管會規範保險業應至少**每年一次**提供保戶前述給付項目折合新臺幣價值之相關資訊。當**年度解約金**、**死亡保險金額**及**生存保險金額**等給付項。

精選試題

☑ 招攬人員的資格與訓練

( )　1. 依中央銀行96年4月26日函示，辦理以外幣收付之非投資型人身保險業務教育訓練，除宜將外幣傳統型保單可能產生的匯率風險，充分告知保戶外，亦應納入下列那些法規之認知、瞭解：　(1)保險業辦理外匯業務管理辦法　(2)管理外匯條例　(3)外匯收支或交易申報辦法　(4)中央銀行及其他相關主管機關有關法令規定　(A)(1)(2)(3)(4)　(B)(1)　(C)(3)　(D)(2)。

( )　2. 「人身保險業辦理以外幣收付之非投資型人身保險業務應具備資格條件及注意事項」第8點第1項第1款明定應將：　(1)匯率風險　(2)利率風險　(3)外匯相關法規　(4)流動性風險納入對保險業務員之教育訓練制度　(A)(1)(2)　(B)(1)(3)　(C)(1)(4)　(D)(2)(4)。

( )　3. 「人身保險業辦理以外幣收付之非投資型人身保險業務應具備資格條件及注意事項」第8點規定，人身保險業辦理以外幣收付之非投資型保險業務，應將：　(A)匯率風險　(B)匯款費用之負擔　(C)商品適合度　(D)保險費收取方式　及外匯相關法規納入對保險業務員之教育訓練制度。

( )　4. 「人身保險業辦理以外幣收付之非投資型人身保險業務應具備資格條件及注意事項」第8點規定，人身保險業辦理以外幣收付之非投資型保險業務，應將匯率風險及：　(A)保險相關法規　(B)風險管理　(C)商品適合度　(D)外匯相關法　納入對保險業務員之教育訓練制度。

( )　5. 「人身保險業辦理以外幣收付之非投資型人身保險業務應具備資格條件及注意事項」第8點第1項第1款，人身保險業辦理本業務，除應落實招攬人員管理、商品資訊揭露及商品適合度政策外，並應將匯率風險及何種相關法規納入對保險業務員之教育訓練制度：　(1)外匯　(2)信託　(3)保險　(4)證券　(A)(1)　(B)(1)(2)　(C)(1)(2)(3)　(D)(1)(2)(3)(4)。

( )　6. 「人身保險業辦理以外幣收付之非投資型人身保險業務應具備資格條件及注意事項」第8點規定，人身保險業辦理以外幣收付之非投資型保險業務，應將匯率風險及：　(A)外匯相關法規　(B)風險管理　(C)保險相關法規　(D)商品適合度　納入對保險業務員之教育訓練制度。

( ) 7. 壽險公會所屬會員辦理外幣收付非投資型人身保險業務時，應遵守下列哪些相關法令規定？ (A)金融消費者保護法 (B)銀行、保險公司、保險代理人或保險經紀人辦理銀行保險業務應注意事項 (C)保險業務員管理規則 (D)以上皆是。

☑ 客戶適合度

( ) 1. 為配合金管會開放以外幣收付之健康保險業務，以外幣收付之非投資型人身保險客戶適合度調查評估表，增訂下列哪一個目的之問項，評估是否為適合銷售對象？ (A)多元資產配置 (B)養老生活資金準備 (C)海外醫療準備 (D)遺族生活資金準備。

( ) 2. 準保戶的選擇標準為： (1)身體健康的人 (2)需要保險的人 (3)付得起保險費的人 (4)便於拜訪的人 (A)(1)(2)(3)(4) (B)(1)(2) (C)(2)(3) (D)(3)(4)。

( ) 3. 下列哪一個問題選項有勾選「是」者，表示未來有外幣健康保險需求，是以外幣收付之非投資型健康保險適合的銷售對象？ (A)過去曾購買以外幣計價之保險商品或各類投資工具 (B)保險金受益人居住於國外 (C)未來有海外經商、出國留學或到國外長住、養老、生活之規劃 (D)未來要在國外置產。

( ) 4. 以外幣收付之非投資型人身保險客戶適合度調查評估表中，將要保人購買以外幣收付之非投資型人身保險的目的分為？ (1)教育資金準備 (2)購屋資金準備 (3)避免投資風險準備 (4)養老生活資金準備： (A)(1)(2)(3)(4) (B)(2)(3)(4) (C)(1)(3)(4) (D)(1)(2)(4)。

( ) 5. 保險的目的主要係備不時之需，依準備目的不同分為？ (1)教育資金準備 (2)購屋資金準備 (3)養老生活資金準備 (4)遺族生活資金準備 (A)(2)(3)(4) (B)(1)(3)(4) (C)(1)(2)(3)(4) (D)(1)(2)(3)。

( ) 6. 「人身保險業辦理以外幣收付之非投資型人身保險業務應具備資格條件及注意事項」，第8點第1項第4款規定，人身保險業辦理以外幣收付之非投資型人身保險業務，應瞭解要保人之需求與承受匯率風險能力，銷售該等保險商品前並應建立？ (A)招攬人員管理政策 (B)商品適合度政策 (C)商品資訊揭露政策 (D)保險商品開發政策。

( ) 7.「人身保險業辦理以外幣收付之非投資型人身保險業務應具備資格條件及注意事項」第8點第1項第4款規定，人身保險業辦理以外幣收付之非投資型人身保險業務，應瞭解要保人之需求與承受匯率風險能力，銷售該等保險商品前並應建立？　(A)招攬人員管理政策　(B)商品適合度政策　(C)商品資訊揭露政策　(D)保險商品開發政策。

( ) 8. 下列何者非為以歐元收付之非投資型人身保險適合的銷售對象：(A)未來要在德國置產者　(B)未來子女打算到法國留學者　(C)保險金受益人居住於荷蘭者　(D)退休後規劃到英國長住、養老、生活或旅遊者。

( ) 9. 以下何者非為以美元收付之非投資型人身保險適合的銷售對象？　(A)退休後規劃到美國長住、養老、生活或旅遊者　(B)目前有外匯存款者　(C)保險金受益人居住於英國者　(D)過去曾經購買海外基金者。

( ) 10. 以下何者是以歐元收付之非投資型人壽保險適合的銷售對象　(A)退休後規劃到日本長住、養老、生活或旅遊者　(B)保險金受益人居住於法國者　(C)未來要在加拿大置產者　(D)未來子女打算到美國留學者。

( ) 11. 人身保險業經營以外幣收付之非投資型人身保險業務，應遵循：(A)金管會　(B)中央銀行　(C)中華民國人壽保險商業同業公會　(D)財團法人保險事業發展中心　所訂之客戶適合度規範。

( ) 12. 下列何者為「以外幣收付之非投資型人身保險客戶適合度調查評估表」中，應由要保人及業務員共同具簽確認業務員已充分說明之問題？　(1)外幣資產區隔之方式　(2)外幣資產負債配置具體計畫及執行方法　(3)說明外匯及其他相關主管機關有關法令規定　(4)繳納保險費等款項，以新臺幣兌換外幣，可能有匯率風險　(A)(1)(2)(3)(4)　(B)(3)(4)　(C)(1)(2)　(D)(1)(2)(3)。

( ) 13. 下列何者為「以外幣收付之非投資型人身保險客戶適合度調查評估表」中所列應由要保人及業務員共同具簽確認業務員已充分說明之問題？　(A)業務員是否已向要保人說明本公司所提供「以外幣收付之非投資型人身保險匯率風險說明書」之內容　(B)該等保險商品各項交易之會計處理方式說明　(C)外幣資產區隔之方式　(D)外幣資產負債配置具體計畫及執行方法。

( )　14. 下列何者為「以外幣收付之非投資型人身保險客戶適合度調查評估表」中所列應由要保人及業務員共同具簽確認業務員已充分說明之問題： (A)外幣資產負債配置具體計畫及執行方法　(B)外幣資產區隔之方式　(C)該等保險商品各項交易之會計處理方式說明　(D)業務員是否已向要保人說明於繳納保險費，或領取各種保險金、解約金等款項，以新臺幣兌換外幣、或外幣兌換新臺幣時，可能有匯率風險。

( )　15. 下列何者為「以外幣收付之非投資型人身保險客戶適合度調查評估表」中所列應由要保人及業務員共同具簽確認業務員已充分說明之問題？ (A)該等保險商品各項交易之會計處理方式說明　(B)外幣資產負債配置具體計畫及執行方法　(C)業務員是否已向要保人說明購買以外幣收付之非投資型人身保險，應由要保人或保險公司所負擔銀行收取之匯率差價、匯款手續費、郵電費及其他費用　(D)外幣資產區隔之方式。

( )　16. 以外幣收付之非投資型人身保險，因存款或匯款所產生之各項費用，各銀行收費標準不同，各項費用之歸屬？ (A)全數由要保人負擔 (B)由保險公司與要保人於保險契約中約定　(C)全數由保險公司負擔 (D)由保險公司與要保人平均分攤。

( )　17. 以外幣收付之非投資型人身保險，要保人或受益人可能於以下何種情況面臨因外幣與新臺幣兌換之匯率風險： (A)以外幣現鈔繳納保險費時　(B)以新臺幣兌換外幣繳納保險費時　(C)以外匯存款繳納保險費時　(D)保險公司將各種保險金匯入外匯存款戶時。

( )　18. 以外幣收付之非投資型人身保險，要保人繳交保險費時，因繳費方式不同可能產生： (1)匯率差價　(2)匯款手續費　(3)郵電費　(4)其他費用　(A)(1)(2)　(B)(1)(2)(3)　(C)(1)　(D)(1)(2)(3)(4)。

( )　19. 要保人購買以外幣收付之非投資型人身保險的目的為多元資產配置，且符合哪些情況，為本保險適合的銷售對象： (1)目前有國外股票　(2)過去曾購買以新臺幣計價之各類投資工具　(3)目前持有外匯存款　(4)目前有外國股票　(A)(1)(2)(3)(4)　(B)(1)(2)　(C)(1)(3)(4) (D)(2)(3)(4)。

( )　20. 以外幣收付之非投資型人身保險，要保人或受益人可能於下何種情況面臨因外幣與新臺幣兌換之匯率風險　(1)繳納保險費時　(2)領

取各種保險金　(3)行使契約撤銷權　(4)行政作業時間差　(A)(1)(2)
(B)(1)(3)　(C)(1)(4)　(D)(1)(2)(3)(4)。

( )　21. 以外幣收付之非投資型人身保險，要保人或受益人可能於以下何種情
況面臨因外幣與新臺幣兌換之匯率風險　(A)以外幣現鈔繳納保險費
時　(B)以新臺幣兌換外幣繳納保險費時　(C)以外匯存款繳納保險費
時　(D)保險公司將各種保險金匯入外匯存款戶時。

( )　22. 以外幣收付之非投資型人身保險，要保人或受益人可能於以下何種情
況面臨因外幣與新臺幣兌換之匯率風險？　(A)以外幣現鈔繳納保險
費　(B)保險公司將生存保險金匯入外匯存款戶　(C)將保險公司退還
之外幣保險費，從外匯存款戶中提領兌換為新臺幣　(D)以外匯存款
繳納保險費。

( )　23. 完成客戶適合度調查後，應由：　(A)要保人及業務員　(B)要保人
(C)保險人　(D)業務員　在「以外幣收付之非投資型人身保險客戶適
合度調查評估表」簽名確認並簽署日期。

( )　24. 要保人購買一個生存保險，保險金額10萬美元，訂約時新臺幣對美元
之匯率為31，十五年後保險公司給付生存保險金時，新臺幣對美元之
匯率為33，受益人將美元兌換為新臺幣，以下何者正確？　(A)新臺
幣升值　(B)會產生匯兌利益新臺幣20萬元　(C)美元貶值　(D)會產
生匯兌損失新臺幣20萬元。

( )　25. 要保人購買一個定期壽險，保險金額10萬美元，訂約時新臺幣對美元
之匯率為33，五年後被保險人身故，保險公司給付死亡保險金時，新
臺幣對美元之匯率為32，受益人將美元兌換為新臺幣，以下何者正
確？　(A)會產生匯兌損失新臺幣10萬元　(B)新臺幣貶值　(C)美元
升值　(D)會產生匯兌利益新臺幣10萬元。

( )　26. 新臺幣對美元之匯率由33變為31，表示原1美元可兌換新臺幣33元，
變為1美元可兌換新臺幣31元，表示？　(A)美元部位有匯兌利益
(B)新臺幣升值　(C)新臺幣貶值　(D)美元升值。

( )　27. 要保人購買以外幣收付之非投資型人身保險的目的為多元資產配置，
且符合哪些情況，為本保險適合的銷售對象？　(1)目前有國外股
票　(2)過去曾購買以新臺幣計價之各類投資工具　(3)目前持有外匯
存款　(4)目前有外國股票　(A)(1)(2)(3)(4)　(B)(1)(2)　(C)(1)(3)(4)
(D)(2)(3)(4)。

( ) 28. 要保人購買以外幣收付之非投資型人身保險的目的為多元資產配置，且符合哪些情況，為本保險適合的銷售對象： (1)目前有國外股票 (2)過去曾購買以新臺幣計價之各類投資工具 (3)目前持有外匯存款 (4)目前有外國股票 (A)(1)(2)(3)(4) (B)(1)(2) (C)(1)(3)(4) (D)(2)(3)(4)。

( ) 29. 壽險業辦理澳幣及歐元計價之非投資型人身保險商品相關業務時，銷售該等商品時，仍應確實瞭解保戶未來有外幣需求與承受匯率風險能力，充分向保戶揭露： (1)該等商品所涉匯率風險 (2)商品幣別所屬國家之政治及經濟變動風險 (3)保險費收取方式 (4)匯款費用之負擔及其他攸關保戶權益之重要事項，並應建立商品適合度政策，俾依保戶風險之承受度提供適當商品 (A)(1)(3) (B)(2)(4) (C)(2)(3) (D)(1)(2)(3)(4)。

( ) 30. 凡以外幣收付之非投資型人身保險相關款項之收付均以外幣收付，匯率風險由 (A)保險人 (B)要保人或受益人 (C)被保險人 (D)要保人及保險人 負擔。

( ) 31. 壽險業辦理澳幣及歐元計價之非投資型人身保險商品相關業務時，仍應確實瞭解保戶未來有 (1)外幣需求 (2)承受利率風險能力 (3)承受匯率風險能力 (4)承受市場風險能力 (A)(1) (B)(1)(2) (C)(1)(3) (D)(1)(4)。

( ) 32. 銷售以外幣收付之非投資型人身保險商品時，應於要保書及商品簡介明顯處揭露何項目，並由要保人及業務員於要保書共同具簽確認業務員已充分說明前揭事項 (A)保險費收取方式 (B)該等保險商品各項交易之會計處理方式說明 (C)外幣資產區隔之方式 (D)外幣資產負債配置具體計畫及執行方法。

( ) 33. 若要保人購買以外幣收付之非投資型人身保險的目的為遺族生活資金準備；保險金受益人居住加拿大，他適合購買下列何種幣別收付的非投資型人身保險 (A)新臺幣 (B)美元 (C)加拿大幣 (D)歐元。

( ) 34. 要保人或受益人可能以下列哪些情況面臨因外幣與新臺幣兌換之匯率風險： (1)領取各種保險金 (2)繳納保險費時 (3)行使契約撤銷權 (4)領取解約金之行政作業時間差 (A)(2)(3) (B)(1)(2) (C)(1)(2)(4) (D)(1)(2)(3)(4)。

☑ 保費收付事宜

( ) 1. 人身保險業辦理以外幣收付之非投資型人身保險業務，應瞭解要保人之需求與承受： (A)市場 (B)匯率 (C)信用 (D)利率 風險能力。

( ) 2. 以外幣收付之非投資型人身保險之保險給付及滿期給付等相關款項將由保險公司以外幣支付？ (A)由受益人至保險公司領取 (B)匯入受益人之新臺幣存款戶 (C)送交給受益人 (D)匯入受益人之外匯存款戶。

( ) 3. 以外幣收付之非投資型人身保險之保險費以外幣收取，如需以新臺幣結購外幣，應由何人依外匯收支或交易申報辦法之規定，逕向銀行業辦理？ (A)保險人 (B)受益人 (C)要保人 (D)被保險人。

( ) 4. 以外幣收付之非投資型人身保險之保險費的交付，由要保人以？ (1)外匯存款 (2)結購外幣 (3)外幣現鈔 (4)新臺幣 ，匯入保險公司指定之外匯存款戶 (A)(1)(2)(3) (B)(1)(2) (C)(1) (D)(1)(2)(3)(4)。

( ) 5. 以外幣收付之非投資型保險其保險給付及滿期給付等相關款項將由保險公司存入或匯入受益人之外匯存款戶，如要將外匯存款結售為新臺幣，應由何人依外匯收支或交易申報辦法之規定，逕向銀行業辦理？ (A)被保險人 (B)受益人 (C)保險人 (D)要保人。

( ) 6. 以新臺幣收付之非投資型保險與以外幣收付之非投資型保險有何不同？ (A)保險相關款項收付方式 (B)匯款費用之負擔 (C)匯率風險的承擔 (D)以上皆是。

( ) 7. 保險公司以外幣經由外匯存款戶付予受益人保險金額給付要保人有關保險單相關款項後，受益人或要保人如果想要將外幣兌換成新臺幣兌，則可能因何者之不同，而產生匯兌損益？ (A)責任準備金利率 (B)保險費率 (C)兌換匯率 (D)險種。

( ) 8. 保險業辦理以外幣收付之非投資型人身保險業務，款項收付？ (A)得為新臺幣，並以新臺幣存款戶存撥之 (B)得為不同外幣幣別，並以外匯存款戶存撥之 (C)以同一外幣幣別為限，並應以外匯存款戶存撥之 (D)得為不同外幣幣別，並以新臺幣存款戶存撥之。

(　) 9. 訂立以外幣收付之非投資型人身保險契約時，保險人與要保人得約定： (A)保險費以歐元收，保險給付以歐元付 (B)保險費以美元收，保險費給付以歐元付 (C)保險費以美元收，保險給付以新臺幣付 (D)保險費以歐元收，保險給付以美元付。

(　) 10. 訂立以外幣收付之非投資型人身保險契約時，保險人與要保人得約定保險費、保險給付、費用及其他款項？ (A)以美元收付 (B)以歐元收付 (C)以澳幣收付 (D)以上皆是。

(　) 11. 訂立以外幣收付之非投資型人身保險契約時，保險費、保險給付、費用及其他款項之收付，保險人應與要保人事先約定？ (A)以外匯存款戶存撥 (B)以新臺幣存款戶存撥 (C)由業務員前往要保人指定地點收付 (D)親赴保險公司辦理收付。

(　) 12. 壽險公會所屬會員及業務員應揭露外幣收付非投資型人身保險所涉及之下列何種風險，不得僅標榜本保險費率較新臺幣計價之保險商品費率低而為招攬手段，且不得將本保險與同業、銀行存款或其他金融商品之報酬率比較性廣告或以此為銷售訴求？ (A)利率風險 (B)信用風險 (C)匯率風險 (D)流動性風險。

(　) 13. 以外幣收付之非投資型人身保險之保險費以外幣收取，如需以新臺幣結購外幣，應由： (A)保險人 (B)受益人 (C)要保人 (D)被保險人 依外匯收支或交易申報辦法之規定，逕向銀行業辦理。

(　) 14. 以外幣收付之非投資型保險其保險給付及滿期給付等相關款項將由保險公司存入或匯入受益人之外匯存款戶，如要將外匯存款結售為新臺幣，應由： (A)被保險人 (B)受益人 (C)保險人 (D)要保人 依外匯收支或交易申報辦法之規定，逕向銀行業辦理。

(　) 15. 以外幣收付之非投資型人身保險之保險費以外幣收取，如需以新臺幣結購外幣，應由： (A)保險人 (B)受益人 (C)要保人 (D)被保險人 依外匯收支或交易申報辦法之規定，逕向銀行業辦理。

(　) 16. 以外幣收付之非投資型人身保險之保險給付及滿期給付等相關款項將由保險公司以外幣支付？ (A)由受益人至保險公司領取 (B)匯入受益人之新臺幣存款戶 (C)送交給受益人 (D)匯入受益人之外匯存款戶。

( ) 17. 以外幣收付之非投資型人身保險之保險費以外幣收取，如需以新臺幣結構外幣，應由： (A)受益人 (B)保險人 (C)被保險人 (D)要保人 依外匯收支或交易申報辦法之規定，逕向銀行業辦理。

( ) 18. 以外幣收付之非投資型人身保險之保險費的交付，由要保人以： (1)外匯存款 (2)結購外幣 (3)外幣現鈔 (4)新臺幣 ，匯入保險公司指定之外匯存款戶 (A)(1)(2) (B)(1)(2)(3) (C)(1) (D)(1)(2)(3)(4)。

( ) 19. 以下有關以外幣收付之非投資型人身保險之敘述，何者不正確？ (1)保險費交付由要保人以結購外幣，匯入壽險公司指定之新臺幣存款戶 (2)保險費及保險給付金額皆以同一外幣別計價 (3)要保人辦理保險單借款，應與壽險公司事先約定之新臺幣存款戶存撥 (4)滿期給付將由壽險公司以外幣匯入要保人之外匯存款戶 (A)(1)(4) (B)(1)(3)(4) (C)(1)(2)(3) (D)(1)。

( ) 20. 凡以外幣收付之非投資型人身保險相關款項之收付均以外幣收付，匯率風險由？ (A)被保險人 (B)要保人及保險人 (C)保險人 (D)要保人或受益人負擔。

解答與解析

■ 招攬人員的資格與訓練

1.A	2.B	3.A	4.D	5.A
6.A	7.D			

客戶適合度

1.C	2.A	3.C	4.D	5.C
6.B	7.B	8.D	9.C	10.B
11.C	12.B	13.A	14.D	15.C
16.B	17.B	18.D	19.C	20.D
21.B	22.C	23.A	24.B	25.A
26.B	27.C	28.C	29.D	30.B
31.C	32.A	33.C	34.D	

■ 保費收付事宜

1.B	2.D	3.C	4.A	5.B
6.D	7.C	8.C	9.A	10.D
11.A	12.C	13.C	14.B	15.C
16.D	17.D			

18.B 外幣現鈔也可以。

19.B (1)外幣存款戶。
(3)約定之外幣存款戶撥入。
(4)受益人之外幣存款戶。

20.D

Day 07　模擬考

第一回

(　) 1. 保險業業主權益，超過保險法第139條規定最低資本或基金最低額者，得經主管機關核准，投資？　(A)國外不動產　(B)不動產證券化條例發行之不動產投資信託受益證券　(C)保險相關事業　(D)衍生性金融商品。

(　) 2. 保險業得從事國外及大陸地區不動產投資之方式，下列何者為非？　(A)以關係企業名義取得國外及大陸地區不動產　(B)經由信託方式取得國外及大陸地區不動產　(C)經由投資特定目的不動產投資事業，並以貸款方式提供該事業所需資金取得國外及大陸地區不動產　(D)經由投資特定目的不動產投資事業取得國外及大陸地區不動產。

(　) 3. 保險業符合下列哪些規定者，得向主管機關申請另行核給不計入保險法第146條之4第2項前段國外投資總額之額度？　(1)經國內外信用評等機構評定最近一年信用評等等級為AA－級或相當等級以上　(2)最近3年度自有資本與風險資本之比率均達百分之二百五十以上　(3)最近一期自有資本與風險資本之比率達百分之二百以上　(4)由董事會每年訂定風險限額，並由風險管理委員會定期控管　(A)(2)(4)　(B)(1)(2)　(C)(3)(4)　(D)(1)(3)。

(　) 4. 保險業資金投資國外對沖基金之基金經理公司須以在經濟合作暨發展組織國家主管機關註冊者為限，且管理對沖基金歷史須：　(A)滿一年　(B)滿三年　(C)滿五年　(D)滿二年以上　，管理對沖基金之資產不得少於美金二億元或等值外幣。

(　) 5. 下列哪項屬「新型態人身保險商品認定標準」第2點所指之新型態人身保險商品：　(1)各公司第一張約定以新臺幣為收付幣別之傳統型保險商品　(2)各公司第一張約定以新臺幣為收付幣別之投資型保險

商品 (3)各公司第一張非約定以新臺幣為收付幣別之傳統型保險商品 (4)各公司第一張非約定以新臺幣為收付幣別之投資型保險商品
(A)(2)(4) (B)(3)(4) (C)(1)(3) (D)(1)(2)。

( ) 6. 某人壽保險公司申請辦理以外幣收付之非投資型人身保險業務應檢附其資格條件，下列哪項不符合規定？
(A)最近一年內未有遭主管機關重大裁罰
(B)國外投資部分採用計算風險值評估風險，並每月至少控管乙次
(C)最近一年內遭主管機關罰鍰累計達新臺幣二百五十萬元
(D)最近一年內主管機關及其指定機構受理保戶申訴案件非理賠申訴率、理賠申訴率及處理天數之綜合評分值為人身保險業由低而高排名前百分之七十。

( ) 7. 保險人解散清算時，專設帳簿之資產在清償因了結專設帳簿而生之費用及債務後，剩餘之財產為美金100萬，專設帳簿資產內保險人及要保人所有受益權價值之比例分別為30%及70%，請問應如何分派？
(A)保險人及要保人各分派美金50萬 (B)美金100萬全數分派予要保人或受益人 (C)美金100萬全部分派予保險人 (D)美金30萬分派予保險人，美金70萬分派予要保人或受益人。

( ) 8. 「管理外匯條例」第7條規定，下列何款外匯應結售中央銀行或其指定銀行，或存入指定銀行，並得透過該行在外匯市場出售？ (1)出口或再出口貨品或基於其他交易行為取得之外匯 (2)航運業、保險業及其他各業人民基於勞務取得之外匯 (3)國外匯入款 (4)在中華民國境內有住、居所之本國人，經政府核准在國外投資之收入
(A)(1) (B)(1)(2) (C)(1)(2)(3) (D)(1)(2)(3)(4)。

( ) 9. 以外幣收付之利率變動型年金保險，保險費的計算基礎為： (1)預定危險發生率 (2)宣告利率 (3)預定利率 (4)預定附加費用率
(A)(1)(2)(3) (B)(1)(2)(3)(4) (C)(1)(3)(4) (D)(2)(3)(4)。

( ) 10. 依保險法第119條規定，要保人終止保險契約，而保險費已付足一年以上者，保險人應於接到通知後一個月內償付解約金，其金額不得少於要保人應得 (A)保單價值準備金之四分之一 (B)保單帳戶價值之二分之一 (C)保單價值準備金之四分之三 (D)保單現金價值之四分之三。

( ) 11. 依「保險業辦理國外投資管理辦法」第15條第3項規定,保險業訂定國外投資風險監控管理措施,應包括有效執行之: (1)風險管理政策 (2)風險管理架構 (3)風險管理制度 (4)風險管理程序 (A)(2)(3)(4) (B)(1)(2)(3) (C)(1)(2)(3)(4) (D)(1)(3)(4)。

( ) 12.「投資型保險投資管理辦法」第11條第1項規定,保險人接受要保人以保險契約委任全權決定運用者,其運用範圍以下列哪些為限: (1)臺灣存託憑證 (2)證券相關商品 (3)公開發行之公司股票 (4)衍生性金融商品 (A)(1)(2)(3) (B)(2)(3)(4) (C)(1)(3)(4) (D)(1)(2)(4)。

( ) 13. 以新臺幣收付之投資型保險契約,其結匯事宜應依中央銀行訂定之: (A)銀行業辦理外匯業務管理辦法 (B)保險業辦理外匯業務管理辦法 (C)外匯收支或交易申報辦法 (D)管理外匯條例等有關規定 辦理。

( ) 14.「投資型保險投資管理辦法」第25條規定,全委投資型保險專設帳簿之會計制度應依? (A)一般公認會計原則 (B)同業公會釐訂之規範 (C)有關法令之規定 (D)以上皆是。

( ) 15. 保險業辦理國外投資管理辦法」第15條第2項規定,保險業訂定國外投資相關交易處理程序應抱括書面分析報告之製作、交付執行之紀錄與檢討報告之提交等,其相關資料應至少保存? (A)五年 (B)三年 (C)一年 (D)二年。

( ) 16. 保險業有下列何者情事者,不得投資資產池之個別資產含次級房貸: (1)最近一年有國外投資違反保險法受重大處分情事 (2)最近一期自有資本與風險資本之比率未達百分之二百五十 (3)董事會未設置風險管理委員會,實際負責公司整體風險控管 (4)經國外信用評等機構評定信用評等等級達BB級或相當等級以上者 (A)(1)(3) (B)(2)(3)(4) (C)(1)(3)(4) (D)(1)(2)(3)。

( ) 17. 下列何項外匯收支或交易,申報義務人得於填妥申報書後,逕行辦理新臺幣結匯: (1)公司 (2)行號 (3)團體 (4)個人償付非居住民提供服務支出之匯款 (A)(1)(2)(3) (B)(1)(3) (C)(1)(2) (D)(1)(2)(3)(4)。

(　) 18. 投資型保險商品所連結投資標的或專設帳簿資產之運用，不得涉有之情事，下列何者不在此限：　(A)運用於保險法第146條之7第3項規定保險人之利害關係人所發行之金融債券　(B)國內、外證券交易市場交易之指數股票型基金　(C)運用於證券投資信託事業以私募方式發行之證券投資信託基金受益憑證　(D)連結於國外指數型基金者，其追蹤指數逾越主管機關公告保險業投資國外指數型基金之追蹤指數範圍。

(　) 19. 配合兩岸貨幣清算機制之建立，為提供國人多元保商品及資產配置選擇，金管會修正人身保險業辦理以外幣收付之非投資型人身保險業務應具備資格條件及注意事項於102年12月20日開保險業辦理？　(A)美元收付之非投資型人身保險商品　(B)澳幣收付之非投資型人身保險商品　(C)人民幣收付之非投資型人身保險商品　(D)臺幣收付之非投資型人身保險商品。

(　) 20. 投資型保險商品所收取的保費，分為投資及保險保障兩方面，屬投資部分應？　(A)設專設帳簿　(B)設一般帳戶　(C)設會計帳簿　(D)設區隔帳簿管理。

(　) 21. 「投資型保險投資管理辦法」第5條第1項第2款規定：保險人得委託經主管機關核准經營或兼營全權委託投資業務之事業代為運用與管理專設帳簿之資產者，該管理事業之選任，應依保險人內部所訂之委外代為資金管理處理程序及相關法令之規定辦理，係　(A)由要保人　(B)由保險人　(C)非由要保人　(D)非由保險人全權決定運用標的之投資型保險。

(　) 22. 保險業投資於國外表彰基金之有價證勢，其投資於：　(1)指數型基金　(2)不動產投資信託基金　(3)私募股權基金　(4)指數股票型基金（ETF），之每一國外基金之總額，不得超過保險業資金百分之五及該基金已發行總額百分之十　(A)(1)(3)(4)　(B)(2)(3)(4)　(C)(1)(2)(3)　(D)(1)(2)(4)。

(　) 23. 壽險業者辦理國外投資，可在金管會核定投資比率範圍內，以下列方式匯出資金：　(1)利用壽險業者的每年5千萬美元累積結匯金額　(2)經由金融機構辦理之特定金錢信託投資國外　(3)由業者向中央銀行專案申請核准匯出所需資金，自行投資國外　(A)(1)(3)　(B)(1)(2)(3)　(C)(2)(3)　(D)(1)(2)。

( )　24. (A)以外幣收付之投資型年金保險　(B)以外幣收付之投資型人壽保險　(C)以外幣收付之非投資型年金保險　(D)以外幣收付之非投資型人壽保險，於年金累積期間屆滿時將連結投資標的全部處分出售，並轉換為一般帳簿之即期年金保險者，得約定以新臺幣給付年金。

( )　25. 保險業投資於國外表彰基金之有價證券，其投資於：　(1)指數型基金　(2)不動產投資信託基金　(3)私募股權基金　(4)指數股票型基金（ETF），之每一國外基金之總額，不得超過保險業資金百分之五及該基金已發行總額百分之十　(A)(1)(2)(3)　(B)(1)(2)(4)　(C)(1)(3)(4)　(D)(2)(3)(4)。

( )　26. 95年3月14日金管會保險局及保險事業發展中心就開放外幣傳統型保單與中央銀行外匯局交換意見，中央銀行表示在下列哪些配套措施下，可正面考量開放外幣傳統型保單：　(1)風險充分告知　(2)金融業跨業經營　(3)保險費收取方式　(4)各類外幣商品稅賦公平　(A)(1)(3)(4)　(B)(2)(3)(4)　(C)(1)(2)(3)　(D)(1)(2)(4)。

( )　27. 保險業投資特定目的不動產投資事業，應就擬投資取得之國外及大陸地區不動產每一標的物於事前逐筆檢送書件向哪個單位申請核准　(A)中央銀行　(B)經濟部　(C)主管機關　(D)行政院大陸委員會。

( )　28. 保險人銷售由其全權決定運用標的之投資型保險，下列哪項資格條件不符合「投資型保險投資管理辦法」第19條第1項規定？　(A)最近一年自有資本與風險資本之比率達180%　(B)國外投資部分已採用計算風險值評估風險，並每週至少控管乙次　(C)最近一年內未有遭主管機關重大裁罰或罰鍰累計達新臺幣三百萬元　(D)最近一年內之綜合評分值為人身保險業由低而高排名前80%。

( )　29. 再保險業者得申請辦理「保險業辦理外匯業務管理辦法」第3條規定之哪項外匯業務？　(A)以外幣收付之人身保險業務　(B)以外幣收付之人身保險之保險單為質之外幣放款業務　(C)以外幣收付之投資型年金保險業務　(D)其他經中央銀行許可辦理之外匯業務。

( )　30. 假設被保險人50歲，要保人投保投資型人壽保險時，依現行規定死亡給付對保單帳戶價值之比率不得低於？　(A)百分之一百二十　(B)百分之一百三十　(C)百分之一百十五　(D)百分之一百四十。

( ) 31. 保險業資產管理自律規範第3條規定，保險業管理資產時，分析資產與負債之關係應考慮哪些事項？ (1)分析持有資產之到期日 (2)分析資產配置 (3)建立適當現金流量預測模型 (4)建立風險控管機制 (A)(1)(3) (B)(2)(4) (C)(1)(2)(3)(4) (D)(1)(3)(4)。

( ) 32. 新臺幣對美元之匯率由32變為34，表示1美元可兌換新臺幣32元，變為1美元可兌換新臺幣34元，表示 (A)新臺幣升值 (B)美元部位有匯兌損失 (C)美元貶值 (D)新臺幣貶值。

( ) 33. 萬能保險係以要保人交付之保險費，扣除附加費用後，依該保險費所適用之何種利率計算保單價值之壽險商品？ (A)預定死亡率 (B)預定利率 (C)預定營業費用率 (D)宣告利率。

( ) 34. 「投資型保險投資管理辦法」規定，專設帳簿之資產與保險人之一般帳簿資產間，除？ (1)將一般帳簿資產轉入非由保險人全權決定運用標的之投資型保險專設帳簿做為其設立之用 (2)用於支應該轉入專設帳簿保單之正常運作 (3)為保險成本或第3條訂定之各項費用必要之轉出 (4)為維護要保人或受益人之利益並經主管機關核准，不得互相出售、交換或移轉 (A)(2)(3)(4) (B)(1)(2)(3)(4) (C)(1)(2) (D)(3)(4)。

( ) 35. 投資型保險商品連結國外債券應符合之規定，以下敘述何者正確？ (1)該債券應於國內證券市場上櫃買賣，且不得為僅限銷售於專業投資人 (2)投資大陸地區或港澳地區有價證券之範圍及限制，準用證券商受託買賣外國有價證券管理規則第5條之相關規宜？ (3)不得投資本國企業赴國外發行之債券 (4)以上皆是 (A)(1) (B)(2)(3) (C)(1)(2) (D)(1)(2)(3)(4)。

( ) 36. 「保險業辦理外匯業務管理辦法」第9條規定，保險業經辦各項外匯業務，有下列何種情事者，按其情節輕重，得為廢止或撤銷許可外匯業務之一部或全部： (1)最近一年內有遭主管機關罰鍰累計達新臺幣二百萬元 (2)發給許可函後六個月內未開辦者 (3)未經中央銀行許可，或違反本辦法其他規定且情節重大 (4)經中央銀行許可辦理各項外匯業務後，發覺原申請事項有虛偽情事，且情節重大 (A)(1)(2)(3) (B)(1)(3)(4) (C)(1)(2)(4) (D)(2)(3)(4)。

( ) 37. 下列哪一個問題選項有勾選「是」者，表示未來有外幣健康保險需求，是以外幣收付之非投資型健康保險適合的銷售對象？
(A)未來要在國外置產
(B)保險金受益人居住於國外
(C)過去曾購買以外幣計價之保險商品或各類投資工具
(D)外來有海外經商、出國留學或到國外長住、養老、生活之規劃。

( ) 38. 「外匯收支或交易申報辦法」係依據？ (A)中央銀行法第35條 (B)「管理外匯條例」第6條之1第1項 (C)「管理外匯條例」第19條之1 (D)「管理外匯條例」第20條規定訂定。

( ) 39. 年金保險，以年金給付始期分類，分為： (1)即期年金保險 (2)遞延年金保險 (3)終期年金保險 (A)(2)(3) (B)(1)(3) (C)(1)(2)(3) (D)(1)(2)。

( ) 40. 保險業資金運用於外匯存款，存放於同一銀行之金額，不得超過該保險業？ (A)業主權益百分之五 (B)業主權益百分之三 (C)資金百分之五 (D)資金百分之三。

( ) 41. 保險業資金辦理國外投資總額，由主管機關視各保險業之經營情況核定之，最高不得超過該保險業資金45%，但下列哪些金額不計入其國外投資限額？ (1)保險業經主管機關核准銷售以外幣收付之非投資型人身保險商品，並經核准不計入國外投資之金額 (2)保險業依保險法規定投資於國內證券市場上市之外幣計價股權之投資金額 (3)其他經主管機關核准之投資項目及金額 (A)(1)(3) (B)(1)(2)(3) (C)(1) (D)(1)(2)。

( ) 42. 「人身保險業辦理以外幣收付之非投資型人身保險業務應具備資格條件及注意事項」第8點規定，人身保險業辦理以外幣收付之非投資型保險業務，應將匯率風險及何者納入對保險業務員之教育訓練制度？ (A)外匯相關法規 (B)保險相關法規 (C)商品適合度 (D)風險管理。

( ) 43. 人身保險業送審以外幣收付之非投資型人身保險商品時，除應依規定檢附相關送審文件外，並應於要保書及保單條款載明： (A)匯款費用之負擔 (B)外幣資產負債配置具體計畫及執行方法 (C)外幣資產區隔之方式 (D)會計處理方式說明 相關事宜。

( ) 44. 依「保險業辦理外匯業務管理辦法」第12條規定： (A)金管會檢查局 (B)財政部 (C)中央銀行 (D)金管會銀行局及保險局 於必要時得派員查閱保險業辦理外匯業務有關帳冊文件，或要求其於期限內據實提出財務報告或其他相關資料。

( ) 45. 依管理外匯條例第24條規定，攜帶外幣出入國境，申報不實者？
(A)處新臺幣三百萬元以下罰鍰　　(B)處一年以下有期徒刑
(C)其超過申報部分沒入之　　　　(D)處三年以下有期徒刑。

( ) 46. 依保險法第123條規定，保險人破產時，受益人對於保險人得請求之保險金額之債權，以其保單價值準備金按訂約時之？
(A)責任準備金利率　　　　　　　(B)宣告利率
(C)預定利率　　　　　　　　　　(D)保險費率比例計算之。

( ) 47. 以死亡率為例，就個人來看，完全不知道那一年誰會死亡，但由整個臺灣地區的人口來看，每年在一定年齡的死亡人數，其比率大致是確定的，也就是說，對整個臺灣地區人口而言，壽命有一定的傾向，這就是？
(A)死亡率法則　　　　　　　　　(B)自然法則
(C)大數法則　　　　　　　　　　(D)保險原則。

( ) 48. 保險業辦理國外投資之項目，所稱國外政府機構發行之債券，須經國外信用評等機構認定政府支援程度在中級或相當等級以上，且其發行機構或保證機構之信用評等等級或該債券之信用評等等級須經國外信用評等機構評定為： (A)AA－ (B)AA (C)BBB＋ (D)A級 或相當等級以上。

( ) 49. 依「外匯收支或交易申報辦法」第12條規定，申報義務人於辦理新臺幣結匯申報後，不得要求更改申報書內容，但有下列何種情形者，可經由銀行業向中央銀行申請更正： (1)申報義務人非故意申報不實 (2)申報義務人非故意申報不實，經舉證並檢具銀行業出具無故意申報不實意見者 (3)申報義務人非故意申報不實，經舉證並檢具律師、會計師出具無故意申報不實意見者 (4)因故意申報不實，已依管理外匯條例第20條第1項規定處罰 (A)(2)(3) (B)(1) (C)(4) (D)(2)(3)(4)。

( )　50.「投資型保險投資管理辦法」第14條規定，投資型保險之投資標的
　　　為證券投資信託基金受益憑證者，應為　(1)經主管機關核准　(2)申
　　　報生效得募集發行　(3)經中央銀行核准　(4)經證券主管機關核准證
　　　券投資顧問事業提供投資推介顧問，之證券投資信託基金受益憑證
　　　(A)(1)(4)　(B)(1)(3)　(C)(1)(2)　(D)(2)(4)。

解答與解析

1.**C**　最低資本要想到－保險相關
　　　事業。

2.**A**　　3.**C**

4.**D**　「二億」就「二年」。

5.**B**　新型態：以前沒有的。
　　　(3)(4)：「第一張」、「非臺
　　　幣」，所以要選。

6.**B**

7.**D**　題目3、7分，答案就選「3、7
　　　分」。

8.**D**　全選。

9.**B**　全選。

10.**C**　　11.**B**

12.**A**　非全委：不能選「臺灣存託憑
　　　證」、股票全委：就要選「臺
　　　灣存託憑證」、股票全委、非
　　　全委：都不能選「衍生性商
　　　品」此題為「全委」所以「(1)
　　　臺灣存託憑證：要選」，「(4)衍
　　　生性金融商品」：不能選。

13.**C**

14.**D**　全選。

15.**A**　保存五年。

16.**B**

17.**D**　此類型題目，都是「全選」。

18.**B**　國內、外證券交易市場交易之
　　　指數股票型基金可以，指數型
　　　基金不可。

19.**C**

20.**A**　投資部分：專設帳簿。

21.**D**　看到「非由保險人」就選「非
　　　由保險人」。

22.**D**　記：沒有「私募」。

23.**B**　「壽險業」者辦理國外投
　　　資……當然用「壽險業」的額
　　　度、特定金錢信託、向央行專
　　　案申請。

24.**A**　記：以外幣收付之「投資型年金
　　　保險」才可領「臺幣」……。

25.**B**

26.**D**　「保險費收取方式」是跟「客
　　　戶」收的，所以此題不選。

27.**C**

28.**A**　(A)要改為200%才對。

29.**D**　再保業：得辦理「其他經中央
　　　銀行許可辦理之外匯業務。」

30.**D**　被保險人年齡死亡給付與保單
　　　帳戶價值比率
　　　15足歲～30歲以下190%
　　　31歲～40歲160%
　　　41歲～50歲140%
　　　51歲～60歲120%
　　　61歲～70歲110%
　　　71歲～90歲102%
　　　91歲以上100%

31.A　保險業資產管理自律規範第3
　　　條規定：
　　　(1)分析持有資產之到期日、流
　　　　動性及負債之適當性。
　　　(2)建立適當現金流量預測模
　　　　型。

32.D　33.D

34.B　全選。

35.D　全選。

36.D　廢止：(1)沒有這種規定。

37.D

38.B　「外匯收支或交易申報辦法」
　　　係依據：「管理外匯條例」第
　　　6條之1第1項。

39.D　給付始期：「即期(馬上)」、「遞
　　　延(以後)」二種。

40.D　同一銀行：百分之三。

41.B　42.A

43.A　「要保書及保單條款」給客
　　　戶看的：載明保險費收取方
　　　式、匯款費用之負擔及匯率
　　　風險揭露。

44.C　看到外匯業務就選中央銀行。

45.C　申報不實、不依規定報明登
　　　記，都是沒入。

46.D

47.C　整個臺灣地區的人口……大
　　　數法則。

48.A　國外政府：AA－

49.D

50.C　境外基金（受益憑證）：「主
　　　管機關核准」、「申報生效」
　　　即可沒有說是外幣，所以「不
　　　需」「中央銀行核准」。

第二回

( ) 1. 保險業辦理國外投資，投資於國際性組織發行之債券，其發行機構之信用評等等級，須經國外信用評等機構評定為： (A)BBB＋級 (B)AA－級 (C)A－級 (D)A級 或相當等級以上。

( ) 2. 凡以外幣收付之非投資型人身保險相關款項之收付均以外幣收付，匯率風險由 (A)要保人或受益人 (B)保險人 (C)被保險人 (D)要保人或保險人負擔。

( ) 3. 若利率變動型年金保險於年金累積期間內附有保證利率者，於： (A)年金累積期間內 (B)其他非利率保證期間 (C)利率保證期間內 (D)累積期間前三年 應比照人身保險業就其經營萬能保險業務應提存之各種準備金規範之附保證利率的萬能保險責任準備金計算方式計提。

( ) 4. 依「保險業辦理外匯業務管理辦法」第9條規定，保險業經辦各項外匯業務，有下列何種情事者，中央銀行得按其情節輕重，廢止或撤銷許可外匯業務之一部或全部： (A)違反保險法其他規定且情節重大 (B)經金管會許可辦理各項外匯業務後，發覺原申請事項有虛偽情事，且情節重大者 (C)發給許可函後六個月未開辦者 (D)經金管會限期改正，屆期仍未改正。

( ) 5. 以外幣收付之非投資型人壽保險，保險費的計算基礎為： (1)預定死亡率 (2)預定利率 (3)預定危險發生率 (4)預定營業費用率 (A)(1)(2)(4) (B)(1)(2) (C)(1)(2)(3)(4) (D)(2)(3)。

( ) 6. 「保險業辦理國外投資管理辦法」第15-1條規定，保險業符合下列哪些規定者，得於報經主管機關核准後，於不逾越保險法第146條之4第2項所定最高額度內，依彈性調整公式計算國外投資額度： (1)經主管機關核准經營以外幣收付之非投資型人身保險業務 (2)經主管機關核准經營以外幣收付之投資型人身保險業務 (3)符合「保險業辦理國外投資管理辦法」第15條第1項至第3項規定 (4)經營該業務「保險法」相關規定提列之各種準備金全部運用於與該業務收付外幣同一幣別之保險業辦理國外投資管理辦法所定資金運用項目 (A)(2)(3) (B)(1)(2)(3)(4) (C)(1)(2) (D)(1)(3)。

( )　7. 保險法第146條之3規定，保險業辦理放款項目不包括？　(A)人壽保險業以各該保險業所簽發之人壽保險單為質之放款　(B)公司保證之放款　(C)以合於保險法第146條之1之有價證券為質之放款　(D)以動產或不動產為擔保之放款。

( )　8.「人身保險業辦理以外幣收付之非投資型人身保險業務應具備資格條件及注意事項」第11點規定，人身保險業應依主管機關規定之格式、內容及期限，將外幣收付之非投資型人身保險業務相關統計報表向：(A)中央銀行　(B)中華民國人壽保險商業同業公會　(C)金管會銀行局　(D)主管機關或財團法人保險事業發展中心　申報，以供主管機關監理之用。

( )　9. 國內結構型商品之發行機構或保證機構長期債務信用評等，如有遭信用評等機構調降評等達惠害國際信用評等股份有限公司臺灣分公司評等達BBB＋（twn）等級（含）以下之情事者，保險人應於事實發生之日起　(A)三日　(B)三十日　(C)十五日　(D)七日　內通知要保人。

( ) 10. 保險業已訂定　(1)國外投資相關交易處理程序　(2)風險監控管理措施　(3)完整之投資手冊　(4)內部控制制度，並經董事會同意者，得在該保險業資金百分之十額度內辦理國外投資　(A)(1)(2)　(B)(3)(4)　(C)(1)(3)(4)　(D)(1)(2)(3)(4)。

( ) 11. 保險業申請投資國外銀行業，應符合之資格條件，下列何者不正確？(A)保險業應具備可健全經營管理銀行業之專業能力及經驗　(B)保險業前1年度各種準備金之提存符合法令規定　(C)保險業董事會設置風險管理委員會，實際負責公司整體風險控管　(D)最近1期業主權益除以含分離帳戶總資產比率達百分之六以上。

( ) 12.「投資型保險投資管理辦法」規定，保險人應定期對專設帳簿之資產加以評價，並依？　(A)主管機關訂定　(B)要保人指定　(C)保險契約所約定　(D)保險人指定之方式計算及通知要保人其於專設帳簿內受益之資產價值。

( ) 13. 以外幣收付之非投資型人身保險，要保人或受益人可能於以下列哪些情況面臨因外幣與新臺幣兌換之匯率風險？　(A)以新臺幣兌換外幣繳納保險費時　(B)以外幣現鈔繳納保險費時　(C)保險公司將各種保險金匯入外匯存款戶時　(D)以外匯存款繳納保險費時。

( ) 14. 「管理外匯條例」第19-1條規定，有本國國際收支發生嚴重逆差之情事，行政院得決定並公告於一定期間內，採取下列哪些措施？(1)關閉外匯市場 (2)停止或限制全部或部分外匯之支付 (3)命令將全部或部分外匯結售或存入指定銀行 (4)為其他必要之處置 (A)(1) (B)(1)(2) (C)(1)(2)(3) (D)(1)(2)(3)(4)。

( ) 15. 「投資型保險投資管理辦法」第20條第2項規定：全委投資型保險專設帳簿資產之運用方式，以由 (A)要保人 (B)被保險人 (C)受益人 (D)保險人全權決定運用為限。

( ) 16. 保險業得於從事國外及大陸地區不動產投資之方式，下列何者為非？
(A)經由投資特定目的不動產投資事業，並以貸款方式提供該事業所需資金取得國外及大陸地區不動產
(B)以關係企業名義取得國外及大陸地區不動產
(C)經由信託方式取得國外及大陸地區不動產
(D)經由投資特定目的不動產投資事業取得國外及大陸地區不動產。

( ) 17. 全委投資型保險契約於簽訂後，因法令變更致其投資或交易範圍有增減時保險人應以不低於六十日之期間內通知要保人。要保人於前述期間內表示異議而向保險人申請終止保險契約者，保險人 (A)得向要保人收取解約費用 (B)得拒絕受理 (C)不得向要保人收取任何解約費用 (D)不得拒絕受理。

( ) 18. 依保險業辦理國外投資管理辦法規定，所稱國外表彰基金之有價證券種類包括： (1)不動產資產信託基金 (2)證券投資基金 (3)指數型基金 (4)商品基金 (A)(1)(2)(4) (B)(1)(2)(3)(4) (C)(1)(2)(4) (D)(2)(3)(4)。

( ) 19. 何者為以外幣收付之非投資型人身保險客戶適合度調查評估表中，應由要保人及業務員共同具簽確認業務員已充分說明之問題： (1)外幣資產區隔方式 (2)外幣資產負債配置具體計畫及執行方式 (3)說明外匯及其他相關主管機關有關法令規定 (4)繳納保險費等款項，以新臺幣兌換外幣，可能有匯率風險 (A)(1)(2)(3)(4) (B)(1)(2)(4) (C)(3)(4) (D)(1)(2)。

( ) 20.「投資型保險投資管理辦法」第26條規定，除保險契約另有約定外，保險人應於： (A)每週 (B)契約約定評價日 (C)每一營業日 (D)每月 就各全委投資型保險專設帳簿分別計算其每一要保人之保單帳戶價值。

( ) 21. 保險業資產管理自律規範第6條規定，保險業訂立之投資管理流程，在分析、衡量及控制投資結果與風險時，其內容應包括： (1)建立風險管理機制 (2)建立相關人員適當之投資溝通機制 (3)建立長期風險報酬 (4)建立投資政策與流程合理性之內部檢視機制 (A)(1)(2)(4) (B)(2)(3) (C)(1)(3)(4) (D)(1)(4)。

( ) 22.「外匯收支或交易申報辦法」第4條規定，非居住民每筆結購或結售金額未超過： (A)十五萬美元 (B)五十萬美元 (C)二十萬美元 (D)十萬美元 ，申報義務人得於填妥申報書後，逕行辦理新臺幣結匯。

( ) 23. 年金保險，以交付保費方式分類，分為： (1)限期繳費年金保險 (2)躉繳年金保險 (3)分期繳費年金保險 (4)遞增繳費年金保險 (A)(1)(2) (B)(1)(3) (C)(2)(3) (D)(3)(4)。

( ) 24. 下列哪項屬「新型態人身保險商品認定標準」第2點規定所指之新型態人身保險商品？
(A)新型態保險商品經主管機關核准時間逾1年
(B)同類型新型態保險商品經主管機關核准時間雖未逾1年，惟已核准達3張
(C)各公司第一張約定以新臺幣為收付幣別之傳統型保險商品
(D)各公司第一張以人民幣為收付幣別之傳統型保險商品。

( ) 25. 下列有關保險法第123條規定之敘述，何者正確？ (A)要保人破產時，保險契約未訂有受益人者，仍為受益人之利益而存在 (B)投資型保險契約之投資資產，非各該投資型保險之受益人不得主張 (C)投資型保險契約之投資資產，非各該投資型保險之要保人不得請求扣押 (D)以上皆是。

( ) 26.「保險法」第119條規定，要保人終止保險契約，而保險費已付足一年以上者，保險人應於接到通知後： (A)半個月內 (B)二個月內 (C)三個月內 (D)一個月 內償付解約金。

( )　27. 保險業資金運用於外匯存款，存放之銀行？　(A)限中華民國境外之銀行　(B)限存放於外國銀行　(C)限中華民國境內之銀行　(D)除中華民國境內之銀行外，並得存放於外國銀行。

( )　28. 中央銀行於96年4月23日訂定發布？　(A)「保險業辦理外匯業務管理辦法」　(B)銀行業辦理外匯業務管理辦法　(C)「管理外匯條例」　(D)外匯收支或交易申報辦法　，以供保險業辦理外匯業務遵循。

( )　29. 保險業投資於國外表彰基金之有價證券，其投資於對沖基金及私募基金之投資總額不得超過該該保險業可運用：　(A)資金百分之二　(B)資金百分之三　(C)資金百分之一　(D)資金百分之五　，且其單一基金投資總額不得超過該基金已發行總額百分之十。

( )　30. 投資型保險商品所連結投資標的或專設帳簿資產之運用，不得涉有下列情事：連結或運用於？　(1)證券投資信託事業以私募方式發行之證券投資信託基金受益憑證　(2)其他國內外私募之有價證券　(3)國內證券交易市場交易之指數股票型基金　(4)國外證券交易市場交易之指數股票型基金　(A)(1)(2)　(B)(2)(4)　(C)(1)(3)　(D)(3)(4)。

( )　31. 保險業有下列何種情事者，得投資基礎建設基金及商品基金？
(A)最近一年有國外投資違反保險法受重大處分情事
(B)最近一期自有資本與風險資本之比率達百分之二百二十，且經國內外信用評等機構評定最近一年信用評等等級達AA級
(C)最近一期自有資本與風險資本之比率未達百分之二百五十
(D)董事會未設置風險控管委員會，實際負責公司整體風險控管。

( )　32. 「管理外匯條例」第1條明定，制建本條例係為？　(1)平衡國際收支　(2)穩定金融　(3)實施外匯管理　(4)維持對內及對外幣值之穩定　(A)(1)(2)　(B)(1)　(C)(1)(2)(3)　(D)(1)(2)(3)(4)。

( )　33. 中央銀行於96年8月份首次核准人壽保險公司辦理以外幣收付之投資型保單為質之外幣放款業務，惟質借金額？
(A)以保單帳戶價值兩成為上限
(B)以純屬保險部分之保單價值準備金五成為上限
(C)以純屬保險部分之保單價值準備金兩成為上限
(D)以保單價值準備金五成為上限。

( ) 34. 保險期間超過一年之人壽保險契約,其最低責任準備金之提存,95年1月1日起訂定之契約,其純保險費較20年繳費終身保險為大者? (A)採1年定期修正制 (B)採20年滿期生死合險修正制 (C)採20年繳費終身保險修正制 (D)採25年滿期生死合險修正制。

( ) 35. 保險業於: (1)實際匯出外幣 (2)以外幣購買國外投資標的 (3)實際入帳 (4)簽約 (A)(3)(4) (B)(1) (C)(2) (D)(1)(2) 之時點,均屬國外投資總額之衡量日,應評估有無逾限之虞。

( ) 36. 以外幣收付之人身保險業務,目前主管機關已開放? (A)投資型保險及非投資型保險 (B)傳統型保險 (C)非投資型保險 (D)投資型保險。

( ) 37. 保險業辦理國外投資之項目,所稱外國證券集中交易市場或店頭市場交易之股權或債權憑證種類包括: (1)股票 (2)首次公開募集之股票 (3)公司債 (4)本國企業發行之存託憑證 (A)(1)(3)(4) (B)(1)(2)(3) (C)(2)(3)(4) (D)(1)(2)(3)(4)。

( ) 38. 中華民國境內新臺幣五十萬元以上等值外匯收支或交易之: (A)資金所有者或需求者 (B)受益人 (C)要保人 (D)保險人 ,應依外匯收支或交易申報辦法申報。

( ) 39. 下列何項外匯收支或交易,申報義務人得於填妥申報書後,逕行辦理新臺幣結匯: (1)公司 (2)行號 (3)團體 (4)個人進口貨品之匯款 (A)(1)(2) (B)(1)(2)(3)(4) (C)(1)(2)(3) (D)(1)(3)。

( ) 40. 依保險法第123條規定,要保人破產時? (A)保險人得宣告終止契約 (B)保險契約訂有要保人者,仍為受益人之利益而存在 (C)保險契約訂有受益人者,仍為要保人之利益而存在 (D)保險契約訂有受益人者,仍為受益人之利益而存在。

( ) 41. 「投資型保險投資管理辦法」第11條規定,保險人接受要保人以保險契約委任全權決定運用標的者,其運用範圍為外國有價證券者,以下列哪些為限? (1)外國證券集中交易市場、店頭市場交易之股票、公司債 (2)境外基金 (3)對沖基金 (4)避險基金 (A)(1)(2) (B)(1)(3) (C)(1)(4) (D)(3)(4)。

( )　42. 保險業資金得投資國外私募股權基金之基金經理公司須以在經濟合作
暨發展組織國家主管機關合法註冊者為限，且管理私募股權基金歷史
須：　(A)滿二年　(B)滿五年　(C)滿一年　(D)滿三年　以上，管理
私募股權基金之資產不得少於美金五億元或等值外幣。

( )　43. 「保險業辦理外匯業務管理辦法」中有關保險業之規定，適用於？
(A)保險業　(B)外國保險業　(C)再保險業　(D)以上皆適用。

( )　44. 投資型與非投資型保險的資金運用決定權不同，非投資型保險之資
金運用決定權為？　(A)保險人　(B)要保人　(C)被保險人　(D)受
益人。

( )　45. 保險業辦理　(A)以外幣收付之非投資型保險　(B)以新臺幣收付之非
投資型保險　(C)以新臺幣收付之投資型保險　(D)以外幣收付之投資
型保險　，以要保人所繳新臺幣保費專設帳簿資產投資國外有價證
券，透過金融機構辦理指定用途信託資金投資國外有價證券業務方式
投資國外者，應由辦理該項業務之業者，向中央銀行申請核准後辦理
結匯。

( )　46. 「管理外匯條例」第11條規定，旅客或隨交通工具服務之人員，攜
帶外幣出入國境者，應報明：　(A)勞動部　(B)海關　(C)金管會
(D)交通部　登記。

( )　47. 申報義務人於辦理新臺幣結匯申報後，不得要求更改申報內容，但
申報義務人非故意申報不實，經舉證並檢具下列何者出具無故意申
報不實意見書，可經由銀行業向中央銀行申請更正？　(A)主管機關
(B)法院　(C)銀行業　(D)保險業。

( )　48. 保險業投資之國外資產得委由保管機構保管或自行保管，其保管機
構應為？　(1)臺灣集中保管結算所股份有限公司　(2)最近一年經
國內外信用評等機構評定信用評等等級為A－級或相當等級以上之
金融機構　(3)銀行法第20條所稱之銀行　(A)(3)　(B)(1)　(C)(2)
(D)(1)(2)。

( )　49. 依管理外匯條例第24條規定，攜帶外幣出入國境，不依第11條規定報
明登記者？　(A)沒入之　(B)處一年以下有期徒刑　(C)處三年以下
有期徒刑　(D)處新臺幣三百萬元以下罰鍰。

( ) 50.「投資型保險投資管理辦法」第8條第2項規定，將一般帳簿資產轉入非由保險人全權決定運用標的之投資型保險專設帳簿做為其設立之用，除事先經主管機關核准者，得以符合第10條第1項規定之標的資產為移轉外，應以： (A)銀行存款 (B)股票 (C)現金 (D)各國中央政府發行之公債、國庫券移轉為之。

解答與解析

1.**C**

2.**A** 收付：向要保人收費、付保險金給受益人。

3.**C** 看到「保證」就選「保證」，(B)……非……保證……：是錯的哦！

4.**C** (A)違反保險法要改成違反本辦法。(B)金管會要改成中央銀行。(D)金管會要改成中央銀行。

5.**A** 人壽……「死亡」時給錢，所以「死亡率」要選，「危險發生率」不選。

6.**D** (1)「……外幣收付之非投資型人身保險業務」是對的，所以(2)「……投資型……」不能選，有(2)的都去掉，所以答案是(D)。

7.**B**

8.**D** 看到「格式」就選「保發中心」。

9.**A** 調降評等：三日通知要保人。

10.**A**

11.**D** 錯誤：最近1期業主權益除以「含」分離帳戶總資產比率達百分之六以上。
正確：最近1期業主權益除以「不含」分離帳戶總資產比率達百分之六以上。

12.**C** 資產之評價，依保險契約所約定之方式資產之運用，應與要保人同意或指定。

13.**A**

14.**D** 逆差、順差：行政院。

15.**D** 全委……由「保險人」全權決定運用。

16.**B**

17.**C** ……因法令……「不得向要保人收取任何解約費用」。

18.**D** 是「不動產投資信託基金」而非「不動產資產信託基金」。

19.**C** 要保人及業務員共同簽名，就是客戶要知道的……。

20.**C** 看到「每一」就選「每一」。

21.**D** (2)建立相關人員適當且即時之投資溝通機制。
(3)看到「建立長期風險報酬」就不選。

22.**D** 23.**C**

24.**D** 新型態：新的、以前沒有的 (D)：「第一張」、「非臺幣」，所以要選。

25.**B** 扣押：受益人。

26.**D** 解約金：1個月內償付、不低於保價四分之三。

27.**D** 保險業資金得存放於外國銀行。

28.**A** 題目：……以供保險業辦理外匯業務遵循，所以要選「保險業辦理外匯業務管理辦法」。

29.**A**

30.**A** 不得涉有：(1)……「私募」……
(2)、……「私募」……

31.**B**

32.**C** 記：沒有「維持對內及對外幣值之穩定」（這樣是干預匯率是不可以的）。

33.**C** 外幣放款業務：純屬保險部分之保單價值準備金兩成為上限。

34.**C** 題目：「20年終身」就選「20年終身」。

35.**D**

36.**A** 目前開放：「投資型」保險及「非投資型」保險。

37.**B**

38.**A** 題目沒有說到保險，就是對一般人的規定，所以要選「資金所有者或需求者」。

39.**B** 此類型題目，都是「全選」。

40.**D** 有受益人者，仍為受益人之利益而存在。

41.**A** 保險投資不可以有太大風險避險、沖基金風險高，所以不選。故答案為(A)。

42.**B** 「五億」就「五年」。

43.**D** 全選。

44.**A** 「非投資型」保險之資金運用決定權為「保險人」。
「投資型」保險之資金運用決定權為「要保人」。

45.**C** 題目：「……新臺幣……專設帳簿……」故選「新臺幣收付之投資型保險」。

46.**B** 出入國境：報明「海關」。

47.**C** 48.**D**

49.**A** 買賣外匯違反第8條、攜帶外幣出境超額、申報不實、不依規定報明登記，都是沒入。

50.**C** 看到「現金」就選「現金」。

第三回

( ) 1. 保險業有下列何者情事者，得投資經國外信用評等機構評定為BBB＋級或相當等級之公司所發行之可轉換公司債及附認股權公司債？
(A)最近一期自有資本與風險資本之比率未達250%
(B)董事會未設置風險管理委員會，實際負責公司整體風險控管
(C)最近一期自有資本與風險資本之比率達220%，且經國內外信用評等機構評定信用評等等級達AA級以上者
(D)最近一年有國外投資違反本法受重大處分情事。

( ) 2. 若利率變動型年金保險於年金累積期間內附有保證利率者，於利率保證期間內應比照人身保險業就其經營？
(A)萬能保險
(B)不分紅人壽保險
(C)利率變動型壽險
(D)分紅人壽保險業務應提存之各種準備金規範之附保證利率的萬能保險責任準備金計算方式計提。

( ) 3. 保險業申請提高國外投資總額至其資金百分之三十五，除符合「保險業辦理國外投資管理辦法」第15條第2項第2款規定外，尚須符合下列哪項規定？ (1)國外投資部分已採用計算風險值評估風險，並每週至少控管乙次 (2)最近二年無受主管機關罰金處分情事，或違反情事已改正並經主管機關認可 (3)董事會下設風險管理委員會且於公司內部設風險管理部門及風控長一人 (4)由董事會每年訂定風險限額，並由風險管理委員會或風險控管部門定期控管 (A)(1)(3)(4) (B)(1)(2)(3) (C)(1)(2)(3)(4) (D)(1)(2)(4)。

( ) 4. 辦理人身保險外幣保單再保險業務，何者之間應約定再保費及再保賠款等相關款項收付之外幣幣別，不得以新臺幣收付，亦不得約定新臺幣與外幣或各幣別間之相互變換？ (A)保險人與受益人 (B)再保險人與原保險人 (C)保險人與要保人 (D)保險人與被保險人。

( ) 5. 壽險公司就全體保戶來設想其收支，以全體保戶繳入的保險費總額，以及公司支付給全體受益人的保險金總額相等計算，這叫做？
(A)收支相等的原則 (B)相互扶助的觀念 (C)最小損害原則 (D)公平的危險分攤原則。

( ) 6. 「管理外匯條例」第6-1條規定，新臺幣五十萬元以上之等值外匯收支或交易申報之事項，有事實足認有不實之虞者： (A)國貿局 (B)經濟部 (C)金管會 (D)中央銀行 得向申報義務人查詢，受查詢者有據實說明之義務。

( ) 7. 下列何者不是保險業資金得投資國外有價證券之種類： (A)國外未上市股票 (B)國內證券市場上市或上櫃買賣之外幣計價股權 (C)資產證券化商品 (D)國外 表彰基金之有價證券。

( ) 8. 保險業投資投資於國際性組織發行之債券，其對每一國際性組織發行債券之投資總額，不得超過該保險業資金？ (A)百分之五 (B)百分之十 (C)百分之一 (D)百分之三。

( ) 9. 依「管理外匯條例」第2條規定，所謂外匯中有關外國有價證券之種類，由： (A)外匯行政主管機關 (B)財政部 (C)外匯業務機關 (D)金管會 核定之。

( ) 10. 有關保險業各種準備金提存辦法第12條之規定，何者正確？ (1)生存保險附有按一定期間（含滿期）給付之生存保險金部分，最低責任準備金之提存，採平衡準備金制為原則 (2)年金保險最低責任準備金之提存，採平衡準備金制為原則 (3)利率變動型人壽保險最低責任準備金由壽險公會另定之 (4)人身保險業變更責任準備金之提存時，應事先經主管機關核准 (A)(2)(4) (B)(1)(2) (C)(1)(3) (D)(3)(4)。

( ) 11. 銷售以外幣收付之非投資型人身保險商品時，應於要保書及商品簡介明顯處揭露 (A)外幣資產負債配置具體計畫及執行方法 (B)外幣資產區隔之方式 (C)該等保險商品各項交易之會計處理方式說明 (D)保險費收取方式 ，並由要保人及業務員於要保書共同具簽確認業務員已充分說明目前揭事項。

( ) 12. 「投資型保險投資管理辦法」第27條第2項規定，保險人應於會計年度終了後 (A)四個月 (B)三個月 (C)六個月 (D)二個月 內就各全委投資型保險專設帳簿分別編具委投資型保險專設帳簿資產年度決算報告，經會計師查核簽證後函報主管機關備查，並公告之。

( ) 13. 依管理外匯條例第19-1條規定，下列有哪些情事，行政院得決定並公告於一定期間內，採取關閉外匯市場、停止或限制全部或部分外匯之支付、命令將全部或部分外匯結售或存入指定銀行、或為其他必要之處置？　(1)國內經濟失調，有危及本國經濟穩定之虞　(2)國外經濟失調，有危及本國經濟穩定之虞　(3)本國國際收支發生嚴重逆差　(4)新臺幣匯率大幅波動　(A)(3)(4)　(B)(1)(2)　(C)(1)(2)(3)　(D)(1)(2)(3)(4)。

( ) 14. 保險業資金辦理國外投資總額，由主管機關視各保險業經營情況核定之，最高不超過保險業資金45%，但下列何者不計入其國外投資限額：　(1)保險業經主管機關核准銷售以外幣收付之非投資型保險商品，並經核准不計入國外投資之金額　(2)保險業依保險法規定投資於國內證券市場上市之外幣計價股權之投資金額　(3)其他經主管機關核准之投資項目與金額　(A)(1)(2)(3)　(B)(1)(2)　(C)(1)　(D)(1)(3)。

( ) 15. 有關「人身保險業辦理以外幣收付之非投資型人身保險業務應具備資格條件及注意事項」第8點規定之敘述，以下何者正確？　(1)應瞭解要保人之需求與承受匯率風險能力　(2)應將投資風險及外匯相關法規納入業務員之教育訓練　(3)銷售該等保險商品時，應於要保書明顯處揭露保險費收取方式　(4)應至少每半年向要保人揭露該等保險商品當年度解約金等給付項目折合新臺幣計算　(A)(2)(3)(4)　(B)(1)(3)　(C)(2)(4)　(D)(1)(2)(3)(4)。

( ) 16. 「外匯收支或交易申報辦法」中所稱銀行業，指經中央銀行許可辦理外匯業務之？　(1)銀行　(2)信用合作社　(3)農會信用部　(4)漁會信用部　(5)中華郵政股份有限公司　(A)(1)(2)(3)(4)　(B)(1)(2)(5)　(C)(1)(2)　(D)(1)(2)(3)(4)(5)。

( ) 17. 保險業經由信託方式取得國外及大陸地區不動產，受託機構應為經當地主管機關核准經營信託事業者，且最近1年內經國內外信用評等機構評定為何等級或相當等級以上之金融機構，並不得為保險法第146條之7第3項所稱之利害關係人？　(A)BBB＋級　(B)A－級　(C)BBB級　(D)A級。

( ) 18. 保險業投資於國外表彰基金之有價證券，其投資於對沖基金及私募股權基金，單一基金投資總額超過該保險業：　(A)可運用資金萬分之五　(B)可運用資金百分之一　(C)業主權益萬分之五　(D)可運用資金百分之二　以上者，應提報該保險業董事會通過後始得投資。

( ) 19. 「投資型保險投資管理辦法」第16條規定，保險人行使投資型保險專設帳簿持有股票之投票表決權者，除法令另有規定外，應？　(A)委託經主管機關核准兼營全權委託投資業務之信託業代為之　(B)委託經主管機關核准經營全權委託投資業務之事業代為之　(C)由保險人指派該事業人員為之　(D)由保管機構指派人員為之。

( ) 20. 保險人應確實建立投資標的發行、保證或經理機構之信用風險評估機制及分散準則，並應依投資型保險投資管理辦法第9條第2項規定訂定投資標的：　(1)發行　(2)保證　(3)保管　(4)經理　(A)(1)(2)　(B)(1)(4)　(C)(1)(3)　(D)(1)(2)(4)　機構破產之緊急應變及追償作業程序。

( ) 21. 保險業資金得投資之國外資產證券化商品，其信用評等須經國外信用評等機構評定為A－級或相當等級以上，且其投資總額不得超過保險業經核定之國外投資額度：　(A)百分之二十　(B)百分之四十　(C)百分之三十　(D)百分之十　，對每一資產證券化商品之投資金額，不得超過保險業資金百分之一。

( ) 22. 投資型保險商品連結之各種國內結構型商品，有關計價幣別之敘述，何者正確？　(A)以外幣為限　(B)以境外結構型商品管理規則第18條第2款所定計價幣別為限　(C)以新臺幣、人民幣及境外結構型商品管理規則第18條第2款所定計價幣別為限　(D)以人民幣以外之外幣為限。

( ) 23. 下列何者為「保險業辦理外匯業務管理辦法」第3條規定，保險業得辦理之外匯業務：　(A)以外幣收付之非投資型年金保險，於年金累積期間屆滿時轉換為一般帳簿之即期年金保險，約定以新臺幣給付年金者　(B)以新臺幣收付之非投資型年金保險，於年金累積期間屆滿時轉換為一般帳簿之即期年金保險，約定以外幣給付年金者　(C)以外幣收付之投資型年金保險，於年金累積期間屆滿時轉換為一般帳簿之即期年金保險，約定以新臺幣給付年金者　(D)以新臺幣收付之投

資型年金保險，於年金累積期間屆滿時轉換為一般帳簿之即期年金保險，約定以外幣給付年金者。

( ) 24. 保險業國外投資金額達美金10億元以上者，除經由金融機構辦理特定金錢信託投資國外之有價證券及國外表彰基金之有價證券外，其國外投資有價證券應集中由保管機構負責保管，且？　(A)保管機構不得超過5家　(B)保管機構不得超過2家　(C)臺灣集中保管結算所股份有限公司以外之保管機構不得超過5家　(D)保管機構限臺灣集中保管結算所股份有限公司。

( ) 25. 「投資型保險投資管理辦法」第21條規定，全委投資型保險專設帳簿之資產，應？　(A)按契約別　(B)按保險商品別　(C)按投資標的別　(D)按保戶別分別獨立保管。

( ) 26. 依96年7月18日修正之「保險法」第146條之4規定，保險業資金辦理國外投資總額，由主管機關視各保險業之經營情況核定之，最高不得超過各該保險業？　(A)資金百分之四十五　(B)業主權益百分之四十五　(C)資金百分之三十五　(D)業主權益百分之三十五。

( ) 27. 保險業及特定目的不動產投資事業取得其投資之國外及大陸地區不動產後應於公司網站揭露哪些事項？　(1)國外及大陸地區不動產所在地　(2)市場公平價值之相關證明資料　(3)權屬狀況、面積及使用情形　(A)(1)(3)　(B)(1)(2)(3)　(C)(2)(3)　(D)(1)(2)。

( ) 28. 保險業管理資產時，應考量：　(A)資產與負債　(B)負債及風險　(C)成本與收益　(D)風險及報酬　，並分析資產與負債之關係，確保有足夠之清償能力。

( ) 29. 「人身保險業辦理以外幣收付之非投資型人身保險業務應具備資格條件及注意事項」第8點規定，人身保險業辦理以外幣收付之非投資型保險業務，應將匯率風險及？　(A)外匯相關法規　(B)保險相關法規　(C)商品適合度　(D)風險管理納入對保險業務員之教育訓練制度。

( ) 30. 除「外匯收支或交易申報辦法」第8條第1項規定情形外，申報義務人得委託其他個人代辦新臺幣結匯申報事宜，但就申報事項仍由委託人自負責任；受託人應檢附下列哪項文件，供銀行業查核，並以委託人之名義辦理申報：　(1)委託書　(2)委託人之身份證明文件　(3)受託人之身分證明文件　(A)(1)(2)(3)　(B)(2)(3)　(C)(1)(2)　(D)(1)(3)。

( ) 31. 保險業資金得投資國外私募股權基金之基金經理公司須以在經濟合作暨發展組織國家主管機關合法註冊者為限，且管理私募股權基金歷史須滿五年以上，管理私募股權基金之資產不得少於： (A)美金三億元 (B)美金五億元 (C)美金一億元 (D)美金二億元 或等值外幣。

( ) 32. 保險人接受要保人以保險契約委任全權決定運用標的者，除主管機關另有規定外，不得有下列哪些情事： (1)從事證券信用交易 (2)投資與保險人有利害關係之公司所發行之股票、公司債或金融債券 (3)投資於保險人發行之股票或公司債 (4)投資與保險人有利害關係之證券承銷商所承銷之有價證券 (A)(1)(2) (B)(1) (C)(1)(2)(3) (D)(1)(2)(3)(4)。

( ) 33. 依「保險業辦理外匯業務管理辦法」第8條規定，保險業申請許可辦理外匯業務，經審查有下列何種情形者，中央銀行得駁回其申請？ (A)最近一年有違反保險法相關規定 (B)最近一年內有遭主管機關罰鍰累計達新臺幣二百萬元 (C)自有資本與風險資本之比率為百分之二百 (D)最近一年有違反本辦法 或其他外匯相關規定且情節重大。

( ) 34. 外幣收付之非投資型人身保險契約： (1)所收取之保費 (2)兌換損益 (3)從事之資金運用 (4)提存的各項責任準備金，除相關法令有明確規範排除外，應併入國外投資限額計算 (A)(1)(2) (B)(2)(4) (C)(1)(3) (D)(2)(3)。

( ) 35. 下列有關「管理外匯條例」第24條規定之敘述，何者正確？ (A)買賣外匯違反第8條規定者，處新臺幣3萬元以上60萬元以下罰鍰 (B)攜帶外幣出境超過依第9條規定所定之限額者，處新臺幣3萬元以上60萬元以下罰鍰 (C)攜帶外幣出入國境，不依第11條規定報明登記者，處一年以下有期徒刑 (D)申報不實者，其超過申報部分沒入之。

( ) 36. 「投資型保險投資管理辦法」第5條第3項規定，保險人運用與管理專設帳簿資產時，不得有哪些情事： (1)將專設帳簿之資產出售予他人 (2)提供專設帳簿之資產做為擔保之用 (3)將專設帳簿之資產借予他人 (4)從事法令禁止投資之項目 (A)(2)(3)(4) (B)(1)(2)(3) (C)(1)(2)(4) (D)(1)(3)(4)。

( ) 37. 下列何頂外匯收支或交易，申報義務人得於填妥申報書後，逕行辦理新臺幣結匯：　(A)行號每年累積結售金額六千萬美元之匯款　(B)個人每年累積結售金額六百萬美元之匯款　(C)團體每年累積結購金額七百萬美元之匯款　(D)公司每年累積結購金額四千萬美元之匯款。

( ) 38. 要保人或受益人可能於以下列哪些情況面臨因外幣與新臺幣兌換之匯率風險？　(1)領取各種保險金　(2)繳納保險費時　(3)行使契約撤銷權　(4)領取解約金之行政作業時間差　(A)(1)(2)(4)　(B)(1)(2)　(C)(1)(2)(3)(4)　(D)(2)(3)。

( ) 39. 以下有關辦理結匯常涉及之「外匯收支或交易申報辦法」相關規定，何者正確？　(1)行號每年累積結購金額未超過5千萬美元之匯款，申報義務人得於填妥申報書後，逕行辦理新臺幣結匯　(2)團體每筆結匯金額達50萬美元以上之匯款，申報義務人應檢附相關證明文件，經中央銀行確認後，始得辦理新臺幣結匯　(3)有事實定認有申報不實之虞者，銀行得向申報義務人查詢　(A)(1)　(B)(2)　(C)(1)(2)(3)　(D)(3)。

( ) 40. 年金保險，以年金給付方式分類，分為：　(1)終身年金保險　(2)附保證期間之終身年金保險　(3)附保證金額之終身年金保險　(4)定期生存年金　(A)(1)(4)　(B)(2)(3)　(C)(1)(2)(3)　(D)(1)(2)(3)(4)。

( ) 41. 「保險業辦理外匯業務管理辦法」第9條規定，保險業經辦各項外匯業務，有下列何種情事者，按其情節輕重，得廢止或撤銷許可外匯業務之一部或全部：　(A)發給許可函後五個月未開辦者　(B)最近一年內有遭主管機關罰鍰累計達新臺幣二百萬元　(C)有停業、解散或破產之情事者　(D)經金管會許可辦理各項保險業務後，發覺原申請事項有虛偽情事，且情節重大者。

( ) 42. 依「管理外匯條例」第13條規定，下列何款所需支付之外匯，得自第7條規定之存入外匯自行提用或透過指定銀行在外匯市場購入或向中央銀行或其指定銀行結購：　(1)核准進口貨品價款及費用　(2)航運業、保險業與其他各業人民，基於交易行為，或勞務所需支付之費用及款項　(3)前往國外留學、考察、旅行、就醫、探親、應聘及接洽業務費用　(4)服務於中華民國境內中國機構之企業之本國人或外國人，贍養其在國外家屬費用　(A)(3)(4)　(B)(1)(2)(3)　(C)(1)(2)　(D)(1)(2)(3)(4)。

( ) 43. 民眾出入境時須向海關申報攜帶的外幣、有價證券，現鈔限額為？ (A)其它外幣等值美元1萬元 (B)新臺幣10萬元 (C)人民幣2萬 (D)以上皆是。

( ) 44. 人身保險業經營以外幣收付之非投資型人身保險業務，險種以下列何者為限，並須經中央銀行許可？ (1)人壽保險 (2)年金保險 (3)健康保險 (4)傷害保險 (A)(1) (B)(1)(2) (C)(1)(2)(3) (D)(1)(2)(3)(4)。

( ) 45. 「投資型保險投資管理辦法」第22條規定，全委投資型保險之保險契約，除應符合投資型保險資訊揭露應遵循事項及證券投資信託事業證券投資顧問事業經營全權委託投資業務管理辦法規定之應載事項外，並應分別載明下列哪些事項： (1)保險契約轉換條款 (2)越權交易之責任歸屬 (3)因業務發生訴訟或非訟事件之說明 (4)其他經主管機關規定應記載事項 (A)(1)(2)(3) (B)(1)(3) (C)(1)(2) (D)(1)(2)(4)。

( ) 46. 依保險法第124條規定： (A)人壽保險 (B)傷害保險 (C)健康保險 (D)年金保險 之要保人、被保險人、受益人，對於被保險人之保單價值準備金，有優先受償之權。

( ) 47. 人身保險業經營以外幣收付之非投資型人身保險業務，險種以人壽保險、年金保險及健康保險為限，並需經： (A)中央銀行 (B)中華民國人壽保險商業同業公會 (C)財政部 (D)金管會 許可。

( ) 48. 「保險業辦理外匯業務管理辦法」第4條之敘述，何者正確？ (1)未經中央銀行許可之外匯業務不得辦理 (2)保險業有關外匯業務之經營，應向中央銀行申請許可後，始得辦理 (3)保險業得申請辦理第3條各款全部或一部之業務項目，由中央銀行依其財務狀況，於該條各款範圍內分別許可 (4)保險業辦理外匯業務，應向金管會報備及向中央銀行申請許可 (A)(1)(2) (B)(1)(2)(3) (C)(1)(4) (D)(1)(3)(4)。

( ) 49. 保險業辦理何項保險須以要保人所繳新臺幣保費專設帳簿資產投資國外有價證券，透過金融機構辦理指定用途信託資金投資國外有價證券業務方式投資國外者，應由辦理該項業務之業者，向中央銀行申請核准後辦理結匯？ (A)以外幣收付之非投資型保險 (B)以新臺幣收付

之非投資型保險　(C)以新臺幣收付之投資型保險　(D)以外幣收付之
投資型保險。

(　)　50. 依「新型態人身保險商品認定標準」第2點規定，各公司第一張以
　　　　人民幣為收付幣別之傳統型保險商品，為？　(A)需採核准制送審
　　　　(B)以備查方式辦理　(C)需事前函報開辦日　(D)得免函報主管機關
　　　　備查之保險商品。

解答與解析

1.**C**　題目：……得投資……(A)……
未達……(B)……未設……
(D)……違反……；以上三個都
是不好的，所以不選。

2.**A**　題目……（最後說到）「萬
能」就選「萬能」。

3.**B**　「由董事會每年訂定風險限
額，並由風險管理委員會或風
險控管部門定期控管」是「超
過35%」的規定。記：「超」
「限」。

4.**B**　再保險：是（原）保險人與再
保險人簽屬的保險契。

5.**A**　收支……就選「收支」。

6.**D**　中央銀行。

7.**A**　　8.**A**

9.**C**　外匯就選外匯業務。

10.**A**　選項(1)：
錯誤：(「含」滿期)。
正確：(「不含」滿期)。
選項(3)：
錯誤：由「壽險公會」另定之。
正確：由「主管機關」另定之。

11.**D**　要保書及商品簡介……給客戶
看的，所以選「保險費收取方
式」。

送審文件：「……計畫及執行
方法、……區隔之方式、……
會計處理方式」。

12.**A**

13.**C**　法條中並無「新臺幣匯率大幅
波動」之規定。

14.**A**　　15.**B**

16.**D**　全選。

17.**A**　大陸地區不動產：BBB＋（有
大陸地區評等會再降一級）。

18.**A**　單一：萬分之五。

19.**C**　保險人……行使投票表決權：
由保險人指派該事業人員為
之。

20.**B**　題目有「發行、保證或經
理」，破產無法「保證」去
掉「保證」，就是答案。

21.**A**　資產證券化商品「總額」：百
分之二十「每一」資產證券化
商品：百分之一。

22.**C**　投資型保險商品連結之各種國
內結構型商品，有關計價幣
別：以新臺幣、人民幣及境外
結構型商品管理規則第18條第
2款所定計價幣別為限（美歐
澳、英紐港、加新日）。

23.**C**　記：以外幣收付之「投資型年金保險」才可領「臺幣」……。

24.**C**　保管機構不超過：5家。

25.**B**　專設帳簿之資產，應按保險「商品別」分別獨立保管。

26.**A**　國外投資總額：最高45%。

27.**B**

28.**B**　考量「負債及風險」，並分析「資產與負債」之關係。

29.**A**　教育訓練：有「匯」的都選。

30.**A**　全選。

31.**B**　「五年」就「五億」元。

32.**D**　全選。

33.**D**　(A)違反保險法要改成違反本辦法。(B)(C)無此規定。

34.**C**

35.**D**　買賣外匯違反第9條、攜帶外幣出境超額、申報不實、不依規定報明登記，都是沒入。

36.**A**　專設帳簿之資產可「出售」，賣掉客戶才能把錢拿回來。

37.**D**　可以逕行辦理結匯：
公司、行號：每年5,000萬以內。
團體、個人：每年500萬以內。
超過上述，央行核准後才能結匯。

38.**C**　外幣保單：收「美元」就給「美元」。

39.**A**　銀行確認後，結匯：
公司、行號：每筆100萬以上
團體、個人：每筆50萬以上
應改成下列，才對。
(2)團體每筆……經「銀行」確認。
(3)「中央銀行」得向申報義務人查詢。

40.**D**　全選。

41.**C**　廢止：(A)正確為：發給許可函後「六個月」內未開辦者。(B)沒有這種規定。(D)正確為：經「中央銀行」許可辦理各項外匯業務後……。

42.**D**　全選。

43.**D**

44.**C**　目前「沒有開放外幣的傷害險」。

45.**D**　(3)無此規定。

46.**A**　「保單價值準備金」(解約金來源)通常為「人壽」保險才有。
「年金」保險：不一定……。
「健康、傷害」：通常沒有。

47.**A**

48.**A**　(3)「財務狀況」要改成「業務需要」才對。

49.**C**　50.**A**

第四回

( )　1.「保險業辦理外匯業務管理辦法」第13條規定，以外幣收付之保險，其相關款項均不得以新臺幣收付；其結匯事宜應由：　(A)保險人　(B)保險人或受益人　(C)要保人或受益人　(D)被保險人　依外匯收支或交易申報辦法之規定，逕向銀行業辦理。

( )　2.依「外匯收支或交易申報辦法」第4條規定，下列何款外匯收支或交易，申報義務人得於填妥申報書後，逕行辦理新臺幣結匯？　(A)團體、個人每筆結匯金額達五十萬美元以上之匯款　(B)公司、行號、團體及個人出口貨品或對非居住民提供服務收入之匯款　(C)公司、行號每筆結匯金額達八千萬美元以上之匯款　(D)經主管機關核准直接投資、證券投資及期貨交易之匯款。

( )　3.「投資型保險投資管理辦法」第6條第2項規定，保險人應將專設帳簿之資產　(A)交由保管機構保管　(B)交由信託業保管　(C)交由保管機構保管或自行保管　(D)自行保管　，並應向主管機關申報其所選任之保管機構，保管機構有變更者，應於變更後十五個工作日內向主管機關申報。

( )　4.要保人購買一個生存保險，保險金額10萬美元，訂約時新臺幣對美元之匯率為31，十五年後保險公司給付生存保險金時，新臺幣對美元之匯率為33，受益人將美元兌換為新臺幣，以下何者正確？　(A)新臺幣升值　(B)會產生匯兌利益新臺幣20萬元　(C)美元貶值　(D)會產生匯兌損失新臺幣20萬元。

( )　5.國外投資總額之計算範圍，除法令所載國外投資項目外，仍應計入？　(1)國外有價證券因跨月交割所產生之應收及應付款　(2)衍生性金融資產與負債淨額　(3)因投資國外有價證券所衍生之應收利息　(4)國外有價證券所產生之匯兌利益或損失　(A)(1)(3)　(B)(2)(4)　(C)(1)(2)　(D)(1)(2)(3)等與國外投資相關之項目。

( )　6.保險業有下列何種情事者，不得投資經國外信用評等機構評定為BBB＋之公司所發行之可轉換公司債？　(1)最近一年有國外投資違反保險法受重大處分情事　(2)最近一期自有資本與風險資本之比率未達百分之二百五十　(3)董事會未設置風險控管委員會，實際負責公司

整體風險控管　(4)最近一期自有資本與風險資本之比率達百分之二百二十未達百分之二百五十，但經國內外信用評等機構評定最近一年信用評等等級達AA級　(A)(1)(3)(4)　(B)(2)(3)(4)　(C)(1)(3)(D)(1)(2)(3)。

( )　7. 保險業投資於國外證券投資基金之每一國外基金之總額，不得超過該保險業？　(A)資金百分之二　(B)業主權益百分之五　(C)資金百分之五　(D)資金百分之三　及該基金已發行總額百分之十。

( )　8. 壽險業者辦理國外投資，可在金管會核定投資比率範圍內，以下列方式匯出資金：　(A)利用要保人每年結匯額度　(B)由業者向金管會專案申請核准匯出所需資金，自行投資國外　(C)利用壽險業者的每年5千萬美元累積結匯金額　(D)經由金融機構辦理之特定金錢信託投資國外，利用信託業的額度。

( )　9. 為提供消費者更多元外幣保險商品選擇，以滿足外幣保險保障需求，金管會於103年12月30日修正「人身保險業辦理以外幣收付之非投資型人身保險業務應具備資格條件及注意事項」第4點，開放：　(A)傷害保險　(B)人壽保險　(C)健康保險　(D)年金保險　為人身保險業得經營之業務範圍。

( )　10. 「保險業辦理國外投資管理辦法」第15條第3項規定，保險業訂定國外投資風險監控管理措施，應包括有效執行之風險管理政策、風險管理架構及風險管理制度，其中風險管理制度應涵蓋國外投資相關風險類別之：　(1)識別　(2)衡量　(3)監控　(4)報告　(5)限額控管　(A)(2)(3)(4)　(B)(1)(2)(3)　(C)(1)(2)(3)(4)　(D)(1)(2)(3)(5)　之執行及變更程序。

( )　11. 萬能保險係以要保人交付之保險費，扣除附加費用後，依該保險費所適用之：　(A)預定利率　(B)宣告利率　(C)預定死亡率　(D)預定營業費用率　計算保單價值之壽險商品。

( )　12. 「管理外匯條例」第15條規定，學校及教育、研究、訓練機關，接受國外捐贈，供教學或研究用途之貨品，應向：　(A)財政部　(B)金管會　(C)中央銀行　(D)海關　申請核明免結匯報運進口。

( ) 13.「人身保險業辦理以外幣收付之非投資型人身保險業務應具備資格條件及注意事項」第8點第1項第4款規定,人身保險業辦理以外幣收付之非投資型人身保險業務,應瞭解要保人之需求與承受匯率風險能力,銷售該等保險商品前並應建立? (A)招攬人員管理政策 (B)保險商品開發政策 (C)商品資訊揭露政策 (D)商品適合度政策。

( ) 14. 依「保險業辦理外匯業務管理辦法」第10條規定,保險業辦理各項外匯業務,應先確實?
(A)辨識顧客身分或基本登記資料
(B)瞭解財富來源
(C)瞭解客戶需求
(D)瞭解財務背景及憑辦文件是否符合規定。

( ) 15. 以外幣收付之非投資型人身保險,因存款或匯款所產生之各項費用,各銀行收費標準不同,各項費用之歸屬? (A)由保險公司與要保人平均分攤 (B)全數由保險公司負擔 (C)由保險公司與要保人於保險契約中約定 (D)全數由要保人負擔。

( ) 16.「保險業辦理外匯業務管理辦法」第4條規定,保險業得申請辦理第3條各款全部或一部之業務項目: (A)由金管會依其自有資本與風險資本之比率 (B)由金管會依其法規遵循情形 (C)由中央銀行依其財務狀況 (D)由中央銀行依其業務需要 ,於該條各款範圍內分別許可之。

( ) 17. 利率變動型年金保險契約,其責任準備金提存之預定危險發生率,以86年6月30日台財保第862397037號函頒佈之年金生命表_____ (A)死亡率之60% (B)死亡率之90% (C)死亡率之100%~120% (D)死亡率之70%為基礎計算,並以不超過計算年金金額之預定危險發生率為準。

( ) 18. 新臺幣五十萬元以上之等值外匯收支或交易,故意不為申報或申報不實者,「管理外匯條例」第20條第1項規定: (A)處新臺幣二萬元以上五十萬元以下罰鍰 (B)處新臺幣一萬元以上二十萬元以下罰鍰 (C)處新臺幣三萬元以上六十萬元以下罰鍰 (D)處新臺幣五萬元以上八十萬元以下罰鍰。

( ) 19. 保險人應依投資型保險投資管理辦法第6條第2項及第3項規定，將投資型保險專設帳簿資產交由中華信用評等股份有限公司評等達：(A)twAA (B)twBBB＋ (C)twA (D)twA－ 等級以上之保管機構予以保管。

( ) 20. 保險業投資大陸地區特定目地不動產投資事業，應依臺灣地區與大陸地區人民關係條例規定向： (A)金融監督管理委員會 (B)行政院大陸委員會 (C)經濟部 (D)中央銀行 申請許可。

( ) 21. 投資型保險與非投資型保險的最大差別為投資型保險具有 (1)盈虧自負 (2)專設帳簿 (3)費用透明 (4)彈性繳費 (5)匯率風險的承擔 ，等特色 (A)(2)(3)(4)(5) (B)(1)(2)(3)(5) (C)(1)(3)(4)(5) (D)(1)(2)(3)(4)。

( ) 22. 「投資型保險投資管理辦法」規定保險人應定期對專設帳簿之資產加以評價，並依： (A)保險契約所約定 (B)保險人指定 (C)主管機關指定 (D)要保人指定 之方式計算及通知要保人其專設帳簿內受益之資產價值。

( ) 23. 依「保險法」第123條規定，保險人破產時，受益人對於保險人得請求之保險金額之債權，以其保單價值準備金按訂約時之？ (A)預定利率 (B)責任準備金利率 (C)保險費率比例 (D)宣利率計算之。

( ) 24. 以外幣收付之非投資型人壽保險，依保險事故區分，分為？ (A)死亡保險及生死合險 (B)死亡保險及生存保險 (C)死亡保險、生存保險及生死合險 (D)生存保險及生死合險。

( ) 25. 保險業投資於下列何款之投資總額，合計不得超過該保險業可運用資金5%： (1)經國外信用評等機構評定為BBB＋級至BB＋級或相當等級之公司所發行或保證之可轉換公司債附認股權公司債 (2)對沖基金、私募股權基金、基礎建設基金及商品基金 (3)資產池個別資產之信用評等等級經國外信用評等機構評定未達BBB－級之抵押債務債券 (4)資產池採桿融資架構之抵押債務債券 (A)(1)(2)(3) (B)(1)(2)(3)(4) (C)(3)(4) (D)(2)(3)(4)。

( ) 26. 「管理外匯條例」第26-1條規定，國際貿易發生長期順差、外匯存底鉅額累積或國際經濟發生重大變化時： (A)總統 (B)行政院

(C)立法院 (D)中央銀行 得決定停止第7條、第13條及第17條全部或部分條文之適用。

( ) 27. 「投資型保險投資管理辦法」第22條第3項規定，全委投資型保險之保險契約及相關資料，於契約終止或失效後至少保存？ (A)一年 (B)二年 (C)三年 (D)五年。

( ) 28. 「人身保險業辦理以外幣收付之非投資型人身保險業務應具備資格條件及注意事項」第11點規定，人身保險業應依主管機關規定之格式、內容及期限，將外幣收付之非投資型人身保險業務相關統計報表向何者申報，以供主管機關監理之用？
(A)中央銀行
(B)中華民國人壽保險商業同業公會
(C)金管會銀行局
(D)主管機關或財團法人保險事業發展中心。

( ) 29. 保險業訂立之投資管理流程，其內容應包括： (1)制定整體性投資政策 (2)設置並授權相關單位執行投資政策 (3)分析、衡量及控制投資結果與風險 (4)投資執行報告 (A)(1)(2)(3) (B)(3)(4) (C)(1)(2) (D)(1)(2)(3)(4)。

( ) 30. 壽險業辦理歐元計價之非投資型人身保險商品相關業務，請確實依據 (1)「保險業辦理外匯業務管理辦法」 (2)「人身保險業辦理以外幣收付之非投資型人身保險業務應具備資格條件及注意事項」 (3)人身保險業歐元外幣保單新契約責任準備金利率自動調整精算公式 (4)人身保險業美元外幣保單新契約責任準備金利率自動調整精算公式 (A)(1)(2)(3) (B)(1)(2) (C)(3)(4) (D)(1)(2)(3)(4) 等規定辦理，且注意不得涉及外匯匯兌業務。

( ) 31. 有關投資型與非投資型保險之敘述，何者不正確？ (1)投資型保險產生虧損，大部分或全部由要保人承擔投資風險 (2)投資型保險契約之投資資產，非各該投資型保險之被保險人不得主張 (3)非投資型保險之資金運用決定權為壽險公司 (4)投資型保險之會計處理 依主管機關訂之「分離帳戶保險商品會計處理準則」辦理 (A)(2)(3) (B)(1)(4) (C)(2)(4) (D)(1)(3)。

( )　32. 保險業資金得投資之國外資產證券化商品，其信用評等須經國外信用評等機構評定為A－級或相當等級以上，且其投資總額不得超過保險業經核定之國外投資額度百分之二十，對每一資產證券化商品之投資金額，不得超過保險業資金？　(A)百分之三　(B)百分之二　(C)百分之一　(D)百分之五。

( )　33. 下列何者不是申報義務人應於檢附所填申報書及相關證明文件，經由銀行業向中央銀行申請核准後，始得辦理新臺幣結匯之外匯收支或交易？
(A)公司每年累積結購金額超過五千萬美元之必要性匯款
(B)公司每筆結匯金額達一百萬美元以上之匯款
(C)個人每年累積結購金額超過五百萬美元之必要性匯款
(D)未滿二十歲領有中華民國國民身分證，每筆結匯金額達新臺幣五十萬元以上之匯款。

( )　34. 「管理外匯條例」第19-1條規定，行政院得決定並公告於一定期間內，採取關閉外匯市場、停止或限制全部或部分外匯之支付　(A)資金所有者或需求者　(B)受益人　(C)要保人　(D)保險人，應依外匯收支或交易申報辦法申報。

( )　35. 人身保險業銷售以人民幣收付之非投資型人身保險商品？　(A)無銷售限額　(B)不得超過各公司當年度非投資型人身保險商品總保費收入之10%　(C)應依主管機關規定之銷售限額辦理　(D)不得超過各公司當年度非投資型人身保險商品總保費收入之20%。

( )　36. 依照「管理外匯條例」規定，國庫對外債務之保證、管理及其清償之稽催，由何者辦理？　(A)管理外匯之行政主管機關　(B)管理外匯之業務機關　(C)金管會　(D)中央銀行。

( )　37. 「保險業辦理外匯業務管理辦法」第3條規定，保險業得申請辦理下列那些外匯業務？　(1)以外幣收付之人身保險業務　(2)以外幣收付之非投資型年金保險，於年金累積期間屆滿時轉換為一般帳簿之即期年金保險，約定以新臺幣給付年金者　(3)財富管理業務涉及外匯業務之經營者　(4)以外幣收付之人身保險之保險單為質之新臺幣放款　(A)(1)(2)(3)　(B)(2)(4)　(C)(3)(4)　(D)(1)(3)。

( ) 38. 辦理人身保險外幣保單再保險業務：　(A)保險人與受益人　(B)再保險人與原保險人　(C)保險人與要保人　(D)保險人與被保險人　應約定再保費及再保賠款等相關款項收付之外幣幣別，不得以新臺幣收付，亦不得約定新臺幣與外幣或各幣別間之相互變換。

( ) 39. 「管理外匯條例」第5條規定，外國貨幣、票據及有價證券之買賣，由：　(A)經濟部　(B)管理外匯之行政主管機關　(C)國際貿易主管機關　(D)掌理外匯業務機關　辦理。

( ) 40. 人身保險業自101年7月1日起新銷售之人身保險單，計提責任準備金之生命表應以：　(A)臺灣壽險業第五回經驗生命表為基礎　(B)得自行決定　(C)國民生命表為基礎　(D)臺灣壽險業第四回經驗生命表為基礎。

( ) 41. 訂立以外幣收付之非投資型人身保險契約時，保險人與要保人？
(A)得約定保險費、保險給付、費用及其他款項收付之外幣幣別，但得約定新臺幣與外幣之相互變換
(B)得約定保險費、保險給付、費用及其他款項收付之外幣幣別，但不得約定新臺幣與外幣或各幣別間之相互變換
(C)不得約定保險費、保險給付、費用及其他款項收付之外幣幣別，且不得約定各幣別間之相互變換
(D)不得約定保險費、保險給付、費用及其他款項收付之外幣幣別，且不得約定新臺幣相互變換。

( ) 42. 下列何者不是保險業資金得投資國外有價證券之種類？　(A)外國銀行發行或保證之金融債券、可轉讓定期存單、浮動利率中期債券　(B)本國企業發行以外幣計價之公司債　(C)結構型商品　(D)外國中央政府發行之公債、國庫券。

( ) 43. 「投資型保險投資管理辦法」第16條規定，保險人行使投資型保險專設帳簿持有股票之投票表決權者，保險人行使表決權，應基於：　(A)保險人　(B)投資型保險保戶　(C)受益人　(D)被保險人　之最大利益，且不得直接或間接參與該股票發行公司經營或有不當之安排情事。

( ) 44. 保險法第138條之敘述，何者不正確？ (1)保險合作社得經營非社員之業務 (2)同一保險業不得兼營財產保險及人身保險業務，財產保險業經主管機關核准經營人身保險及健康保險者，不在此限 (3)保險業不得兼營保險法規定以外之業務 (4)保險業辦理經主管機關核准辦理其他與保險有關業務，涉及結匯業務之經營者，須經中央銀行許可 (A)(1)(2) (B)(2)(3) (C)(1)(2)(4) (D)(2)(3)(4)。

( ) 45. 保險業投資國外政府機構發行之債券，其對每一個國外政府機構發行債券之投資總額，不得超過保險業資金？ (A)百分之五 (B)百分之十 (C)百分之一 (D)百分之三。

( ) 46. 有關以外幣收付之非投資型人壽保險之責任準備金的敘述何者不正確？ (A)保險公司必須平日有所準備 (B)責任準備金的計算牽涉到相當複雜的精算技術 (C)準備方式是將純保險費扣除應給付的保險金後的大部分資金提存保管 (D)必須分別按保險期間，計算出各種保險的準備金，記載於特色之帳簿。

( ) 47. 投資型保險商品連結之各種國內結構型商品，不得連結哪些標的？ (1)新臺幣利率指標 (2)本國企業於國外發行之有價證券 (3)國內證券投資信託事業於國外發行之受益憑證 (4)國內外私募之有價證券 (A)(3) (B)(1)(2)(3)(4) (C)(2) (D)(1)。

( ) 48. 「保險法」第146條之4規定，保險業資金辦理國外投資，以下列何者為限： (1)國外不動產 (2)國外有價證券 (3)國外基金 (4)投資國外保險公司 (5)外匯存款 (A)(1)(2)(4) (B)(3)(4)(5) (C)(2)(4)(5) (D)(1)(2)(3)。

( ) 49. 以外幣收付之非投資型人身保險之保險費之交付，由要保人以： (1)外匯存款 (2)結購外匯 (3)外幣現鈔 (4)新臺幣 (A)(1)(2)(3) (B)(1)(2) (C)(1) (D)(1)(2)(3)(4) 匯入保險公司指定之外匯存款戶。

( ) 50. 保險業對國外及大陸地區不動產之投資， (A)以投資時已合法利用者為限 (B)以所投資之不動產有收益者為限 (C)以投資時已合法利用或產生利用效益者為限 (D)以投資時已合法利用並產生利用效益者為限。

解答與解析

1.**C** 收付：向要保人收費、付保險金給受益人。

2.**B** (1)可以逕行辦理結匯：公司、行號：每年5,000萬以內。
團體、個人：每年500萬以內。
（每年金額超過上述，需透過銀行，向央行申請核准後才能結匯。）
(2)若每筆金額超過下列內容，需「經銀行確認後，結匯：」
公司、行號：每筆100萬以上。
團體、個人：每筆50萬以上。

3.**A** 專設帳簿之資產由「保管機構」保管。

4.**B** 購買時：10萬美元＝310萬臺幣
15年後：10萬美元＝330萬臺幣
所以15年後，獲利20萬。

5.**D** 國外投資總額……不計入「匯兌利益或損失」，因為匯率會一直變。

6.**D** 題目：……不得投資……(1)……違反……（2）……未達……(3)……未設……；以上三個都是不好的，所以要選。

7.**C** 每一：百分之五。

8.**C** 「壽險業」者辦理國外投資……當然用「壽險業」的額度、特定金錢信託、向央行專案申請。

9.**C** 96年開放非投資型人壽、年金；103年開放「健康保險」。

10.**D** 「報告」不選。

11.**B** 萬能保險……就想到「宣告利率」。

12.**A** 報運算行政：財政部。

13.**D** 建立「商品適合度政策」，看商品是不是適合這個客戶。

14.**A**

15.**C** 各項費用：由保險公司與要保人於保險契約中約定。

16.**D** (A)(B)無此規定。
(C)「業務需要」是對的。

17.**B** 年金，其責任準備金提存之預定危險發生率：年金生命表死亡率之90%。

18.**C** 申報不實……「沒收」。

19.**D** 保管：A－

20.**C** 看到「大陸地區人民關係條例」就選「經濟部」。

21.**D** 沒有講到「外幣、外匯」所以「匯率風險」不能選。

22.**A** 計算及通知要保人……：保險契約所約定。

23.**C**　24.**C**　25.**B**

26.**B** 逆差、順差：「行政院」送「立法院」追認。

27.**D**

28.**D** 保險業務要向主管機關或保發中心申報。

29.**A** 「報告」不選。

30.**A** 題目「歐元」……所以「美元」不能選。

31.**C** (2)投資資產，非各該投資型保險之受益人不得主張。
(4)投資型保險之會計處理依壽險公會訂定。

32.C　資產證券化商品「總額」：百
　　　分之二十。
　　　「每一」資產證券化商品：百
　　　分之一。

33.B

34.A　題目沒有說到保險，就是對一
　　　般人的規定，所以要選「資金
　　　所有者或需求者」。

35.C　人身保險業銷售以人民幣收付
　　　之非投資型人身。
　　　保險商品：應依主管機關規定
　　　之銷售限額辦理。

36.A

37.D　(2)正確為「投資型年金」，但
　　　　題目為「非投資型年金」。
　　　(4)正確為「外幣放款」，但題
　　　　目為「新臺幣放款」記：外
　　　　幣與「臺幣」不得互換，否
　　　　則就是匯兌了！

38.B　題目「再保」……就選「再保
　　　險人」。

39.D　除：「財政部（金管會）」就
　　　是掌理「行政主管機關」免結
　　　匯報運：財政部出入國境：報
　　　明「海關」結匯：銀行逆差、
　　　順差：行政院經立法院追認看
　　　到「格式」就選「保發中心」
　　　看到「大陸地區人民關係條
　　　例」就選「經濟部」其他就都

選：「中央銀行」（掌理「外
匯業務機關」）。

40.A

41.B　外幣……非投資型……：「要保
　　　人」「得約定幣別」，但臺幣與
　　　外幣間「不能」相互轉換。

42.C

43.B　不是受益人。

44.A　(1)應改為……保險合作社「不
　　　　得」經營非社員之業務。
　　　(2)應改為……財產保險業經主
　　　　管機關核准經營「傷害保
　　　　險」及健康保險者……。
　　　(1)(2)均錯誤，故選(A)。

45.A　每一：百分之五。

46.D　(D)正確應為：保險種類。

47.B　不得連結：
　　　(A)「新臺幣」利率指標。
　　　(B)「本國」……。
　　　(C)「國內」……。
　　　(D)「國內外私募」……。

48.C　「保險法」第146條之4沒有國
　　　外不動產。

49.A

50.D　「投資時已合法利用」並「產
　　　生利用效益者為限」，二者同
　　　時成立。

第五回

( )　1. 「外匯收支或交易申報辦法」第11條規定，申報義務人利用網際網路辦理新臺幣結匯申報，經查獲有申報不實情形者，其日後辦理新臺幣結匯申報事宜？　(A)應至金管會辦理　(B)應至銀行業櫃檯辦理　(C)應至中央銀行辦理　(D)結匯金額不得超過新臺幣50萬元。

( )　2. 「管理外匯條例」第17條規定，經自行提用、購入及核准結匯之外匯，如其原因消滅或變更，致全部或一部之外匯無須支付者，應依照中央銀行規定期限：　(A)存入指定銀行　(B)向中央銀行申報　(C)結售給指定銀行　(D)存入或售還　中央銀行或其指定銀行。

( )　3. 依保險業辦理國外投資管理辦法規定，保險業投資於股票、首次公開募集之股票、非本國企業發行之存託憑證、可轉換公司債及附認股權公司債之有價證券總額，不得超過該保險業：　(A)保險法第146條之4核定國外投資總額之百分之二十　(B)業主權益百分之四十　(C)保險法第146條之4核定國外投資總額之百分之四十　(D)業主權益百分之二十。

( )　4. 下列何項外匯收支或交易，申報義務人得於填妥申報書後，逕行辦理新臺幣結匯：　(1)團體每年累積結購金額八百萬美元之匯款　(2)團體每年累積結售金額四百萬美元之匯款　(3)個人每年累積結購金額六百萬美元之匯款　(4)個人每年累積結售金額三百萬美元之匯款　(A)(2)(4)　(B)(1)(2)　(C)(1)(4)　(D)(3)(4)。

( )　5. 依「管理外匯條例」第26-1條規定，國際貿易發生長期順差、外匯存底巨額累積或國際經濟發生重大變化時，行政院得決定停止第7、13及17條全部或部分條文之適用，嗣後要恢復前項條文全部或部分適用，應如何處理？　(A)由行政院逕予公告恢復實施　(B)由中央銀行公告恢復適用　(C)由行政院送立法院追認同意恢復適用　(D)由行政院送總統公告後恢復實施。

( )　6. 對沖基金之基金經理公司須以在經濟合作暨發展組織國家主管機關註冊者為限，且管理對沖基金歷史須滿二年以上，管理對沖基金之資產不得少於：　(A)美金三億元　(B)美金五億元　(C)美金一億元　(D)美金二億元　或等值外幣。

( )　7. 以外幣收付之非投資型年金保險，責任準備金提存方式，年金保險最低責任準備金之提存？　(A)以年金保單價值準備金全額提存　(B)以平衡準備金制為原則　(C)自動調整精算公式　(D)計算方法由公司自行訂定。

( )　8. 保險業投資於國外表彰基金之有價證券總額，不得超過其「保險法」第146條之4核定國外投資總額之？　(A)百分之四十　(B)百分之二十　(C)百分之五十　(D)百分之三十。

( )　9. 「人身保險業辦理以外幣收付之非投資型人身保險業務應具備資格條件及注意事項」第7點，有關送審以外幣收付之非投資型人身保險商品之規定，何者正確？　(1)依人身保險商品審查應注意事項檢附相關送審文件　(2)應於保單條款載明匯款費用負擔　(3)應於要保書載明各項交易之會計處理方式說明　(4)應檢附外幣資產負債配置具體計畫及執行方法　(A)(1)(2)　(B)(2)(4)　(C)(3)(4)　(D)(2)(3)。

( )　10. 壽險業辦理澳幣及歐元計價之非投資型人身保險商品相關業務時，仍應確實瞭解保戶未來有？　(1)外幣需求　(2)承受利率風險能力　(3)承受匯率風險能力　(4)承受市場風險能力　(A)(1)(3)　(B)(1)(2)　(C)(1)　(D)(1)(4)。

( )　11. 保險業符合下列哪些規定者，得向主管機關申請另行核給不計入保險法第146條之4第2項前段國外投資總額之額度：　(1)經國內外信用評等機構評定最近一年信用評等等級為AA－　(2)最近三年度自有資本與與風險資本之比率均達百分之二百五十以上　(3)最近一期自有資本與風險資本之比率達百分之二百以上　(4)由董事會每年訂定風險限額，並由風險管理委員會定期控管　(A)(3)(4)　(B)(1)(3)　(C)(2)(4)　(D)(1)(2)。

( )　12. 「保險業辦理外匯業務管理辦法」第15條規定，保險業銷售之投資型保險商品，如連結衍生性商品並涉及外匯者，其投資標的內容不得涉及之範圍，何者正確？　(1)本國貨幣市場之股價指標及利率指標　(2)相關主管機關限制者　(3)大陸貨幣市場之利率指標及股價指標　(4)外國貨幣市場之利率指標及匯率指標　(A)(1)(2)　(B)(3)(4)　(C)(1)　(D)(2)。

( ) 13. 下列何者為保險業資金得投資國外有價證券之種類： (1)結構型商品 (2)資產證券化 (3)國外政府機構發行之債券 (4)國際性組織所發行之債券 (A)(1)(2)(3) (B)(1)(3)(4) (C)(1)(2)(3)(4) (D)(2)(3)(4)。

( ) 14. 訂立投資型保險契約時，保險人與要保人？ (A)得約定保險費、保險給付、費用及其他款項收付之幣別，且不得於外幣間約定相互變換收付之幣別 (B)不得約定保險費、保險給付、費用及其他款項收付之幣別 (C)得約定保險費、保險給付、費用及其他款項收付之幣別，且得於新臺幣與外幣間約定相互變換收付之幣別 (D)得約定保險費、保險給付、費用及其他款項收付之幣別，且不得於新臺幣與外幣間約定相互變換收付之幣別。

( ) 15. 依「管理外匯條例」第19-1條規定，有下列哪些情事，行政院得決定並公告於一定期間內，採取關閉外匯市場、停止或限制全部或部分外匯之收付、命令將全部或部分外匯結售存入指定銀行、或為其他必要之處置： (1)國內經濟失調，有危及本國經濟穩定之虞 (2)國外經濟失調，有危及本國經濟穩定之虞 (3)本國國際收支發生嚴重逆差 (4)新臺幣匯率大幅波動，嚴重影響外匯市場的穩定 (A)(3)(4) (B)(1)(2) (C)(1)(2)(3) (D)(1)(2)(3)(4)。

( ) 16. 「保險法」第145條規定，保險業於營業年度屆滿時，應分別依： (A)繳費方式 (B)保險種類 (C)繳費期間 (D)保險期間 ，計算其應提存之各種責任準備金，記載於特設之帳簿。

( ) 17. 「保險業辦理外匯業務管理辦法」第11條第2項規定，保險業辦理外匯業務應確實依收付款項向： (A)財政部 (B)金管會 (C)銀行業 (D)中央銀行 辦理結匯，並將結匯明細資料留存以供查核。

( ) 18. 壽險公會所屬會員及業務員應揭露外幣收付非投資型人身保險所涉之下列何種風險，不得僅標榜本保險費率較新臺幣計價之保險商品費率低而為招攬手段，且不得將本保險與同業、銀行存款或其他金融商品之報酬做比較性廣告或以此為銷售訴求？ (A)利率風險 (B)信用風險 (C)流動性風險 (D)匯率風險。

( ) 19. 下列何者不是以外幣收付之非投資型年金保險，保險費的計算基礎？ (A)預定危險發生率 (B)預定死亡率 (C)預定附加費用率 (D)預定利率。

(　　) 20. 人身保險業辦理以外幣收付之非投資型人身保險業務，應由從事該等保險商品招攬、核保、理賠、精算、保全、法務及投資之業務單位：(A)按月　(B)每半年　(C)每年　(D)每季　辦理專案自行查核。

(　　) 21. 以外幣收付之非投資型人身保險，要保人繳交保險費時，因繳費方式不同可能產生？　(1)匯率差價　(2)匯款手續費　(3)郵電費　(4)其他費用　(A)(1)(2)　(B)(1)　(C)(1)(2)(3)　(D)(1)(2)(3)(4)。

(　　) 22. 保險業應對各項資產所產生之各種風險加以辨識、衡量、報告及監控；前項所稱各種風險至少應包括？　(1)市場風險　(2)信用風險　(3)流動性風險　(4)作業風險　(5)法律風險　(A)(2)(3)(4)　(B)(1)(2)(3)　(C)(1)(4)(5)　(D)(1)(2)(3)(4)(5)。

(　　) 23. 「投資型保險投資管理辦法」第14條規定，投資型保險之投資標的為境外基金者，係指？　(1)經主管機關核准　(2)申報生效　(3)經中央銀行核准　(4)依境外基金管理辦法規定；在國內募集及銷售之境外基金。但於國內、外證券交易市場交易之指數股票型基金，不在此限　(A)(1)(4)　(B)(1)(2)　(C)(1)(3)　(D)(2)(4)。

(　　) 24. 依據中央銀行法第35條第2項規定，銀行及其他事業申請辦理外匯業務應具備之條件、審查程序、核准指定、業務範圍、廢止指定及其他應遵行事項之辦法，由：　(A)財政部　(B)金管會會同中央銀行　(C)金管會　(D)中央銀行　定之。

(　　) 25. 下列何者不是保險業辦理國外投資之項目：
(A)依不動產證券化條例發行之不動產資產信託受益證券
(B)設立或投資國外保險公司、保險代理人公司、保險經紀人公司或其他經主管機關核准之保險相關事業
(C)國外不動產
(D)衍生性金融商品。

(　　) 26. 「保險業辦理國外投資管理辦法」第12條規定，保險業者須符合下列哪些條件，方得依本辦法從事以人民幣計價之各項資金運用：(1)已訂定經董事會通過之從事大陸地區投資相關交易處理程序及風險監控管理措施　(2)由董事會每年訂定外匯風險管理限額　(3)由風險管理委員會或風險管理部門定期控管者　(A)(1)(2)　(B)(1)(2)(3)　(C)(2)(3)　(D)(1)(3)。

( ) 27. 「投資型保險投資管理辦法」第23條第1項規定，全委投資型保險契約之要保人得向保險人申請轉換為不同投資方針之全委投資型保險契約，除因 (1)險種 (2)保險期間 (3)保險金額 (4)保險給付項目及條件，改變所致危險增加之情形外，保險人不得拒絕 (A)(1)(2)(3) (B)(1)(2)(4) (C)(1)(3)(4) (D)(2)(3)(4)。

( ) 28. 投資型保險商品連結之各種國內結構型商品，下列何者不是涉及大陸地區之商品或契約得連結之標的？
(A)以外幣計價之無本金交割之外幣對人民幣遠期外匯
(B)以人民幣計價之無本金交割之外幣對人民幣利率交換
(C)以外幣計價或交割之新臺幣對人民幣遠期外匯
(D)以人民幣交割之人民幣利率交換。

( ) 29. 「投資型保險投資管理辦法」第6條第2項規定，保險人應將專設帳簿之資產交由保管機構保管，並應向主管機關申報其所選任之保管機構，保管機構有變更者，應於變更後： (A)一週內 (B)一個月內 (C)十五個工作日內 (D)二個月內 向主管機關申報。

( ) 30. 依管理外匯條例第19-3規定，為配合聯合國決議國際合作有必要時，金管會會同中央銀行報請行政院核定後，得對危害國際安全之： (1)國家 (2)地區 (3)恐怖組織 (4)洗錢組織 (A)(2)(3) (B)(1)(4) (C)(1)(2)(3) (D)(2)(3)(4) 相關之個人、法人、團體、機關、機構於行業之帳戶、匯款、通貨或其他支付工具，未禁止提款、轉帳、付款、交付、轉讓或其他必要處置。依前項核定必要處置措施時，金管會應立即公告並於公告後10日內送立法院追認，如立法院不同意時，該處置措施應即失效。

( ) 31. 保險業經營以外幣收付之投資型保險業務及以外幣收付之投資型年金保險，於年金累積期間屆滿時轉換為一般帳簿之即期年金保險，約定以新臺幣給付年金者，須分別經何者之許可？
(A)中央銀行
(B)金管會
(C)中華民國人壽保險商業同業公會
(D)財團法人保險事業發展中心。

( ) 32. 「保險法」第138條第4項規定,保險業辦理經主管機關核准辦理其他與保險有關之外匯業務,須經: (A)中央銀行 (B)金管會保險局 (C)金管會檢查局 (D)財政部 之許可。

( ) 33. 保險業投資特定目的不動產投資事業,該事業之各項收入,除預留必要之營運資金外,應於每年結算並經會計師簽證後幾個月內匯回母公司? (A)12個月 (B)2個月 (C)6個月 (D)3個月。

( ) 34. 保險業申請提高國外投資總額超過其資金百分之四十者,除符合「保險業辦理國外投資管理辦法」第,5條第4項第4款規定外,尚須符合下列那些規定? (1)經國外信用評等機構評定最近一年信用評等等級為AA＋級 (2)最近一年度自有資本與風險資本之比率達250%以上,且最近三年度平均比率達250%以上 (3)設有內部風險模型以量化公司整體風險 (4)當年度未取得其他提高國外投資總額核准 (A)(1)(2)(4) (B)(1)(2)(3)(4) (C)(1)(2)(3) (D)(1)(3)(4)。

( ) 35. 壽險業辦理澳幣計價之非投資型人身保險商品相關業務,請確實依據: (1)「保險業辦理外匯業務管理辦法」 (2)「人身保險業辦理以外幣收付之非投資型人身保險業務應具備資格條件及注意事項」 (3)人身保險業美元外幣保單新契約責任準備金利率自動調整精算公式 (4)人身保險業澳幣外幣保單新契約責任準備金利率自動調整精算公式 (A)(1)(4) (B)(1)(2) (C)(3)(4) (D)(1)(2)(4) 等規定辦理,且注意不得涉及外匯匯兌業務。

( ) 36. 保險業憑依其規模、業務性質及組織特性,由董事會授權高階主管人員負責投資政策之? (A)管理 (B)規劃 (C)規劃、管理及執行 (D)執行。

( ) 37. 養老保險就是將: (A)定期保險及生存保險 (B)終身保險及死亡保險 (C)終身保險及生存保險 (D)定期保險及死亡保險 結合在一起的保險。

( ) 38. 下例何者不是申報義務人應於檢附所填申報書及相關證明文件,經由銀行業向中央銀行申請核准後,始得辦理新臺結匯之外匯收支或交易? (A)未滿二十歲領有中華民國國民身分證,每筆結匯金額達新臺五十萬元以上之匯款 (B)公司每筆結匯金額達一百達美元以上之

匯款 (C)個人每年累積結構金超過五百萬美元之必要性匯款 (D)公司每年累積結構金額 超過五千萬美元之必要性匯款。

( ) 39. 「投資型保險投資管理辦法」第10條第1項規定，投資型保險契約所提供連結之投資標的及專設帳簿資產之運用，除要保人以保險契約約定委任保險人全權決定運用標的者外，以下列哪些為限： (1)證券投資信託基金受益憑證 (2)股票 (3)境外基金 (4)共同信託基金受益證券 (A)(1)(3)(4) (B)(2)(3)(4) (C)(1)(2)(3) (D)(1)(2)(3)(4)。

( ) 40. 保險業申請辦理保險業辦理外匯業務管理辦法第3條外匯業務時，應檢附哪些書件？ (1)重要事項告知書 (2)外幣自有資金證明文件 (3)營業計畫書 (4)外國人壽保險公司在我國境內設立之分支機構授權書 (5)金管會核准辦理各該業務之證明文件 (A)(1)(3)(4)(5) (B)(2)(4)(5) (C)(1)(2)(5) (D)(1)(3)(5)。

( ) 41. 「保險業辦理外匯業務管理辦法」第9條規定，保險業經辦各項外匯業務，有下列何種情事者，中央銀行得按其情節輕重，廢止或撤銷許可外匯業務之一部或全部： (A)經金管會限期改正，屆期仍未改正 (B)違反保險法其他規定且情節重大 (C)發給許可函後五個月未開辦者 (D)經中央銀行許可辦理各項外匯業務後，發覺原申請事項有虛偽情事，且情節重大者。

( ) 42. 金管會已開放哪幾種外幣計價之非投資型人身保險商品？ (1)美元 (2)澳幣 (3)歐元 (4)人民幣 (A)(1)(2)(3)(4) (B)(1)(3) (C)(1)(2)(3) (D)(1)。

( ) 43. 假設被保險人20歲，要保人每次繳交保險費時，投資型人壽保險死亡給付對保單帳戶價值之比率不得低於？ (A)130% (B)120% (C)115% (D)101%。

( ) 44. 壽險業者辦理國外投資，可在金管會核定投資比率範圍內，以下列方式匯出資金： (A)利用要保人每年結匯額度 (B)經由金融機構辦理之特定金錢信託投資國外，利用信託業者的每年結匯額度 (C)由業者向金管會專案申請核准匯出所需資金，自行投資國外 (D)由業者向中央銀行專案申請核准匯出所需資金，自行投資國外。

( ) 45. 人身保險業國外投資部分已採用計算風險值評估風險,所稱之風險
值,係指按週為基礎、樣本期間至少三年,或按日為基礎、樣本期間
至少一年,樣本之資料至少每隔多久更新一次,以至少百分之九十九
的信賴水準計算十個交易日之風險值,且須每月進行回溯測試?
(A)每季 　　　　　　　　　(B)每月
(C)每週 　　　　　　　　　(D)每日。

( ) 46. 保險人應確實建立投資標的發行、保證或經理機構之信用風險評估機
制及分散原則,並應依「投資型保險投資管理辦法」第9條第2項規
定訂定投資標的: 　(1)發行 　(2)保證 　(3)保管 　(4)經理 　(A)(1)(2)
(B)(1)(3) 　(C)(1)(4) 　(D)(1)(2)(4) 　機構破產之緊急應變及追償作業
程序。

( ) 47. 保險法第13條第1項規定,保險分為?
(A)傷害保險及人身保險
(B)財產保險及健康保險
(C)財產保險及人身保險
(D)財產保險及人壽保險。

( ) 48. 「保險業辦理國外投資管理辦法」所稱國內信用評等機構,指?
(1)中華信用評等股份有限公司 　(2)穆迪信用評等股份有限公司
(3)標準普爾信用評等股份有限公司 　(4)惠譽國際信用評等股份有限
公司臺灣分公司 　(A)(1)(2) 　(B)(1)(4) 　(C)(2)(3) 　(D)(3)(4)。

( ) 49. 投資型保險商品所連結投資標的為公司債之國內機構發行者,發行
機構或保證機構之長期債務信用評等,應符合惠譽國際信用評等股
份有限公司臺灣分公司評等達: 　(A)AA（twn） 　(B)A－（twn）
(C)A（twn） 　(D)BBB＋（twn） 　等級以上。

( ) 50. 要保人購買以外幣收付之非投資型人身保險的目的為多元資產配置,
且符合哪些情況,為本保險適合的銷售對象? 　(1)目前有國外股票
(2)過去曾購買以新臺幣計價之各類投資工具 　(3)目前持有外匯存
款 　(4)目前有外國股票 　(A)(1)(3)(4) 　(B)(1)(2)(3)(4) 　(C)(2)(3)(4)
(D)(1)(2)。

解答與解析

1.**B**　網路申報不實……未來「應至銀行業櫃檯辦理」。

2.**D**　原因消滅：存入或售還中央銀行或其指定銀行。

3.**C**　題目「……證券總額，不得……」：40%。

4.**A**　(1)可以逕行辦理結匯：
　　　　公司、行號：每年5,000萬以內。
　　　　團體、個人：每年500萬以內（每年金額超過上述，需透過銀行，向央行申請核准後才能結匯。）
　　　　(2)若每筆金額超過下列內容，需「經銀行確認後，結匯：」
　　　　公司、行號：每筆100萬以上。
　　　　團體、個人：每筆50萬以上。

5.**C**　逆差、順差：「行政院」送「立法院」追認。

6.**D**

7.**B**　年金保險的責任準備金提存，以平衡準備金制為原則。

8.**A**　表彰基金總額：40%。

9.**B**　人身保險業送審該等保險商品時：
　　　　(1)依保險商品銷售前程序作業準則等規定檢附相關送審文件。
　　　　(2)檢附該等保險商品各項交易之會計處理方式說明、外幣資產負債配置具體計畫及執行方法，及外幣資產區隔之方式。

　　　　(3)應於要保書及保單條款載明保險費收取方式、匯款費用之負擔及匯率風險揭露等相關事宜。

10.**A**　「外幣」就想到「匯率」。

11.**A**

12.**D**　(1)股價指標要改成匯率指標。
　　　　(3)(4)正確應該是本國。
　　　　不得涉及：主管機關限制者。

13.**D**

14.**D**　投資型……「要保人」「得約定幣別」，但臺幣與外幣間「不能」相互轉換。

15.**C**

16.**B**　應分別「保險種類」，計算其應提存之各種「責任準備金」記載於特設之帳簿。

17.**C**　結匯：銀行

18.**D**　「外幣」就想到「匯率」。

19.**B**　年金……「生存」時給錢，所以「死亡率」不選。

20.**D**　每季：專案自行查核。

21.**D**　全選。

22.**D**　全選。

23.**B**　境外基金：「主管機關核准」、「申報生效」即可。
　　　　沒有說是外幣，所以「不需」「中央銀行核准」。

24.**D**　外匯業務一定是中央銀行。
　　　　行政事務才是財政部。

25.**A**　保險業辦理國外投資沒有「依不動產證券化……」。

26.**B**　全選。

27.**A**　答案沒有：保險給付項目及條件。

28.**C**　「不是」……「得連結」之標的：(C)……「新臺幣」……。

29.**C**　工作日：十五個。

30.**C**　洗錢組織不會危害到安全。

31.**A**　看到外幣就是要選中央銀行。

32.**A**　外匯：中央銀行。

33.**C**　不動產……6個月。

34.**B**　全選。

35.**D**　題目問澳幣(3)美元不選。

36.**C**

37.**A**　「養老保險」就是希望「生存或死亡」有錢可領，又稱「生死合險」。

38.**B**

39.**A**　除－全權，就是非全委。

40.**D**　(2)外幣自有資金證明文件：不需要。
　　　(4)外國人壽保險公司：是「總公司」授權書，才對。

41.**D**　廢止：核准後，因某些原因撤銷核准：
　　　(A)正確為：經「中央銀行」限期改正，屆期仍未改正。
　　　(B)正確為：違法「保險業辦理外匯業務管理辦法」……（題目）。
　　　(C)正確為：發給許可函後「六個月」內未開辦者。

42.**A**　外幣計價之非投資型人身保險商品：美、歐、澳、人

43.**A**　40歲以下：130%
　　　41～70歲：115%
　　　71歲以上：101%

44.**D**　「壽險業」者辦理國外投資……當然用「壽險業」的額度、特定金錢信託、向央行專案申請。

45.**C**　46.**C**　47.**C**　48.**B**

49.**A**　國內機構：AA。

50.**A**　外幣……所以只需「新臺幣」的不能選。

第六回

(　) 1. 保險業投資於下列何項之投資總額,合計不得超過該保險業可運用資金5%:　(1)經國外信用評等機構評定為BBB＋級至BB＋級或相當等級之公司所發行或保證之可轉換公司債及附認股權證公司債　(2)對沖基金、私募基金、基礎建設基金及商品基金　(3)資產池個別資產之信用評等等級經國外信用評等機構評定未達BBB－級之抵押債務債券　(4)資產池採槓桿融資架構　(A)(1)(2)(3)　(B)(3)(4)　(C)(2)(3)(4)　(D)(1)(2)(3)(4)。

(　) 2. 人身保險業送審以外幣收付之非投資型人身保險商品時,除應依保險商品銷售前程序作業準則等規定檢附相關送審文件外,應併檢附下列哪些文件:　(1)以外幣收付之非投資型人身保險商品各項交易之會計處理方式說明　(2)外幣收付之非投資型人身保險內部控制執行方法與稽核原則　(3)外幣資產負債配置具體計畫及執行方法　(4)外幣資產區隔之方式　(A)(1)(2)(3)　(B)(1)(3)(4)　(C)(1)(2)(3)(4)　(D)(2)(3)(4)。

(　) 3. 保險業投資於國外表彰基金之有價證券,其投資於　(1)對沖基金　(2)私募基金　(3)基礎建設基金　(4)商品基金;之投資總額不得超過該保險業可運用資金之百分之二,且其單一基金投資總額不得超過該基金已發行總額百分之十　(A)(1)(2)　(B)(2)(3)　(C)(3)(4)　(D)(1)(3)。

(　) 4. 依保險法第123條規定,保險人破產時,受益人對於保險人得請求之保險金額之債權,以其:　(A)責任準備金　(B)解約金　(C)保單帳戶價值　(D)保單價值準備金　按訂約時之保險費率比例計算之。

(　) 5. 投資型保險是一種結合:　(A)存款與投資　(B)存款、保險與投資　(C)存款與保險　(D)保險與投資功能　的商品,基本性質仍為保險商品,受保險法規的規範。

(　) 6. 「投資型保險投資管理辦法」第4條規定,保險人經營投資型保險業務應專設帳簿之敘述,何者正確?　(1)專設帳簿應記載投資資產之價值　(2)專設帳簿之資產,應與保險人之其他資產分開設置,並共同管理　(3)專設帳簿資產之運用,應與保險人指定之投資方式及

投資標的相符　(4)依壽險公會報經主管機關備查之人壽保險業會計制度範本，定期對專設帳簿之資產加以評價　(A)(2)(3)　(B)(1)(2)　(C)(1)(4)　(D)(1)(2)(3)(4)。

( )　7. 「投資型保險投資管理辦法」第18條第3項規定，以外幣收付之投資型保險契約，其專設帳簿資產，以投資：　(A)外幣　(B)新臺幣　(C)美元　(D)歐元　計價之投資標的為限。

( )　8. 為配合金管會開放以外幣收付之健康保險業務，以外幣收付之非投資型人身保險客戶適合度調查評估表，增訂下列哪一個目的之問項，評估是否為適合的銷售對象？　(A)多元資產配置　(B)養老生活資金準備　(C)海外醫療準備　(D)遺族生活資金準備。

( )　9. 「保險業辦理外匯業務管理辦法」第11條之敘述，何者正確？　(1)中央銀行得要求保險業報送外匯業務相關報表　(2)保險業辦理外匯業務應確實依收付款項向中央銀行辦理結匯　(3)保險業應確保報表之完整與真實　(4)保險業應留存結匯明細資料供查核　(A)(1)(3)(4)　(B)(1)(2)(3)(4)　(C)(1)(2)(3)　(D)(2)(3)(4)。

( )　10. 年金累積期間，保險公司依據要保人交付之保險費減去附加費用後，依宣告利率計算年金保單價值準備金，年金開始給付時，依年金保單價值準備金，計算年金金額，稱為？　(A)變額保險　(B)利率變動型年金保險　(C)萬能保險　(D)年金保險。

( )　11. 壽險業者辦理國外投資，可在金管會核定投資比率範圍內，以下列哪個方式匯出資金？　(A)利用要保人每年結匯額度　(B)利用信託業的額度　(C)由業者向金管會專案申請核准匯出所需資金，自行投資國外　(D)經由金融機構辦理之特定金錢信託投資國外。

( )　12. 「投資型保險投資管理辦法」第23條第2項規定，保險人受理契約轉換之申請，應訂定契約轉換及紛爭調處辦法並公告之；如有收取契約轉換費用者，保險人？　(A)應於十日前內通知要保人　(B)於受理轉換申請時，應事先告知要保人　(C)應以不低於六十日之期間內通知要保人　(D)以公告方式通知要保人。

( )　13. 壽險業辦理澳幣及歐元計價之非投資型人身保險商品相關業務時，仍應確實瞭解保戶未來有？　(1)外幣需求　(2)承受利率風險能力

(3)承受匯率風險能力 (4)承受市場風險能力 (A)(1)(3) (B)(1)(2) (C)(1) (D)(1)(4)。

( ) 14. 「保險業辦理國外投資管理辦法」規定，保險業投資經國外信用評等機構評定為BBB級或相當等級每一公司發行或保證之公司債、非本國企業發行可轉換公司債及附認股權公司債之總額，不得超過該保險業？ (A)業主權益百分之十 (B)業主權益百分之二十 (C)經核定國外投資總額之百分之二十 (D)經核定國外投資總額之百分之十。

( ) 15. 依「保險業資產管理自律規範」第6條規定，保險業訂立之投資管理流程，在分析、衡量及控制投資結果與風險，其內容應包括？ (1)建立風險管理機制 (2)建立相關人員適當投資溝通機制 (3)建立長期風險報酬 (4)建立投資政策與流程合理性之內部檢視機制 (5)建立投資有價證券分析、決定、執行及檢討之四大流程。 (A)(2)(3)(5) (B)(1)(4) (C)(1)(2)(4) (D)(1)(4)(5)。

( ) 16. 投資型保險商品連結之各種國內結構型商品，其到期保本率至少為原計價貨幣本金（或其等值）之多少，且不得含有目標贖回式設計及發行機構得提前贖回之選擇權？ (A)百分之九十 (B)百分之七十 (C)百分之一百 (D)百分之八十。

( ) 17. 新臺幣五十萬元以上之等值外匯收支或交易，故意不為申報或申報不實者，依「管理外匯條例」第20條第1項規定？
(A)處新臺幣五萬元以上八十萬元以下罰鍰
(B)處新臺幣一萬元以上二十萬元以下罰鍰
(C)處新臺幣三萬元以上六十萬元以下罰鍰
(D)處新臺幣二萬元以上五十萬元以下罰鍰。

( ) 18. 凡以外幣收付非投資型人身保險相關款項之收付均外幣收付，匯率風險由： (A)被保險人 (B)保險人 (C)要保人及保險人 (D)要保人或受益人 負擔。

( ) 19. 保險業資金得投資之國外住宅不動產抵押貸款債券，其資產池之債權平均信用評等分數須達： (A)五百分 (B)六百八十分 (C)八百分 (D)五百五十分 以上。

( )　20. 「投資型保險投資管理辦法」第7條規定，投資型保險之投資方式或標的之變更，須？　(A)依主管機關規定行之　(B)依法令規定及保險契約之約定行之　(C)依保險契約之約定行之　(D)依要保人指定之方式行之。

( )　21. 以外幣收付之非投資型保險，其對應之國外投資資產不得進行下列何者兌換：　(A)將美元國外投資資產兌換為新臺幣資產　(B)將美元國外投資資產兌換為歐元資產　(C)將歐元國外投資資產兌換為英鎊資產　(D)將英鎊國外投資資產兌換為美元資產。

( )　22. 「投資型保險投資管理辦法」第11條第1項規定，保險人接受要保人以保險契約委任全權決定運用標的者，其運用範圍以下列哪些為限：　(1)臺灣存託憑證　(2)證券相關商品　(3)公開發行之公司股票　(4)衍生性金融商品　(A)(1)(3)(4)　(B)(2)(3)(4)　(C)(1)(2)(3)　(D)(1)(2)(4)。

( )　23. 假設被保險人30歲，要保人投保投資型人壽保險時，依現行規定死亡給付對保單帳戶價值的比例不得低於？　(A)百分之一百零一　(B)百分之一百十五　(C)百分之一百六十　(D)百分之一百九十。

( )　24. 下列何者為「保險業辦理外匯業務管理辦法」第3條規定，保險業不得辦理之外匯業務：　(A)匯兌業務　(B)以外幣收付之人身保險業務　(C)財富管理業務涉及外匯業務之經營者　(D)其他經中央銀行許可辦理之外匯業務。

( )　25. 「管理外匯條例」第23條規定，應追繳之外匯，不以外匯歸還者？　(A)處一年以下有期徒刑　(B)處三年以下有期徒刑　(C)科以相當於應追繳外匯金額以下之罰鍰　(D)處新臺幣三百萬元以下罰鍰。

( )　26. 依「管理外匯條例」第18條規定，中央銀行應將外匯之買賣、結存、結欠及對外保證責任額，按期彙報？　(A)總統府　(B)行政院　(C)金管會　(D)交通部。

( )　27. 「外匯收支或交易申報辦法」第6條規定，行號每年累積結購或結售金額超過？　(A)五百萬美元　(B)一百萬美元　(C)五千萬美元　(D)一千萬美元之必要性匯款，申報義務人應於檢附所填申報書及相關證明文件，經由銀行業向中央銀行申報核准後，始得辦理新臺幣結匯。

( ) 28. 「保險業辦理國外投資管理辦法」第15條第2項規定,保險業訂定國外投資相關交易處理程序應包括? (1)制定整體性投資政策 (2)書面分析報告之製作 (3)交付執行之紀錄 (4)檢討報告之提交 (A)(1)(3)(4) (B)(1)(2)(3) (C)(2)(3)(4) (D)(1)(2)(3)(4) 等,其相關資料應至少保存五年。

( ) 29. 保險業訂立之投資管理流程,其內容應包括: (1)制定整體性投資政策 (2)設置並授權相關單位執行投資政策 (3)分析、衡量及控制投資結果與風險 (4)投資執行報告 (5)建立內部股權投資人員利益衝突防範機制 (A)(1)(2)(5) (B)(1)(2)(3)(5) (C)(3)(4)(5) (D)(1)(2)(3)(4)(5)。

( ) 30. 「外匯收支或交易申報辦法」申報原則? (A)採自願申報原則 (B)採大額申報制 (C)採強制申報制 (D)採誠實申報制。

( ) 31. 依「外匯收支或交易申報辦法」第2條規定,申報義務人辦理新臺幣結匯申報時,應依據外匯收支或交易有關合約等證明文件,誠實填妥「外匯收支或交易申報書」? (A)經由銀行業向金管會申報 (B)由申報義務人向銀行業申報 (C)經由銀行業向中央銀行申報 (D)由申報義務人向中央銀行申報。

( ) 32. 保險業辦理國外投資項目,所稱國外表彰基金之有價證券種類不包括? (A)對沖基金 (B)不動產投資信託基金 (C)避險基金 (D)私募股權基金。

( ) 33. 以美元收付之非投資型人身保險契約與: (A)美元收付之投資型保險契約 (B)新臺幣收付之非投資型保險契約 (C)新臺幣收付之投資型保險契約 (D)歐元收付之非投資型人身保險契約 ,得辦理契約轉換。

( ) 34. 「管理外匯條例」第5條規定,指定銀行辦理外匯業務,並督導之,由: (A)掌理外匯業務機關 (B)管理外匯之行政主管機關 (C)金管會 (D)經濟部 辦理。

( ) 35. 依「投資型保險投資管理辦法」第18條第3項之規定,以外幣收付之投資型保險契約,保險人應與要保人事先約定收付方式,且以? (A)親赴保險業櫃檯辦理 (B)新臺幣存款戶存撥之 (C)外匯款戶存撥之 (D)由業務員前往收取,但依第1項但書規定辦理以新臺幣給付年金者不在此限。

( ) 36. 下列何者為「保險業辦理外匯業務管理辦法」第3條規定，保險業得辦理之外匯業務？ (A)外匯存款業務 (B)財產保險業務涉及外匯業務之經營者 (C)財富管理業務涉及外匯業務之經營者 (D)匯兌業務。

( ) 37. 保險業及特定目的不動產投資事業取得其投資之國外及大陸地區不動產後應於公司網站揭露哪些事項？ (1)國外及大陸地區不動產所在地 (2)市場公平價值之相關證明資料 (3)權屬狀況、面積及使用情形 (A)(1)(2)(3) (B)(1)(3) (C)(1)(2) (D)(2)(3)。

( ) 38. 人身保險業可辦理以何種幣別收付之非投資型健康保險業務？ (1)美元 (2)歐元 (3)澳幣 (4)人民幣 (A)(1)(2)(3)(4) (B)(1) (C)(1)(2)(3) (D)(1)(2)。

( ) 39. 「保險法」第119條規定，要保人終止保險契約，而保險費已付足1年以上者 (1)保險人應接到通知後1個半月內償付解約金 (2)償付解約金之條件及金額，應載明於保險契約 (3)解約金之金額不得少於要保人應得保單價值準備金之四分之三 (4)解約金之金額不得少於受益人應得保單帳戶價值之四分之三，以上敘述何者不正確？ (A)(2)(3) (B)(1)(2)(4) (C)(1)(2)(3) (D)(1)(4)。

( ) 40. 下列何者為保險業辦理國外投資之項目： (1)經行政院核定為配合政府經濟發展政策之經建計畫重大投資案 (2)衍生性金融商品 (3)國外不動產 (4)依不動產證券化條例發行之不動產投資信託受益證券 (A)(1)(3)(4) (B)(1)(2)(3)(4) (C)(2)(3)(4) (D)(1)(2)(3)。

( ) 41. 下列何項外匯收支或交易，申報義務人得於填妥申報書後，逕行辦理新臺幣結匯： (1)公司 (2)行號 (3)團體 (4)個人 出口貨品之匯款 (A)(1)(2) (B)(1)(2)(3)(4) (C)(1)(2)(3) (D)(1)(3)。

( ) 42. 「投資型保險投資管理辦法」第5條第1項第1款規定，保險人運用與管理專設帳簿資產之方式，保險人應指派具有： (1)金融 (2)證券 (3)保險 (4)其他投資業務經驗之專業人員運用與管理專設帳簿之資產 (A)(1)(2)(4) (B)(2)(3)(4) (C)(1)(3)(4) (D)(1)(2)(3)。

( ) 43. 「外匯收支或交易申報辦法」第15條規定，申報義務人因下列哪種行為應「管理外匯條例」第20條第1項規定受罰： (1)故意不為申報 (2)申報不實 (3)受查詢而未於限期內提出說明 (4)為虛偽說明 (A)(1)(2)(3)(4) (B)(1)(2)(4) (C)(3)(4) (D)(1)(2)。

( ) 44. 依「管理外匯條例」第9條規定，出境之本國人及外國人，每人攜帶外幣總值之限額，由：　(A)中央銀行　(B)海關　(C)金管會　(D)財政部　以命令定之。

( ) 45. 依「保險業辦理國外投管理辦法」第15條規定，所稱計算風險值，指：　(1)按日為基礎、樣本期間至少一年　(2)按週為基礎、樣本期間至少三年　(3)按月為基礎、樣本期間至少三年　(4)按半年為基礎、樣本期間至少五年　(A)(1)(2)　(B)(1)(3)　(C)(3)(4)　(D)(2)(3)　樣本之資料至少每週更新一次，以至少百分之九十九的信賴水準計算十個交易日之風險值，且須每月進行回溯測試。

( ) 46. 「保險業辦理外匯業務管理辦法」第9條規定，保險業經辦各項外匯業務，有下列何種情事者，中央銀行得按其情節輕重，廢止或撤銷許可外匯業務之一部或全部：　(A)違反保險法其他規定且情節重大　(B)其他事實足認為有礙業務健全經營或未能符合金融政策要求之虞者　(C)發給許可函後五個月未開辦者　(D)經金管會許可辦理各項保險業務後，發覺原申請事項有虛偽情事，且情節重大者。

( ) 47. 依「保險業辦理外匯業務管理辦法」第5條規定，保險業申請辦理外匯業務除本辦法另有規定者外，應由：　(A)區域總部　(B)在我國境內設立之分支機構　(C)總機構　(D)保險業負責人　備文，檢附第6條規定書件向中央銀行申請許可。

( ) 48. 「投資型保險投資管理辦法」第11條第1項規定，保險人接受要保人以保險契約委任全權決定標的者，其運用範圍以下列哪些為限？　(1)臺灣存託憑證　(2)依資產證券化條例發行之受益證券或資產基礎證券　(3)衍生性金融商品　(4)依不動產證券化條例發行之不動產資產信託受益證券及不動產投資信託受益證券　(A)(1)(3)(4)　(B)(1)(2)(3)　(C)(1)(2)(4)　(D)(2)(3)(4)。

( ) 49. 「投資型保險投資管理辦法」第14條規定，有關投資型保險之投資標的之敘述，何者正確？　(1)為境外基金者，係經主管機關核准在國外募集之境外基金　(2)為共同信託基金受益證券者，應經主管機關核准　(3)為結構型商品者，係指結合保險與衍生性金融商品之組合型式商品　(4)為證券投資信託基金受益憑證者，應為申報生效得募集發行之證券投資信託基金受益憑證　(A)(1)(2)(3)(4)　(B)(1)(3)(4)　(C)(2)(4)　(D)(1)(3)。

( ) | 50. 壽險業辦理澳幣計價之非投資型人身保險商品相關業務，請確實依據？ (1)「保險業辦理外匯業務管理辦法」 (2)「人身保險業辦理以外幣收付之非投資型人身保險業務應具備資格條件及注意事項」 (3)人身保險業美元外幣保單新契約責任準備金利率自動調整精算公式 (4)人身保險業澳幣外幣保單新契約責任準備金利率自動調整精算公式 (A)(1)(4) (B)(1)(2) (C)(3)(4) (D)(1)(2)(4)等規定辦理，且注意不得涉及外匯匯兌業務。

解答與解析

1.**D**

2.**B** 檢附文件：
會計處理方式說明。
外幣資產負債配置具體計畫及執行方法及外幣資產區隔之方式。

3.**A** 　4.**D**

5.**D** 「投資型保險」結合「保險與投資」功能的商品。

6.**C**

7.**A** 以「外幣」收付之投資型保險契約……選「外幣」計價之投資標的為限，沒有特別提到幣別。

8.**C** 健康保險……就是「醫療」。

9.**A** (2)是錯的，因為「結匯」是跟「銀行」辦理才對。

10.**B** 　11.**D**

12.**B** 要收前必須當場告知。

13.**A** 　14.**A**

15.**D** (2)正確應為：建立相關人員適當且即時之投資溝通機制。

16.**C** 保本：100%

17.**C** 　18.**D** 　19.**B**

20.**B** 投資方式或標的之變更：依法令規定及保險契約之約定。

21.**A** 外幣……不能兌換成「新臺幣」。

22.**C**

23.**D** 被保險人年齡死亡給付與保單帳戶價值比率
15足歲～30歲以下190%
31歲～40歲160%
41歲～50歲140%
51歲～60歲120%
61歲～70歲110%
71歲～90歲102%
91歲以上100%

24.**A** 人身保險公司沒有辦理：匯兌、存款而財產保險業務，以金管會所訂之業務範圍為限。

25.**C** 看到「追繳」就選「追繳」。

26.**C** 彙報金融相關主管機關。

27.**C**

28.**C** 「報告」二字在中間，要選。

29.**B**

30.**D** 現在採「採誠實申報制」。

31.**C** 結匯：銀行辦理，所以當然是「透過銀行，向央行申報」。

32.**C** 看到「避險」就是錯的。

33.**A** 「美元」則選「美元」。

34.**A** 「中央銀行」就是掌理「外匯業務機關」。

35.**C** (A)(B)(D)都不可以，只能以存款戶。

36.**C** 保險業得辦理之外匯業務需與保險有關皆可。
(A)(C)單純外匯與匯兌不行。
(B)財產保險要改成財富管理。

37.**A** 全選。

38.**A** 外幣計價之非投資型人身保險商品：美、歐、澳、人。

39.**D** 解約金（保單現金價值）：1個月內償付、不低於保單價值準備金四分之三。（保單現金價值與保單價值準備金不一樣）。

40.**D** 保險業辦理國外投資沒有「依不動產證券化……」。

41.**B** 此類型題目，都是「全選」。

42.**A** 運用與管理專設帳簿資產係屬投資事項，所以要選與投資有關的。

43.**A** 全選。

44.**C**　45.**A**

46.**B** (A)應改為違反「保險業辦理外匯業務管理辦法」……。

(C)應改為發給許可函後「六個月」內未開辦者。
(D)應改為經「中央銀行」許可辦理各項外匯業務後，發覺……重大者。

47.**C** 外國保險業由分支機構備文申請。

48.**C** 非全委：不能選「臺灣存託憑證」、股票。
全委：就要選「臺灣存託憑證」、股票。
全委、非全委：都不能選「衍生性商品」。
此題為「全委」所以「(1)臺灣存託憑證」：要選。
「(3)衍生性金融商品」：不能選。

49.**C** 境外基金：
「主管機關核准」、「申報生效」、「國內募集」。
結構型商品：固定收益商品（債券）＋衍生性（選擇權）。

50.**D** 題目「澳幣」……所以「美元」不能選。

信託業務｜銀行內控｜
初階授信｜初階外匯｜
理財規劃｜保險人員推薦用書

千華出品
有口皆碑

2F011091	圖解速成防制洗錢與打擊資恐法令與實務	金永瑩	390元
2F021101	初階外匯人員專業測驗重點整理+模擬試題	蘇育群	450元
2F031091	債權委外催收人員專業能力測驗重點整理+模擬試題	王文宏 邱雯瑄	470元
2F041101	外幣保單證照 7日速成	陳宣仲	430元
2F051091	無形資產評價師(初級、中級)能力鑑定速成	陳善	390元
2F061091	證券商高級業務員(重點整理+試題演練)	蘇育群	610元
2F071091	證券商業務員(重點整理+試題演練)	金永瑩	590元
2F081101	金融科技力知識檢定(重點整理+模擬試題)	李宗翰	390元

2F091101	風險管理基本能力測驗一次過關	金善英	470元
2F101101	理財規劃人員專業證照10日速成	楊昊軒	350元
2F111101	外匯交易專業能力測驗一次過關	蘇育群	390元
2F141101	防制洗錢與打擊資恐(重點整理+試題演練)	成琳	450元
2F151101	金融科技力知識檢定主題式題庫(含歷年試題解析)	黃秋樺	390元
2F621101	信託業務專業測驗考前猜題及歷屆試題	龍田	560元
2F791101	圖解式金融市場常識與職業道德	金融編輯小組	370元
2F811101	銀行內部控制與內部稽核測驗焦點速成+歷屆試題	薛常湧	490元
2F851101	信託業務人員專業測驗一次過關	蔡季霖	650元
2F861101	衍生性金融商品銷售人員資格測驗一次過關	可樂	近期出版
2F881091	理財規劃人員專業能力測驗一次過關	可樂	530元
2F901101	初階授信人員專業能力測驗重點整理+歷年試題解析二合一過關寶典	艾帕斯	470元
2F911101	投信投顧相關法規(含自律規範)重點統整+歷年試題解析二合一過關寶典	陳怡如	470元
2F951101	財產保險業務員資格測驗(重點整理+試題演練)	楊昊軒	490元
2F961081	投資型保險商品第一科(含投資型保險商品概要、金融體系概述)	周大宇	330元
2F981091	投資型保險商品第二科(含投資學概要、債券與證券之評價分析、投資組合)重點整理+試題演練	陳宜	360元
2F991081	企業內部控制基本能力測驗(重點統整+歷年試題)	高瀅	450元

千華數位文化股份有限公司

■新北市中和區中山路三段136巷10弄17號　■千華公職資訊網 http://www.chienhua.com.tw
■TEL: 02-22289070　FAX: 02-22289076

挑戰職涯發展的無限可能！

千華公職資訊網

就業證照
食品品保、保健食品、會計事務、國貿業務、門市服務、就業服務

公職考試
高普考、初等考試、鐵路特考、一般警察、警察特考、司法特考、稅務特考、海巡、關務、移民特考

專技證照
導遊、領隊、驗光人員、職業安全、職業衛生人員、食品技師、記帳士、地政士、不動產經紀人、消防設備士/師

教職考試
教師檢定、教師甄試主任校長甄試

國民營考試
中華郵政、中油、台電、台灣菸酒、捷運招考、經濟部聯招、台水、全國農會

銀行招考 金融基測
臺灣銀行、土地銀行、合作金庫、兆豐銀行、第一銀行、台灣中小企銀、彰化銀行

金融證照 金融基測
外匯人員、授信人員、衍生性金融產品、防制洗錢與打擊資恐、理財規劃、信託業務、內控內稽、金融科技力檢定

其他
警專入學考、國軍人才招募、升科大四技、各類升資/等考試

影音輔助學習

透過書籍導讀影片、數位課程，能更深入了解編撰特色、應考技巧！隨處都是你的教室！

搶救國中小教甄國文　徐弘縉老師

國家圖書館出版品預行編目(CIP)資料

外幣保單證照 7 日速成 / 陳宣仲編著. -- 第一版. -- 新北
市：千華數位文化, 2021.02
    面 ；   公分
ISBN978-986-520-191-3 (平裝)

1.保險業 2.保險仲介人 3.考試指南

563.7   109021047

外幣保單證照7日速成

編 著 者：陳 宣 仲

發 行 人：廖 雪 鳳
登 記 證：行政院新聞局局版台業字第 3388 號
出 版 者：千華數位文化股份有限公司
　　　　　地址／新北市中和區中山路三段 136 巷 10 弄 17 號
　　　　　電話／(02)2228-9070　　傳真／(02)2228-9076
　　　　　郵撥／第 19924628 號　千華數位文化公司帳戶
　　　　　千華公職資訊網：http://www.chienhua.com.tw
　　　　　千華網路書店：http://www.chienhua.com.tw/bookstore
　　　　　網路客服信箱：chienhua@chienhua.com.tw

法律顧問：永然聯合法律事務所
編輯經理：甯開遠
主　　編：甯開遠
執行編輯：尤家瑋
校　　對：千華資深編輯群
排版主任：陳春花
排　　版：蕭韻秀

出版日期：2021 年 2 月 15 日　　　第一版／第一刷

本書如有勘誤或其他補充資料，
將刊於千華公職資訊網　http://www.chienhua.com.tw
歡迎上網下載。